人人课堂

——海洋文化影响下的教学探索

敖忠明　主编

海洋出版社

2017 年 · 北京

图书在版编目（CIP）数据

人人课堂：海洋文化影响下的教学探索／敖忠明主编．—北京：海洋出版社，2016.12

ISBN 978-7-5027-9642-6

Ⅰ．①人…　Ⅱ．①敖…　Ⅲ．①中学教育－教育研究　Ⅳ．①G632.0

中国版本图书馆 CIP 数据核字（2016）第 315184 号

责任编辑：高朝君　侯雪景
责任印制：赵麟苏

海洋出版社　出版发行

http://www.oceanpress.com.cn

北京市海淀区大慧寺路 8 号　邮编：100081

北京朝阳印刷厂有限责任公司印刷

2017 年 1 月第 1 版　2017 年 1 月北京第 1 次印刷

开本：787 mm×1092 mm　1/16　印张：22.25

字数：329 千字　定价：68.00 元

发行部：62132549　邮购部：68038093

总编室：62114335　编辑部：62100038

海洋版图书印、装错误可随时退换

前　言

学校多年来持续推进教学改进工作。为什么要推进教学改进，改进什么，怎么改，这些问题是绕不过的，专家要接地气地思考，管理者要理性地思考，最为关键的一线教师要在观念更新碰撞中，结合实践探究再思考。而通常，知名学校“富有成效”的教学改革“成果”到了另一所学校，经验并不能复制过来，故建立起基于学校自身实际的教学改进话语系统就显得尤为重要。

“让教育回归本源”的呼声越来越高，“教育，关注人的发展”，“聚焦学生核心素养，聚焦教师专业素养”已成为办学的应然与必然。对于学校而言，“关注人的发展”的“教学改革”，必须要让教师走出“只关注探究如何落实知识点（考点）及如何补缺补差提高分数策略”的“应试”教学的桎梏，势必且一定要上升到课堂教学文化层面的思考与学校教学改进的整体设计。

教学改革，不仅也不应只是技术层面的，不只研究知识点的落实与考试技巧的改进，而应该关注整个教学生态的营建与改造。新基础教育强调“把课堂还给学生，让课堂焕发生命的活力”等四个课堂教学的“还给”，可见，教学改进已经直指课堂生态或者说课堂文化、教学文化的优化和创建，课堂教学改革的逻辑起点是“人的发展与成长”。近年来我校在创建海洋教育特色，开展海洋文化建设，在海洋文化精神的熏染下，我们抽象出两个教学改进的文化原点，即“容”与“融”，接纳、包容、尊重每个独特的生命个体，让学生找到生命的自信，建立起“生活与知识，课内与课外——融合融通的教学生态，让学生自主地发展，健康地成长”。由此，学校提出了“人人课堂”的建设，我们在教学实践探讨中，对“人人课堂”含义进行了归纳——“人人课堂”是指遵循“平等、尊重、活力、创造”的课堂价值追求，关注和促进每一个孩子自主学习探究和主动发展提高，通过师生、生生有效合作，力求实现“人人参与、人人合作、人人发展”的课堂。

学校以“海纳百川　自我超越”的思想与情怀，积极学习吸纳他校教学改革的经验智慧，通过学校自身立项教学重点课题研究、“三课两评一研”的机制建设，依托教研组组本培训、教学论坛与“远航杯”教学比武，开展“草根”式教学探究，形成学校自己的教学改进的话语，深入推进“人人课堂”建设。实践探索期间，我们的教学工作得到了课程专家及教育管理部门的指导与肯定，也积淀了不少过程性资料及经验。在区域推进新一轮课堂教学改进的背景下，我们将思考与经验编辑成册，借此提炼智慧，促进“人人课堂”建设成果呈现，持续努力地构建适于学生自主发展、健康成长的课堂。期望得到各位同人的指正！

敖忠明

2016 年 6 月

目　录

◎ 课题实践研究

◎ 学科课题选粹

◎ 教学案例选粹

◎ 教学设计选粹

◎ 数字课例选粹

◎ 教学比武展示

Part 01

课题实践研究

《基于“人人课堂”的创生性教学实践研究》开题报告

敖忠明　郁鸿荣

一、情报综述

（一）主流声音

1. 影响我国课堂教学改革的主要理论来源

自新世纪以来，我国在基础教育领域广泛开展了课程改革工作，新的知识观、课程观、教学观、学校观、评价观等冲击着中小学教师。当前影响我国基础教育课堂教学改革的几种主要现代教学理论包括教学认识论、教学实践论、教学构建论、教学交往论和教学生活论等。

教学认识论：以王策三教授为代表的基本观点是：（1）发展学生的主体性是现代教学论的根本目标；主体性的发展是全面发展的核心和综合体现，学生的发展主要是在认识人类文明的过程中实现的。（2）教师主导、学生主体是教学的基本关系。（3）教学模式多样综合是现代教学论的根本方式。教学认识论者认为课堂教学的主要任务在于让学生较系统地掌握人类已经成熟的科学文化知识，强调基础知识的传授与学习。

教学实践论：其理论基础是马克思主义实践论，即实践是第一性的，意识是第二性的，实践是认识的源泉，是认识的落脚点，是检验认识的唯一标准。教学实践论者认为，教学过程是教师精心指导学生掌握知识经验的认识活动和建构学生完美主题结构的时间活动的统一过程。

教学构建论：其理论基础是建构主义心理学，最初皮亚杰提出的认知发生理论认为儿童是在与环境相互作用的过程中，逐步去建构关于外部世界的知识，从而使自身认知结构得到发展。在此基础上苏联心理学家维果斯基区分了个体发展的两种水平——现实的发展水平和潜在的发展水平，这两种水平之间的区域即为“最近发展区”。布鲁纳进一步提出心理学应当重视这样让学生掌握复杂知识的基本结构，并在此基础上扩大和加深，就能在学习中形成大量普遍的“迁移”，这种“迁移”应该是教育过程的核心。教学建构论者认为，知识是学习者通过意义建构方式获得的，教学应当帮助学习者从原有的知识经验中生长新的知识经验。教学不是知识的传递，而是知识的处理和转换。教师应重视学生的想法，引导学生丰富或调整自己的理解，以学生为中心，充分发挥学生的主动性、积极性和首创精神，最终达到使学生有效地实现对当前所学知识的意义建构的目的。教学建构论就是在教师指导下的，以学习者为中心的学习。

教学交往论：其理论基础是哈贝马斯的交往性理论。教学交往论认为教学过程是一种特殊的交往活动，强调教学活动的双边性，师生间的交流与沟通，在师与生、生与生的交往中沟通情感，构建知识，接受教育。所以课堂中倡导自主、合作、探究的学习活动。

教学生活论：其理论基础是胡赛尔的社会世界理论。教学生活论者认为，课堂是一个建立在日常生活世界基础上的专业世界，课堂教学应从知识世界回归人的世界，去除课堂教条化的清规，在学生观上应注意到学生的差异，理解学生的能力、精力、时间的有限度，还学生健康的学习过程。教师对学生的评价应是多元的、全面的。

以上现代教学论对课堂教学实践的影响并不是单一进行的，而是综合地影响着课堂教学的观念与方法。课改以前多受教学认识论和教学实践论的影响，强调教学的“双基”目标，培养有知识的一代新人，教学上更多强调教师的作用与价值。课改后多受教学交往论、教学建构论、教学生活论的影响，强调对学生个性的尊重与培养，对学生创造精神和实践能力的培养，教学上强调学习者的主动性与创造性，在教学价值观上从重“知识”转向重视“人”，在教学过程观上强调民主平等与交往的师生关系，在教学评价观上强调综合素质与多元指标。从发展趋势来看，单一的理论指导向多元的理论指导发展，表明了教学的复杂性与创造性。

2. 目前国内外课堂教学提出的新理念

目前国内外课堂教学提出的新理念集中体现在重新确立课堂教学的价值观、过程观、教学观和学习观。"新课标"倡导"自主、合作、探究"的教学模式，注重学生的参与和体验，注重学生的"活动"，"新课标"强调树立全新的价值观、教学观、学习观、过程观、评价观，对课堂教学也提出了新的要求。

A. 价值观

（1）课堂教学的知识与文化价值。既要注重知识的传授，又要注重与课本知识相关的信息，如知识的发现过程，科学家的科学精神、科学方法和科学道德。使学生在学习知识的同时受到精神层面的熏陶，丰富学生的文化底蕴。

（2）课堂教学的能力与方法价值。以培养能力为核心，以知识为载体渗透科学的思维和分析方法，这是课堂教学真正的价值所在。要让教师们明白：方法的教学是最终的教学。

（3）课堂教学的道德与人格价值。课堂教学过程也是学生道德养成和人格健全的过程，职业规范要求教师"为人师表"，在很大程度上是指道德示范和人格展示，因此，教师负有"教书育人"的双重责任，这是课堂教学的价值取向所要求的，是教师职业特定的职责所要求的。

（4）课堂教学的生命发展价值。学生的生命发展是在课堂教学过程中实现的，教师的生命发展也是在课堂教学过程中积累的。优秀教师的成长，必须把自己的生命融入到教学过程当中，通过良好的教学行为体现自己的生命价值。"教育的生命即生命的教育"，只有教师的教育行为与学生生命成长的需求高度一致，才能取得最好的教育效果，这就是"教学效能"和"教学质量"的真正含义。

B. 教学观

（1）教学的本质是"交往与互动"，单方面地发送信息和单方面地接收信息（如学生看报纸、听广播、看电视等）都不是真正意义上的教学，或者可以说，“没有师生交流的教学等于没有发生教学”。“交流与互动”是“新课程”要求的课堂教学基本形式，也是各学科新教材的“精神内涵”。传统教学观念中以教师单方的教学活动为主要特征的“单向传授式”教学形式必须废除。

（2）教师是学习的组织者、合作者和引导者，而不是学生的“主宰”和“领导”；教师与学生“人格平等和学术平等”是实施“新课程”的前提，构建“新型的师生关系”显得更为必要和迫切。

（3）教师要从根本上改造和完善学生的学习方式，课堂教学要围绕学生的发展进行教学设计；教师要尽快转变“教学观念”，树立“教学服务”意识，为学生的成长服务，为学生的发展服务。学校的一切工作都要以促进学生的发展为核心。

C. 学习观

（1）学习的本质是“做”，没有学生亲身体验和经历学习的全过程，学习常常是无意义的；教学过程中，学生的“参与”和“活动”构成过程要素，学生的学习要在“活动”中进行，提出“在活动中学习，在活动中成长，在活动中发展”的口号。

（2）学生是学习的主体，是发展中的人，是成长中的生命。教学中要把学生当作一个“生命体”对待。教师不仅要关注学生的知识与技能、思想与方法，更要关注学生情感、态度及价值观的形成。

D. 过程观

教育的特殊性在于其过程的特殊性，在许多教育活动中，“过程即目的，过程即结果”。

“新课标”将“过程与方法”列为课堂教学的三大目标之一，要求教师关注学生成长发展的全过程，关注学生的参与和表现，在过程中形成能力，在过程中掌握方法，在过程中得到发展，在过程中培养健康向上的情感、态度和价值观。

E. 评价观

提倡建立多元智能评价机制，对于学生的评价和指导需要放眼于学生生命成长的全过程。学生的学业成绩与成长记录及实践活动均成为评价要素。评价的目的不是甄别与选拔，而是鞭策与促进。

3. 目前教育改革较为成功的案例

上述理论与理念已越来越多地得到教育先驱者的认同并得到大量的实践。上海市基础教育工作会议提出，我们要加强对学生的研究，把教学的出发点和着力点从教师如何“教”转变为学生如何“学”，做到“以学定教”。

A. 杜郎口中学的“三三六”教学模式

（1）课堂自主学习三特点：立体式、大容量、快节奏

立体式：教学目标、任务是新课程要求的三维立体式，将学习任务分配给每个学生、每个小组来完成，充分调动每个学生的主体性，发挥每个小组的集体智慧，展示模块就会有不同层次、不同角度的思考与交流。

大容量：以教材为基础，拓展、演绎、提升；通过各种课堂活动形式展现，如辩论、小品、课本剧、诗歌、快板、歌曲、绘画等。

快节奏：在单位时间内，紧扣学习目标和任务、通过周密安排和师生互动、生生互动，达到预期的多种效果。

（2）自主学习三模块：预习、展示、反馈

预习模块的主要任务是：明确学习目标、生成本课题的重点、难点并初步达成学习目标。其基本过程是，学生根据自学后对文本的把握，教师根据对课程标准的把握，通过师生共同讨论，预设学习目标。然后，学生再通过自学、生生互动、师生互动等形式初步达成预设的目标，对自己找出的重点、难点问题进行深入的探究，并在此基础上不断生成新的学习目标，为展示课做准备。

展示模块的主要任务是：展示、交流预习模块的学习成果，并运用知识的迁移，对感悟进行提炼、提升。本阶段的基本形式一般为：以个人或小组为单位回顾预习情况，进行组内、全班的展示和交流。通过形式多样的师生、生生的互动学习，感受交流；根据学习进程，不断生成新的学习目标。

反馈模块的主要任务是：对前面的课进行反思和总结，对预设的学习目标进行回归性的检测，本环节尤其突出“弱势群体”，让他们说、谈、演、

写，进一步检查落实情况，能否达到三维目标。这一环节主要是利用好“兵教兵”“兵练兵”“兵强兵”战略，促进全体学生的发展。

（3）课堂展示六环节：预习交流、明确目标、分组合作、展现提升、穿插巩固、达标测评

预习交流、明确目标的环节，可以通过学生交流预习情况，明确本节课的学习目标；分组合作，即教师将本节课学习任务平均分到小组内，一般情况下每组只完成其中一项即可；展现提升，各小组根据组内讨论情况，对自己组的学习任务进行讲解、分析等；穿插巩固，各小组结合其他小组展现情况把自己组没能展现的学习任务进行巩固练习；达标测评，教师以试卷或纸条的形式检查学生对学习任务的掌握情况。

B. 洋思中学的“先学后教当堂训练”

“先学后教当堂训练”课堂教学结构实施基本程序：

（1）展示目标：展示目标时间短，先学后教是起点。（1 分钟）

讲述目标，让学生把握总体要求。起导向作用，引起学生有意识地关注。

（2）自学前指导：规定内容与时间，指导自学抓关键。（1 ~2 分钟）

（投影、小黑板）要求学生做到四个明确：明确自学的内容与范围，明确自学的方法，明确自学的要求，明确时间。

（3）学生自学，教师巡视：学生自学教师转，盯住差生做打算。（7 分钟）

教师巡视检查学生自学情况，重点看后 10 名学生自学情况。

（4）检查学生自学效果：自学效果怎么样，检查差生把心放。（5 分钟）

检查中下游学生，解放思想，更新观念。

以上四环节为“先学”。（15 分钟）

（5）教师引导更正，指导运用：引导更正师教生，培优转差兵教兵。（15 分钟）

（6）当堂训练，当堂完成作业：当堂训练要分层，完成目标堂堂清。（10 分钟）

教师出题：必做题，选做题，思考题。必做题完不成的开小灶，巡视最

差的学生，当堂批改差生的作业，让学生有成功的体验。抓非智力因素，规范做题（书写等）。

C. 东庐的集体教研和“讲学稿”

“讲学稿”来自于新的备课模式，这一模式可以概括为“提前备课，轮流主备，集体研讨，优化学案，师生共用”。“讲学稿”的研制和使用经历“个人构思—先成个案—交流研讨—后成共案—课前反思—实施精案—课后反思—交流提升”的备课过程。“讲学稿”由师生共用。上课前教师把讲学稿发给学生，引导学生课前自学教材，并完成“讲学稿”上的题目。上课时在教师的引导下，根据学生课前准备的情况，以“学”定“教”，着重解决学习中遇到的问题，并借助问题的变化和深入供学生进一步思考、探究、交流，引导学生合理寻找解决问题的途径，总结学习中的经验，掌握基础知识和基本技能。不断培养学生的探究能力和平等合作的良好学风。

D. 上海静教院附校的后“茶馆式”教学

后“茶馆式”教学可归纳为：

一个核心，“议”为核心。

两个特征，学生自己学得懂的，或部分学生学得懂的内容教师不讲；尽可能暴露学生的潜意识，尤为关注“相异构想”的发现与解决。

三个发展，教学方式更加完善（从“书中学”一种学习方式发展为“书中学”“做中学”两种学习方式），教学方法更加灵活，教学的价值取向更加明确。

以上列举的是四所比较知名且已有成功经验的课堂改革案例，其改革立足点均受到了教学交往论、教学建构论、教学生活论的影响，以人为本，关注了学生的自主学习，关注了学生的最近发展区，“先学后教”“以学定教”，倡导自主、合作、探究的课堂生态，提高了课堂教学的实效，取得良好的成绩。

（二）发展预期

理念上：“人人课堂”是根据我校学生实际学力，遵循“先学后教，以学定教”等教学理念而构建的，它以生为本，倡导师生、生生高效合作，倡导学生自主、探究地学习，关注教师在课堂教学中适度的引导，促使课堂“人人参与、人人合作、人人发展”，唤醒和发现学生的认知，关注和促进每一个学生的成长。因此其理论基础和课堂理念来源于教学交往论、教学建构论、教学生活论等教学理论，在研究过程中理论的指导方向比较明确。

方法上：“人人课堂”主要采用创生性实践研究，也就是在“人人课堂”的理念下通过教师创造性的实践研究获得课堂教学范式。由于教师对模式研究比较感兴趣且认为易于着手，而目前成熟可借鉴的范式比较多，给课题研究提供了很多宝贵的经验。

（三）我们的特色

（1）“人人课堂”提出的背景和意义与其他学校的研究有很大的不同。“人人课堂”的提出是建立在学校办学理念、办学思想和学生培养目标的基础上的。在“海纳百川　自我超越”的办学思想指导下，我校积极探索海洋科普教育，坚持海洋人文教育，在创建学校海洋文化特色的过程中，将海洋文化的精神渗透到学校管理、校园文化、德育活动、课程设计等方面，如今将海洋文化的精神渗透到课堂教学的研究中是必然的选择。课程是学校教育最基本的着力点，课程建设一直是学校工作的重中之重，它承载着学校办学的终极目标，课程学习成功与否关键在于学生采用的学习方式，因此“人人课堂”的研究对学校海洋文化的形成至关重要。

（2）“人人课堂”名称的提出可以看出我们提倡的课堂更具有文化性，更关注人与人的关系及人的发展。它是一种目中有人的课堂，是一种充满人性尊重和人文关怀的课堂，它更强调以生为本，师生、生生合作，学生主动学习，强调“人人参与、人人合作、人人发展”，唤醒和发现学生的认知，关注和促进每一个学生的成长。

（3）“人人课堂”的研究过程采用自上而下、自下而上的方法，即学校先进行顶层设计，构建理念、价值、主要模块、主要策略、评价方式等，再进行教师培训，达成共识，在教师实践研究中采用个案研究、个案统整的方式，不断提高“人人课堂”的内涵，不强求模式，倡导模块组合，将使课堂教学更灵活，教师在课堂中的创生性更丰富。

（4）“人人课堂”的评价机制将得到创新。积分制（将学生课堂表现、作业质量、检测成绩等折合成分数定期评价）评价的实践将极大地提高学生学习的积极性，评价机制的建立和实行将营造良好的课堂学习氛围，让“人人参与、人人合作、人人发展”真正落到实处。

二、研究方案

（一）选题意义与价值

1. 社会的要求

国际21世纪教育委员会向联合国教科文组织提交的报告《教育——财富蕴藏其中》指出，教育有四个支柱：学会学习，即获取理解手段；学会做事，以便能够对自己所处的环境产生影响；学会共同生活，以便与他人一道参加人的所有活动并在这些活动中进行合作；学会生存，这是前三种学习成果的主要表现。

《国家中长期教育改革与发展规划纲要（2010—2020年）》及《上海市中长期教育改革与发展规划纲要（2010—2020年）》均提出学校教育应注重学思结合，倡导启发式、探究式、讨论式、参与式教学，帮助学生学会学习；应注重知行统一，坚持教育教学与生产劳动、社会实践相结合；应注重因材施教，关注学生不同特点和个性差异，发展每一个学生的优势潜能。

闵行区政府也提出要“构建新基础、新课程和新技术相融合，以学生问题为主线的课堂教学模式”。而闵行区教育局在《闵行区推进中小学课堂教学改进三年行动计划（2013—2015年）》提出用三年左右的时间，以“课堂教学改进”进一步促进闵行教育发展，通过深入实践、技术渗透、合作研究、综合评价，突破对课堂教学传统问题的解决，提升课堂教学质量，促进教师专业成长。因此深化课程改革、聚焦教学改进、推动教育转型，成为了闵行区新一轮教育发展的方向。

2. 学校的需求

（1）创设“人人课堂”是学校海洋文化立校的发展需要。近三年，学校梳理了办学思想、确定了办学理念，本着“海纳百川　自我超越”的办学思想，依照“讲务实、创特色、求超越”的办学思路，积极探索海洋科普教育，坚持海洋人文教育，创建学校海洋文化特色，着力打造高品质的学校。近几年学校在海洋文化特色的打造中成绩斐然，通过创建海洋文化特色的探索与实践，带动学校的全面发展。学校积极打造海洋科普教育平台，探索海洋人文教育，塑造海洋人文精神，丰富校园的精神文化，重塑学校形象，提升学校的办学品质。这条符合学校实际的办学之路日益清晰并深入人心，并已逐步自觉落实到学校管理、课程建设、德育工作等各项工作中。随着海洋文化建设不断推进，各项工作的质量的不断提升，在此发展的大好形势下，学校决定将海洋文化建设工作向纵深推进，直接与课堂教学改进进行有机的整合，使海洋文化的精神渗透到每日每时的课堂教学中。

（2）创设“人人课堂”教学模式是关注学校课堂生态，提升课堂教学有效性的一种诉求。一个学校切实有效的教学模式应该符合该校的发展需求。目前学校有四个年级，18 个教学班，500 余名学生。学校处于市动迁小区，每年外地新生超过 60%，福利院学生占 3%，学生基础较差，不会学习也不愿学习，学习习惯、学习能力和学习主动性均较差，给教师课堂教学带来极大的挑战。学校教师 56 人，其中高级教师 11 名，一级教师 26 名，高级、中级教师占 78%，学校 35 岁以下青年教师 28 人，占 53%。学校大部分教师爱岗敬业、乐于奉献，能将教学工作当作事业来追求，备课认真规范，部分老师有新思想、新理念，有发挥教师的主导和学生主体作用的意识；部分老师已注意到教师角色的转化，知道学生是学习的主人，正在努力营造民主、平等、和谐的师生关系；部分老师正在尝试教师的激励性评价和学生的相互评价，发挥评价的激励功能。

但学校教学活动仍存在许多不理想状况，如在课堂教学中仍存在一些问题：①一部分教师在课堂上过分强调教师作用，忽视学生能力培养。课堂上以教师为中心，在一定程度上忽视了学生作为学习主体的存在，“灌输式教学”占有很大市场，机械性地练习成了学生的“家常便饭”。学生能力发展片面，“解题能力”逐步提高，自主学习能力、合作探究能力等得不到培养。②过分强调教学的预设性，忽视了教学的生成性。所有的过程都是在教师的控制之中，甚至问题的答案都是教师设计好的，这样的教学让学生看起来是“动”了起来了，“参与”了，其实质是学生顺着教师的设计、顺着教师的教学思路、顺着教师的期望，进行着教师心中有数的“表演”。课堂是动态的、变化的，大部分老师对课堂上生成的教学资源不能充分地重视，从某种意义上也反映了我们老师的临场应变能力及课程的驾驭能力不强。③过分强调知识传授，忽视激发情感。教师考虑的是如何将新知识讲清楚、讲明白、讲透彻，而对学生学习积极性、情感考虑不多。大部分老师在课堂上表现严肃、语言平淡、缺乏亲和力、缺少激情，课堂气氛沉闷，不能用老师的激情去激起学生的学习热情，不能让学生充满自信、充满热情地学习。④过分强调解题技巧，忽视生活运用。部分老师不重视教材分析、学情分析、教学构思，对教学缺少反思，课上所举的例子陈旧，缺乏新意，远离生活实际，学生对联系生活实际的问题往往显得束手无策，对学生创新意识和创新能力缺少培养。要解决这些问题，首先还是观念上的突破，经过反复学习宣传“教师的责任不在教，而是在教学生学”“先学后教，以教导学，以学促教，以学定教”，使之成为学校课堂教学行为的主流文化导向。在素质教育广泛推行的当下，教师还是非常容易接受以上观点的，然而要落实到实际行动，却存在着困难，很多教师不知道怎么去做，怎么去改变习以为常的陋习，因此，学校必须要有明确的模式和措施，帮助教师突破瓶颈。

学校这几年也不断尝试进行课堂教学改进的实践研究，从“课堂导学”到“智慧教学”再到后“茶馆式”教学，几年的“东施效颦”对教师教学理念的更新、课堂行为的改进以及教学质量的提升还是起到了一定的作用，但总感觉由于照搬照用学到了形似而没学到神似，原因在于不一样的学校、不一样的学生需要不一样的教学形式，每一种外来的教学模式都需要一个本土化的过程，有鉴于此，学校提出构建具有航华二中特色的“人人课堂”，形成适合我们自己学校、自己老师、自己学生的高效的课堂生态。我们积极地进行探索与研究，期望在“海洋文化”特色创建下，形成融入海洋精神的新型课堂——“人人课堂”。

（二）核心概念

1. “人人课堂”

“人人课堂”是指遵循“平等、尊重、活力、创造”的课堂价值追求，关注和促进每一个孩子自主学习探究和主动发展提高学习能力，通过师生、生生有效合作，力求实现“人人参与、人人合作、人人发展”的课堂。

“人人课堂”的价值追求是建立在学校办学理念、办学思想和学生培养目标的基础上的。

“人人课堂”是在我校办学理念“为学生的成人、求知和创新奠基”和“海纳百川　自我超越”办学思想下，在培养具有“包容自信，乐观向上”品质的航二学子的目标下，根据我校学生实际学力，遵循“先学后教，以学定教”等教学理念而构建的。“人人课堂”是一种以生为本，师生、生生高效合作、学生主动学习的课堂，建设“人人课堂”旨在促使课堂“人人参与、人人合作、人人发展”，唤醒和发现学生的认知，关注和促进每一个学生的成长。

“人人课堂”从关注人的发展出发，是一种目中有人的课堂，是一种充满人性尊重和人文关怀的课堂，其追求的课堂价值应是“平等、尊重、活力、创造”。平等，即老师与学生、学生与学生在课堂中的地位是平等的，学习是合作的，生态是和谐的；尊重，即尊重学生已有知识，尊重学生学习能力，尊重学生的发展；活力，即课堂中参与是全员的，讨论是热烈的，思维是灵动的，学习是开放的；创造，即课堂中充满了智慧的碰撞和创造性的生成。

2. 创生性教学

“创生性教学”是指具有生动性、应变性、创意性的课堂教学。

课堂教学是一种艺术，需要教师以创生的态度去改进课堂教学，在“人人课堂”的教学理念下，创生出以学生主动学习、主动构建、主动吸纳的课堂，以多学科的课例研究为载体，探讨教师在课堂创生性学习活动方面存在的主要问题，用具体案例诠释解决这些问题的主要思路、策略与方法，帮助教师在生动鲜活的课例中总结课堂创生经验，提升课堂创生智慧。创生以海洋文化主导的课堂，海洋人文精神包括：宽广、博大、包容气度的开放性；协作、奉献、互助风范的合作性；探索、挑战、创新精神的开拓性；自信、乐观、进取品质的自主性。教师应以创生的态度在课堂中渗透海洋精神，用质疑和探究的方法去发现问题、解决问题，注重挖掘知识的情感价值，赋予课堂以灵性，在学习知识的同时丰富学生的头脑，关注人文、关注社会，注重以自身的素质来培养学生正确的世界观、人生观、价值观。

（三）研究目标

1. 通过“人人课堂”的构建促进人的发展

“人人课堂”的构建一方面将提升学校教师研究和实践课堂教学的专业水平，另一方面通过“海洋文化”中海洋精神在课堂教学中的渗透，培养学生良好的精神品质。

2. 通过“人人课堂”的构建促进课堂的转型

“人人课堂”的课堂理念、价值追求、课堂特征、课堂模块、课堂策略、课堂评价等的研究与实践将极大地促进学校课堂的转型，提高课堂教学的有效性，使我们的课堂更体现以人为本的理念，更关注人的发展。

（四）研究内容

1. 基础性研究

（1）文献研究：对国内外教育理论、课堂实践等进行一定的梳理，为本课题的研究提供理论和案例研究基础。

（2）调查研究：对学生、家长、教师进行课题研究部分内容的前后对比。

（3）案例研究：通过对上层组织性案例、教师个体案例、教研组组本培训案例等进行专项整理和研究。

（4）评价研究：对课堂教学中教师与学生的评价机制建立的方式与有效度进行研究。

（5）经验总结：对课堂研究的过程和结果进行梳理与总结，提炼所得，反思所失。

2. 发展性研究

（1）组织驱动的研究：对课题研究的组织结构的架构、运行方式、驱动内容、保障方式进行研究。

（2）教师专业路径的研究：对课题研究过程中教师专业提升的路径进行研究。

（3）教师培训内容和方式的研究：在讲座、论坛、听评课、案例交流、课堂实践、教研活动等培训与实践活动中对教师培训的内容和方式进行有效性研究。

（4）基础型课程优化研究：通过“人人课堂”探索优化基础型课程的途径。

（五）研究方法

本项目研究以行动研究为主，通过理论支点学习梳理、课例研究等，积极探索有效课堂教学操作策略及课堂教学模式，确立有效课堂教学的目标及评价体系，确立课例研究的有效组织方式。同时在研究中还辅之以调查研究、对比实验和经验总结，确保本课题得以高效实施。

（1）调查研究法：调查、了解、分析实验前后课改年级课堂教学的现状，为项目研究提供事实依据，特别要重视调查学生的种种反应和表现。

（2）行动研究法：在实验过程中，不断探索实施有效教学的理论依据和操作策略，使理论与实践有机结合起来。

（3）对比实验法：通过各年级学生课改后成绩、学习状况与初态成绩、学习状况的对比，以数据为依据，并随时总结改进提高。

（4）经验总结法：及时总结实验经验和教训，修改、补充和完善操作措施，力争使研究水平上升到一定的理论高度。

（六）研究步骤

2015 年 10 至 11 月：完成学校“人人课堂”顶层设计，组织教师学习《关于学校构建“人人课堂”的思考》《关于学校构建“人人课堂”的再思考》《基于“人人课堂”的创生性教学实践研究》开题报告及《“人人课堂”指导教师手册》，聘请部分专家进行专题讲座，各教研组制订“人人课堂”组本研究计划，确立研究课题，各教师申报关于“人人课堂”的区级、校级小课题。

2015 年 12 月至 2016 年 1 月：各教研组进行教学实践研究，初步形成“人人课堂”在各学科某课型中的个案研究成果，教研组长对组本培训的成果进行总结，组织“人人课堂”教学论坛活动。修订补充组本培训方案，修订补充学校顶层设计方案。

2016 年 2 月至 2017 年 5 月：安排两轮组本实践研究，每学期组织“人人课堂”教学论坛活动，每学期编写《航华二中“人人课堂”案例集》《航华二中“人人课堂”教案集》《航华二中“人人课堂”论坛交流文集》等文稿。

2017 年 5 至 8 月：交流与总结。总结课题研究成果，撰写结题报告，上报成果材料，安排各类型的“人人课堂”展示交流活动，向社会展示课题研究项目的内容和成果，推广“人人课堂”模式实践的成果。

（七）拟解决的关键问题

1. 海洋文化的内涵与“人人课堂”的课堂文化之间的关系

学校以“海纳百川　自我超越”的办学思想，着力营造以“四性”为特点的海洋人文精神，（“四性”即：宽广、博大、包容气度的开放性；协作、奉献、互助风范的合作性；探索、挑战、创新精神的开拓性；自信、乐观、进取品质的自主性。）因此将“四性”无痕融入“人人课堂”，形成“平等、尊重、活力、创造”的课堂价值观，培养学生具有包容、乐观、自信、上进的精神品质是拟解决的问题之一。

2. “人人课堂”的课堂特征、主要课堂模块及课堂策略的界定、内容与操作

3. “人人课堂”课堂评价的方式及价值

4. “人人课堂”研究的过程中学生、教师的转变

（八）预计的创新点

（1）能有效地在“海纳百川　自我超越”的办学思想指导下，在积极探索海洋科普教育，坚持海洋人文教育，创建学校海洋文化特色的过程中，将海洋文化的精神渗透到学校的方方面面，本课题就是将海洋文化的精神渗透到课堂教学的一次有益的尝试。

（2）“人人课堂”名称的提出可以看出我们提倡的课堂更具有人文关怀，是一种目中有人的课堂，是一种充满人性尊重和人文关怀的课堂，它更强调以生为本，师生、生生高效合作，学生主动学习。强调“人人参与、人人合作、人人发展”，唤醒和发现学生的认知，关注和促进每一个学生的成长。

（3）“人人课堂”的研究过程采用自上而下、自下而上的方法，即学校先进行顶层设计，构建理念、价值、主要模块、主要策略、评价方式等，再进行教师培训，达成共识，在教师实践研究中采用个案研究、个案统整的方式，不断提高“人人课堂”的内涵，提供更强的操作性。

（4）“人人课堂”积分制（将学生课堂表现、作业质量、检测成绩等折合成分数定期评价）评价的实践将极大地提高学生学习的积极性，评价机制的建立和实行将营造良好的课堂学习氛围，让“人人参与、人人合作、人人发展”真正落到实处。

三、完成研究的条件分析

1. 学术保证

课题负责人敖忠明是学校校长，有丰富的学校管理经验，主持并完成过一系列市、区级课题并获奖，有丰富的课题研究经验。课题负责人郁鸿荣担

任学校副校长，从事教学管理工作十多年，且一直在第一线担任教学工作，曾获区教学评优一等奖，区骨干教师，主持并完成过一系列区级课题并获奖，管理经验、实践经验和写作经验较强。课题组其他成员均为学校中层或学科教研组长，领导能力和研究能力均较强，航华二中教师的业务素质也较高，高级教师11人占比20%，还有一批研究生学历的教师和区骨干教师，为课题研究提供了保证。

2. 组织保证

成立以校长敖忠明为组长、副校长郁鸿荣为副组长的课题组，构建课题研究的组织管理网络，举全校之力而为之，制订相应的激励机制为实验者提供业务进修的机会。本课题之下将设一系列子课题进行研究，各个学科协同行动，加强合作，整体推进。

3. 经费保证

学校能保证课题研究经费，在业务培训、课程资源整合、资料收集和开展活动等方面保证经费的落实。

4. 制度保证

学校为扎实开展课题研究，切实提高课堂教学的有效性，全面提高教育教学质量，制订了相应的制度作保证，保证课题各项研究工作得到落实，每一个教师都在积极参与中得到提高，保证每一个学科都能总结经验，提高教学水平。

四、成果形式

1. 主要研究阶段及阶段成果形式

2015年10至11月：完成学校“人人课堂”顶层设计，教师对“人人课堂”的课堂理念和课堂操作有了一定的了解，完成各教研组“人人课堂”研究组本计划，确立研究课题。

2015年12月至2016年1月：各教研组进行教学实践研究，初步形成

"人人课堂"在各学科某课型中的个案研究成果，教研组长对组本培训的成果进行总结，组织"人人课堂"教学论坛活动。修订补充组本培训方案，修订补充学校顶层设计方案。

2016 年 3 月至 2017 年 4 月：各教研组进行教学实践研究，各学科在概念课、习题课、复习课等不同课型中形成较为成熟的以"人人课堂"为主的模式变化群，有效地提高学生自主学习的能力；编写《航华二中"人人课堂"案例集》《航华二中"人人课堂"教案集》《航华二中"人人课堂"论坛交流文集》等文稿。

2017 年 5 至 8 月：交流与总结。安排"课例"研究双展示活动（课堂教学活动和教研活动），总结课题研究成果，撰写结题报告，上报成果材料，向社会展示课题研究项目的内容和成果，推广"人人课堂"模式实践的成果。

2. 最终完成时间、最终成果形式

课题以论文报告形式呈现，并于 2017 年 8 月完成。

扎实开展教学实效研究，努力提升教师专业能力

敖忠明　郁鸿荣

一、从后“茶馆式”教学到“人人课堂”

为使《闵行区推进中小学课堂教学改进三年行动计划》真正落地，学校参加了闵行区后“茶馆式”教学实验校，学校的课堂教学改进有了一个实实在在的抓手，我们的教师有了一个真真切切的学习范式。参与实验之初，学校就组织了一批后“茶馆式”教学的学习骨干分批到静教院附校进行实地观摩学习；学校购买了张人利校长《后“茶馆式”教学》一书组织教师学习，撰写学习心得并组织交流；学校聘请了教育专家到校进行专题交流；学校提炼了后“茶馆式”教学的核心理念，组织实验老师进行实践性研究；学校组织全校教师进行以“依托后‘茶馆式’教学模式，提升课堂教学效率”为主题的校本培训；在大量的学习和实践的基础上，我们举办了以“寻一个支点，撑一片蓝天”为主题的区级教学研讨活动，在闵行区教育局开展的首届教育学术节专题教学展示活动之一——实验西校后“茶馆式”教学展示中进行了教学公开展示课，获得好评。

学校对课堂教学有效性的研究一直非常重视，编辑“他山之石”教师学习资料近百份，在后“茶馆式”教学实践研究之前，学校还尝试过“一页纸”教学、“课堂导学”“智慧教学”等研究，学习与实践的过程让教师的教学理念、教学方式和学校的教学质量都有了长足的进步，但由于外来的、多样化的模式研究的学习让教师普遍感到落地困难，总感觉学生只学到了形似而没学到神似，原因在于不一样的学校、不一样的学生需要不一样的教学形式，每一种外来的教学模式都需要一个本土化的过程，有鉴于此，学校从自身实际出发，在充分分析学情、教情、校情的基础上，从教师们进行教学改

进已有的经验中，我们提出了在创建学校“海洋文化”特色下，融入海洋精神的“人人课堂”的构想，老师们通过不断地实践与思考对“人人课堂”进行了补充和完善，使“人人课堂”的内涵不断得到丰富，操作性不断得到提高。

二、“人人课堂”的实践研究使学校课堂焕发活力

对“人人课堂”的研究我们采取理论与实践相结合的研究方式，在丰富和补充“人人课堂”内涵研究的基础上，我们积极开展实践探索，从理念提出到现在，短短一年的时间，我们进行了七次集中课堂教学研讨活动；聘请各方教育专家来校讲座、指导我校教学改进工作；开展了以“我们需要怎样的课堂”为主题的论坛，成功举办了在学校“人人课堂”下的“远航杯”教师比武大赛和教学设计比赛等。

随着学校“人人课堂”的研究不断深入，教师课堂实践的创生性不断突出，目前学校已初步从学校海洋文化及教育哲学层面对“人人课堂”构建的逻辑与要素有了较为完整的思考。

◆ 一个基本思想：

学校改革，“人在中央”；教学改进，“以人为本”

（学校工作就是落实办学理念，教师工作就是要把“人”托起来）

◆ 两个文化原点：

“容”：包容—接纳—尊重—倾听—关怀

（教师教学以人为本，课堂充满人性尊重和人文关怀）

“融”：交融—合作—融入—融通

（学生不游离课堂，而是融入课堂，教与学融合通达，形成良好的教学生态）

◆ 三个教学要旨：

人人参与：全程参与、认知参与、情感参与、心理参与、身体参与

人人合作：倾听、交流、互助、探究（小组积分制）

人人发展：认知探究、情感态度、思想品德、个性特长

◆ 四个教学“状态”“追求”与“策略”：

☆ 状态：

开放——多元思考 发散思维 不困于教案 开放的课堂

合作——合作探究 交流互动

开拓——内容的拓展 方法的创新

自主——自主学习 自主探究

☆ 追求：

平等——教师与学生、学生与学生在课堂中的地位是平等的，课堂生态是和谐的，课堂氛围是民主的

尊重——尊重学生的个性人格；尊重学生的学习能力；尊重学生的发展需求

活力——讨论是热烈的、思考是活跃的、思维是灵动的，课堂充满生命活力

创造——情景创设、思维碰撞、智慧生成

☆ 策略：

知识联动整合式学习——学段学科的知识统整，学生的生活世界、经验世界与知识的联系

任务驱动的合作式学习——情景创设、任务设计

数字化环境下的交互式学习——电子书包实验

常态化对学生激励性评价机制——小组合作表现积分制

◆ 五个评价维度：

教材处理——目标设置符合课程标准（三维目标），符合学生实际；能根据学生实际正确设计“脚手架”，引导学生开展自主学习

组织教学——有效引导学生开展独立学习和小组合作学习，形式多样，组织有序；教学民主，尊重、理解、激励学生，师生互动，及时反馈与调控

学习状态——注意力集中，情绪饱满，课堂氛围活跃，参与面广，主体地位体现充分

学习行为——学习方式多种多样，有自主学习、主动探究和合作交流的过程体现；思维活跃、有深度，能质疑问题，充分展现自己的认识和见解

学习结果——应用课堂反馈，课堂目标达成度高，学生有成功体验

三、健全研究机制，提高研究效果

1. *以教研组为单位的组本培训机制*

学校的研究过程采用自上而下、自下而上的方法，即学校先进行顶层设计，对教师进行培训，开展校公开实践研究课，开展讨论达成共识，后以教研组为研究主体开展实践研究，通过个案研究、个案统整的方式，不断推进课堂教学实效性研究。

以 2015 学年组本培训为例：

学校课题（区级重点课题）：基于“人人课堂”的创生性教学实践研究

语文组：基于学校“人人课堂”理念的语文教学课堂健康生态营造的课例研究

数学组：“人人课堂”范式下，提升数学课堂中学生参与的案例研究

英语组：活化英语教材，创建高效“人人课堂”教学模式

综理组：基于“人人课堂”理念的实验教学有效性研究

综文组：基于“人人课堂”模式的教学有效性研究

艺术组：基于“人人课堂”模式下运用多种活动创设有效性课堂的研究

体育组：基于“人人课堂”的课堂游戏设计的有效性研究

2015 学年区级小课题（“人人课堂”）

序号	教师	课题名称
1	张绪文	基于“人人课堂”的初中语文读写微结合的课例研究
2	刘　雪	“人人课堂”理念下引导初中数学学困生参与合作学习的探索——以“计算”模块为例
3	马书彦	基于“人人课堂”的数学学科学生学习行为观察与有效纠错的探索
4	何胜男	基于“人人课堂”模式的数学例题教学有效性研究
5	朱秀娟	初中低年级“以说促写”提高英语写作水平的实践研究
6	史晓云	“人人课堂”理念下在阅读中有效地进行词汇教学
7	何红梅	基于目标导向，构建初中物理作业设计新模式
8	周晓凤	立足“人人课堂”，培养初中生美术课堂中“将错就错”的实践与研究

2. *以“三课二评一研”为抓手提升教师专业能力*

“三课”是要求每位教师在一学年里必须上三节公开课，其中一节必须是校级及以上公开课，校级及以上的公开课可以选择以下一种：“远航杯”教学比武大赛、后“茶馆式”教学专题研讨课、实证研讨课、骨干教师示范课、高级教师示范课、新教师亮相课、片级以上公开课、区级及以上比赛课等。“二评”是指教学设计评比和教学案例评比，每学年第一学期举办教学案例评比，第二学期举办教学设计评比，到目前为止，我们已经各举办了一届案例和教学设计的评比，聘请区专家前来指导、评比、点评。“一研”是指命题研究，每学年第一学期举办一次命题研究活动，至今已经成功举办了四届，活动过程中我们借助教研员及专家的力量来指导和评价，在 2015 年 4 月七宝教育集团初中教学联合会中考命题大赛中，我校的数学、英语、物理学科分别获得第一名，语文学科获得第二名，化学学科获得第六名，总成绩在集团学校中名列第一。

“三课二研一评”已经成为学校提升教师专业素养的重要抓手，对教师课程标准、考纲的加深理解，对教师教学设计的适切性、教学实践的有效性实施，对教师教学的总结和反思性起到了重要作用。

3. 评价机制的建立

学校对课堂教学的研究机制和课堂教学中对教师和学生的评价进行了有针对性的整体设计。

（1）教师常态化活动管理及跟进。学校对“人人课堂”常态化活动中教师参与活动的情况进行全程跟踪和管理，计划性推进常态课（组内开课）、校区级研讨课、主题宣讲、案例评选、教学设计评选、科研、作业等工作全方位进行统计，保证研究活动中教师的参与度和质量。

如：

教研组	姓名	计划性推进常态课（组内开课）				……
		上课	听课	研讨	评课	
语文组	黄　莺					
	马耀贤					
	王茜茜					
……	……					

（2）课堂教学教师表现评价。

①动态评价。通过校外学科专家和学校学术委员会资深教师领衔对教师的研究课进行课后研讨，并通过课堂观察量表的设计与使用，有针对性地对教师的教学实践进行现场点评与讨论。

②静态评价。根据“人人课堂”的特征和评价要素设计课堂教学评价量表，对教师的实践课进行静态定量定性评价。

③课堂教学学生表现评价。为改善课堂学习氛围，提高学生作业质量，学校制订了《航华二中学生积分制使用手册（初稿）》，“人人课堂”积分制评价的实践（将学生课堂表现、作业质量、检测成绩等折合成分数定期评价）已经在六、七、八三个年级实行，学生学习的积极性、课堂活动的参与度、作业完成的质量都取得了长足进步，“人人参与、人人合作、人人发展”的课

堂目标有了实现的基础。

④学生对课堂的评价。学校每学期将通过学生问卷、访谈等进行针对性调研，收集学生对课堂现状评价的信息，及时进行数据分析和对比，使“人人课堂”的研究和推进更有针对性和实效性。

四、电子书包项目助推课堂和课程的改进

我校于2014年10月成为闵行区电子书包项目第三批试验校。在一年多的时间里，学校充分利用电子书包学习平台开展数字化环境下“人人课堂”的创生性教学实践研究和“海洋文化”校本课程设计与实施的研究工作，期间举办了一次“变革学习方式，创建‘人人课堂’”的区电子书包实验项目专题研讨和两次电子书包研究共同体课堂教学展示活动，电子书包推送、窗口展示、自动批改、互评、思维导图、预习作业等强大功能为学生在课堂的学习提供了更好的学习经历，极大地提高了学习的精度与准度，Aischool交互平台在学校活动中的应用则提升了学校活动的参与度、即时性和有效度。

试验期间，学校获得了2015年度第一学期闵行区电子书包项目资源共建共享项目“优秀学校”称号，肖建红老师在2014学年第二学期闵行区数字化学习资源共建共享项目评比中荣获“优秀教师”称号，查国青、施慧丽、黄莺老师在2015年度闵行区电子书包项目实验教师评比中荣获“优秀实验教师”称号，刘志鹏老师的微课程作品《中考体育项目篮球》在2015学年第一学期闵行区微课程作品征集与评比活动中荣获一等奖，顾海英老师的微课程作品《二进制数》在2015学年第一学期闵行区微课程作品征集与评比活动中荣获三等奖，马书彦老师的微课程作品《勾股定理》在2015学年第一学期闵行区微课程作品征集与评比活动中荣获三等奖。

五、名校引领下的校际联动

学校于2013年加入七宝中学教育集团，在集团“资源共享、优势互补、

和衷共济、共同发展”的办会宗旨下，在“名校引领”（文来初中名校示范引领效应）、“校际交流”（校际之间教学教研的特色与智慧交流）、“专家讲坛”（集团内外专家讲座共享）、“学业诊断”（七、九年级诊断性联考）、“学科联赛”（六、七年级英语、语文学科竞赛）项目推动下，学校教师获得了更多的学习和交流的机会，尤其在2014年与文来初中结对帮扶后，学校在教研组备课组建设、九年级教学指导、青年教师拜师、学校项目建设和项目活动等方面获得了文来初中实实在在的支持和帮助。

六、累累收获

近两年教师与学生水平都得到了一定提升，在区级以上的比赛中获得了一定的成绩，同时学校教学成绩稳定且有了一定的进步。近几年学生由六年级入学时区统测初态区排名几近垫底到毕业时连续多年上升到区中等水平。

近两年获奖情况（部分）：

◆ 闵教论坛之星：

第三届：肖建红 一等奖；荣凯 三等奖

第四届：郑钟、罗珺、龚淑君、史晓云 三等奖

◆ 部分教师获奖：

邵苏萍老师在2015年闵行区中学理科学科教师教学能力评比活动中荣获二等奖

陈多俊老师在2015年闵行区中学理科学科教师教学能力评比活动中荣获二等奖

罗珺老师在2014年闵行区中小学“希望之星”课堂教学改进评选中荣获二等奖

……

◆ 部分学生获奖：

王希、陆俞、张蓬辉、黄恒月、孔泓杰、韩阳、杨烽七位同学于2014年2月参加第35届世界头脑奥林匹克创新大赛（中国赛区）荣获一等奖第一名

（冠军）

吴雨晨同学在第 13 届上海市青少年“明日科技之星”评选活动中荣获“明日科技之星”

郭冬冬同学获得第 19 届“翔星杯”上海市青少年创造发明设计一等奖

吴雨晨同学荣获 2015 年“莘光杯”闵行区中学生古诗文阅读大赛暨第 14 届中学生古诗文阅读大赛（闵行）赛区初一组二等奖

吴文萱同学荣获 2015 年“莘光杯”闵行区中学生古诗文阅读大赛暨第 14 届中学生古诗文阅读大赛（闵行）赛区初一组二等奖

耿文爽同学荣获 2015 年闵行区第 7 届中小学生创意征文大赛一等奖

朱嘉龙同学荣获 2015 年上海市青少年“白猫杯”应用化学与技能竞赛闵行区（初中组）二等奖

顾易同学荣获 2015 年闵行区第 15 届初中学生科普英语竞赛高年级组二等奖

朱嘉龙同学荣获 2016 年闵行区第 28 届初三“天原杯”化学竞赛二等奖

李雨桐同学荣获闵行区第 29 届“田园杯”中学生作文竞赛七年级组一等奖

……

变革学习方式　创建“人人课堂”

郁鸿荣

“人人课堂”是在我校“为学生的成人、求知和创新奠基”和“海纳百川　自我超越”的办学理念下，培养具有“包容自信，乐观向上”品质的航二学子的目标下，根据我校学生实际学力，遵循“先学后教，以学定教”等教学理念而构建的。

“人人课堂”是指遵循“平等、尊重、活力、创造”的课堂价值追求，关注和促进每一个孩子自主学习探究和主动发展提高，通过师生、生生高效合作，力求实现“人人参与、人人合作、人人发展”的课堂。

“人人课堂”从关注人的发展出发，是一种目中有人的课堂，是一种充满人性尊重和人文关怀的课堂，其追求的课堂价值应是“平等、尊重、活力、创造”：平等，即老师与学生，学生与学生在课堂中的地位是平等的，学习是合作的，生态是和谐的；尊重，即尊重学生已有知识，尊重学生学习能力，尊重学生的发展；活力，即课堂中参与是全员的，讨论是热烈的，思维是灵动的，学习是开放的；创造，即课堂中充满了智慧的碰撞和创造性的生成。

一、对“人人课堂”主要课堂模块的思考

1. 已有模式

通过实践研究，老师们已建立了一些课堂教学模式。

（1）通过导学单的使用，引导学生在课堂中以问题为中心，以自主研习

和大小组交流为主线的课堂教学形态。

教师通过情景的创设激发学生学习的欲望，通过独立学习完成学习单，通过组内、组间互动探究完成掌握学习单内容，通过归纳拓展获得学习的矫正和反馈。

其课堂形态为：

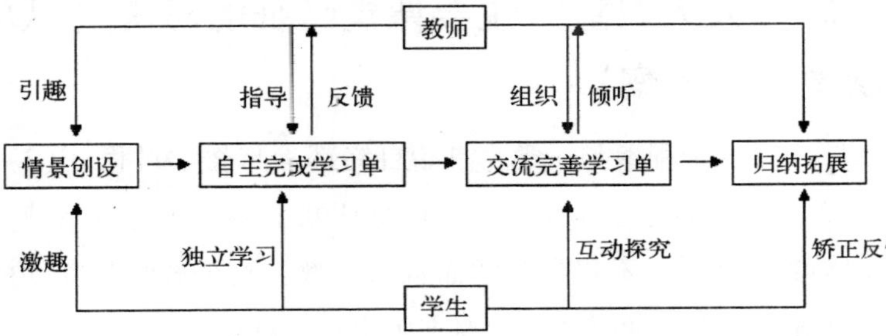

（2）通过导学案的使用，引导学生在课前通过自主研习，在课堂中以导学案内容为中心通过大小组交流为主线的课堂教学形态。

使用了“学案”前置到课前的模式。在这种模式下的教学主要有两大变化，一方面是教师备课方式的改变，另一方面是学生学习模式的改变。

其课堂形态为：

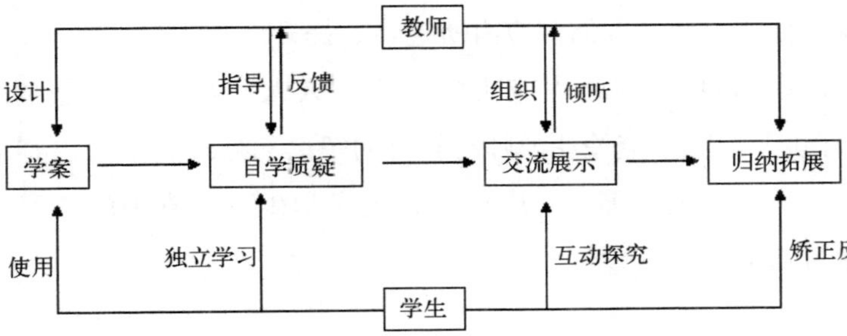

2. 共性模块提炼

自主研习：通过课前导学案或课中导学单等“脚手架”的设计引导学生进行独立学习和合作学习，提高学生自主学习能力。

互动释疑：通过组内、组间生生互动和师生互动等途径，暴露学生相异构想。

归纳拓展：通过师生共同梳理归纳，形成知识架构，同时立足教材，通过课内（或课外）检测，巩固知识，拓展能力。

二、对“人人课堂”主要课堂特征的思考（从学生学习的维度做一个考察）

人人参与：（1）全程参与，学生自始自终都参与教学过程；（2）每个学生都参与；（3）学生全身心地参与，不仅是认知上参与，还有情感参与、心理参与、身体参与；（4）不仅参与学而且参与教，整个教学是互动的，学生发表自己的见解，谈自己的看法，这对老师也是一种启发。

人人合作：课堂中我们应强调互动、合作和交流。合作过程应包括：（1）倾听，它是合作学习的前提；（2）发表，在认真倾听的前提下要有自己的想法，要敢于将自己的想法说出来；（3）互助，生生间、师生间应互相欣赏，互相帮助。师帮生，生帮生，组帮组，这才是合作。

人人发展：这是学生学习状态的集中体现。学生在课堂中的学习是否有实实在在的收获和提升，不仅在认知、思维等方面有所提升，而且在情感、品德，以及个性、生命等方面都应有所进步、提升。

“人人课堂”评价的聚焦点应更多关注“人人参与、人人合作、人人发展”。课堂评价元素除了应关注教师对教材的解读和处理，学习内容呈现的方式，组织学生学习的策略等，还应更多地关注学生在课堂中的学习状态、学习行为和学习结果。

航华二中“人人课堂”教学评价表

<table>
<tr><td>执教人</td><td></td><td>学科</td><td>班级</td><td colspan="2"></td></tr>
<tr><td>课题</td><td colspan="2"></td><td>节次</td><td colspan="2">午第　　节</td></tr>
<tr><td>类型</td><td colspan="5">常态课（　）比赛课（　）研讨课（　）其他（　）</td></tr>
<tr><td rowspan="2">评价项目</td><td rowspan="2">评价内容</td><td rowspan="2">评价要求</td><td colspan="3">评价结果（用√表示）</td></tr>
<tr><td>5 分</td><td>3 分</td><td>2 分</td></tr>
<tr><td rowspan="4">教师行为</td><td rowspan="2">教材处理</td><td>1. 目标设置符合课程标准要求（三维目标），符合学生实际。</td><td></td><td></td><td></td></tr>
<tr><td>2. 能根据学生实际正确设计“脚手架”，引导学生开展自主学习。</td><td></td><td></td><td></td></tr>
<tr><td rowspan="2">组织教学</td><td>3. 有效引导学生开展独立学习和小组合作学习，形式多样，组织有序。能熟练运用数字化手段组织教学。</td><td></td><td></td><td></td></tr>
<tr><td>4. 教学民主，尊重、理解、激励学生，师生互动，反馈与调控及时。</td><td></td><td></td><td></td></tr>
<tr><td rowspan="4">学生行为</td><td>学习状态</td><td>5. 注意力集中，情绪饱满，课堂气氛活跃，参与面广，主体地位体现充分。</td><td></td><td></td><td></td></tr>
<tr><td rowspan="2">学习行为</td><td>6. 学习方式多种多样，有自主学习、主动探究和合作交流的过程体现。</td><td></td><td></td><td></td></tr>
<tr><td>7. 思维活跃、有深度，能质疑问难，充分展现自己的认识和见解。</td><td></td><td></td><td></td></tr>
<tr><td>学习结果</td><td>8. 应用课堂反馈，课堂目标达成度高，学生有成功体验。</td><td></td><td></td><td></td></tr>
<tr><td colspan="2">总体评价</td><td colspan="4">【等第：　　　】</td></tr>
</table>

注：优秀（36～40 分）；良好（30～35 分）；一般（24～29 分）；待努力（24 分以下）

评价者：__________

______年____月____日

三、对“人人课堂”主要策略选择的思考（从教师教学设计的角度做一个考察）

1. 知识联动的学习

知识的联动应包括与学生已有知识的联动、课内知识之间的联动、与将来相关学习知识之间的联动，甚至和其他学科知识之间的联动。课堂上的知识因为和学生的经验世界和现实生活紧密联系而变得鲜活和有亲和力，课堂中教师呈现的教学内容、采用的教学方式都应从学生经验出发，引导学生通过自己已有的知识和经验来建构知识，这样的建构是有意义的，也是符合最近发展区原理的，如数学上的类比、化归等思想方法强调的就是与已有知识的有效联动。课内知识的呈现应讲究层次感和递进性，符合学生的认知规律。同时呈现的知识也不应是孤立的，我们应对整个初中学段内容进行一定的整合，使呈现的教学内容既符合学生现有的认知基础，也为将来的学习提供一定的基础，使呈现的内容更完整也更有远见。

2. 任务驱动的合作式学习

任务设计的质量直接决定着教学过程的效率与教学效果。陶行知先生谈到课堂提问的重要性时曾风趣地说：“发明千千万，起点在一问；智者问的巧，愚着问的笨。”因此课堂教学通过任务来驱动是一种非常行之有效的课堂教学策略。问题设计的恰当和开放体现了教师良好的教学素养，对整个课堂组织至关重要，好的问题设计往往能激发学生进行积极的思维活动，并通过师生互动、生生互动使有意义的内容生成。导学案、导学单等都是任务驱动的一种方式。

3. 数字化环境下的交互式学习

数字化学习三要素：（1）数字化的学习环境，电子书包给我们提供了很好的平台；（2）数字化的学习资源，云平台的建设及校本资源、自建资源、网络资源等提供了丰富的学习资源；（3）数字化的学习方式，充分利用数字化平台和数字化资源开展学生个体独立学习和师生、生生合作学习。数字化环境下的教学将改变我们的课堂、改变我们学习资源，最终将改变学习方式。学习者的学习空间由课内延伸到课外，由校内延伸到校外，学习者的学习资源由过去单一的书本呈现和老师讲授变为呈现形式更丰富的数字化、网络化、多媒体化。学生学习的空间得到了拓展，学习的内容更加丰富，学习的方式更加多元。

4. 常态化下对学生激励性的评价机制

教学艺术的本质不在传授，而在于激励、唤醒、鼓励。在课堂教学中，运用鼓励性语言对学生的思考和发现给予积极评价，可以保护学生的学习热情，调动其学习积极性，把学生深深地吸引到学习上来，使他们积极、自觉、愉快地进行学习；同时使后进生克服心理障碍，消除自卑心理，增强自信心。同时光有语言激励是不够的，学校还建立了常态化下对学生激励性的评价机制，评价内容涵盖作业、上课、考试、行规等方面，目前对学生的评价应该是多元的、持久的，也是学生所期盼的，对评价较好的个人和小组，学校每月给予一定的奖励。

而电子书包的推送、窗口展示、自动批改、互评、思维导图、预习作业等强大功能为学生的课堂学习提供了更好的学习经历，极大地提高学习的精度与准度。

语文组《基于学校“人人课堂”理念的语文教学课堂健康生态营造的课例研究》组本培训方案

黄　莺

闵行区“十二五”中小幼校本研修申请表

申报学校：航华二中（语文组）　　　　申报时间：2015 年 9 月

项目名称	基于学校“人人课堂”理念的语文教学课堂健康生态营造的课例研究		
培训项目模块（单选）	（　）师德与素养；（　）知识与技能；（√）实践体验		
学　时	24	学分（12 学时/1 学分）	2 分
项目负责人	黄　莺	研究起止日期	2015 年 9 月—2016 年 6 月
项目研究的目的	我们学校处于市动迁小区，每年外地新生超过 60%，福利院学生占 3%，学生基础较差，不会学习也不愿学习，学习习惯、学习能力和学习主动性均较差，给教师课堂教学带来极大的挑战。上课前教师备课认真规范，可是在上课时往往觉得效果不佳，达不到预期的理想课堂状态。学校从 2014 年开始已经注意到了这个问题，目前正在全校范围内大力倡导“人人课堂”的教学理念。目的是让老师们注意到教师角色的转化，知道学生是学习的主人，努力营造民主、平等、和谐的师生关系；部分老师正在尝试教师的激励性评价和学生的相互评价，发挥评价的激励功能。 目前教学活动仍存在许多不理想状况，在课堂教学中仍存在一些问题：（1）很大一部分教师在课堂上过分强调教师作用，忽视学生能力培养。课堂上以教师为中心，在一定程度上忽视了学生作为学习主体的存在，“灌输式教学”占有很大市场。（2）过分强调教学的预设性，忽视了教学的生成性。（3）过分强调知识传授，忽视激发情感。教师考虑的是如何将新知识讲清楚、讲明白、讲透彻，而对学生学习积极性、情感考虑不多。首先还是观念上的突破。“教师的责任不在教，而是在教学生学”“先学后教，以教导学，以学促教，以学定教”成为学校课堂教学行为的主流文化导向。		

续表

主题设定依据及解决的问题	设定依据： 课题的理论依据为《义务教育语文课程标准（2012 年版）》和我校的“人人课堂”的教学理念与模式。 通过此次校本研训的实践和研究，使教研组全体成员牢牢树立“人人课堂”的教学理念，切实提高实施《义务教育语文课程标准（2011 年版）》的执行力，进一步营造良好的课堂生态系统，不断规范语文教学行为，努力提高语文课堂教学的有效性。 解决问题： 把我们以往熟悉的以教为主导的教学模式，变为以学生的学为主导，教师的活动就是穿针引线，适度引导。以此提高语文教学效果。 通过课题研究，提高教师将教育科研与日常教学工作进行有机整合的能力，促进教师的专业发展。
项目研究的主要内容	1. 认真学习领会学校“人人课堂”的实质和理念，并结合《义务教育语文课程标准（2012 年版）》和语文教学的内容； 2. 从当前语文教学的课堂生态的角度反思当前语文教学存在的问题； 3. 要能够落实到每节课中，而非偶一为之。
学习材料	1. 《义务教育语文课程标准（2012 年版）》（上海教育出版社）； 2. 《中学语文教学建模》（学科教学建模丛书，广西教育出版社）； 3. 《新编语文课程与教学论》（课程与教学论系列教材，华东师范大学出版社）； 4. 校“人人课堂”的相关理念； 5. 全国各类语文教学核心期刊中相关的学术论文。
成果形式	研讨课案例和总结报告。

研究过程安排

研究日期	研修内容	备注
2015 年 9 月 18 日 13:00—14:20	学习七宝实验学校校长查建生老师的讲座。	（2 课时）
2015 年 10 月 15 日 13:00—14:20	教学生态与模式的确定与学习策略指导。	黄莺主持 （2 课时）
2015 年 11 月 24 日 13:00—14:20	张绪文现代诗“远航杯”公开课并课后研讨。	黄莺主持 （2 课时）
2015 年 11 月 26 日 13:00—13:40	营造健康课堂生态，提高课堂教学效果。	本组教学研讨交流 （1 课时）

续表

研究日期	研修内容	备注
2015 年 11 月 27 日 13:00—14:20	认真学习校“人人课堂”教学理念，积极应用到实际教学中。	主持：黄莺 （2 课时）
2015 年 12 月 3 日 13:00—13:40	黄莺老师的“人人课堂”并电子书包作文课研讨课。	黄莺公开课 （1 课时）
2015 年 12 月 12 日 13:00—14:20	杨梓新教师亮相课并课后研讨。	主持：黄莺 （2 课时）
2016 年 2 月 21 日	学习《义务教育语文课程标准（2011 年版）》，以备课组为单位，结合本学期教材探讨：如何落实“人人课堂”在语文课堂上的应用？	主讲： 七、八年级备课组长 刘盛梅、徐海华 （2 课时）
2016 年 3 月 9 日	营造良好的课堂生态观课。	九年级钱志民公开课 （1 课时）
2016 年 3 月 23 日	营造良好的课堂生态“人人课堂”观课。	九年级葛定芳公开课 （1 课时）
2016 年 4 月 6 日	营造良好的课堂生态“人人课堂”评教。	刘胜梅公开课 （1 课时）
2016 年 4 月 6 日	营造良好的课堂生态“人人课堂”观课。	马耀贤公开课 （1 课时）
2016 年 5 月 4 日 13:00—14:20	营造良好的课堂生态“人人课堂”观课。	徐海华公开课 （1 课时）
2016 年 5 月 18 日	营造良好的课堂生态“人人课堂”观课。	王茜茜公开课 （1 课时）
2016 年 5 月 21 日 13:00—14:20	教研组就各类文体教学内容确定案例研究的交流、研讨。	黄莺主持 （2 课时）

语文组《基于学校“人人课堂”理念的语文教学课堂健康生态营造的课例研究》组本培训总结

黄　莺

在学校关于构建“人人课堂”的思考中，我们学校“人人课堂”的办学理念这样定义：“为学生的成人、求知和创新奠基”和“海纳百川　自我超越”办学思想，通过构建“人人课堂”形成“人人参与、人人合作、人人发展”的学校课堂生态，培养具有“包容自信，乐观向上”品质的航二学子，使课堂成为每一个孩子学习发展的学堂。

语文学科如何达成“人人课堂”？我的理解应该是：“人人课堂”既是一种教学理念，也是一种态度，同时在教学实践中也呈现出一种课堂形态。在课堂上，心中有每个学生，尽量争取做到绝大多数学生可以不同层次地参与到课堂中来（当然在我们学校是很难做到的），绝大多数人能在课堂上或多或少地有所收获，绝大多数人能通过一个阶段的学习在某个方面有所积累、有所进步。这就是对“人人课堂”理念的最好的实现。如何才能达成？如果只是设定课堂教学目标和教学内容，学生并不能自己主动去达成目标。所以，要争取从课堂教学形式和营造课堂生态上去动脑子想办法，促进“人人课堂”的实现。本学年我们语文组的校本研修培训的项目名称就是“基于学校‘人人课堂’理念的语文教学课堂健康生态营造的课例研究”。

本学年，语文组共开展了“人人课堂”九节课。“横看成岭侧成峰，远近高低各不同”，课堂切入点各不相同，呈现出的课堂形态也各不相同，但是，我认为却从不同侧面很好地展示了对“人人课堂”理念的诠释。回顾这九节课，对我来说既是一个总结，更是一个学习的过程。我觉得我们老师对“人人课堂”的理解和教学智慧远远超越了呈现出来的这九节课。

一、“人人”是一种深植于心的对每个学生负责的态度

这学期，九年级的两位老师在忙碌紧张的教学中为我们呈现了宝贵的三节复习课。其中我听了钱志明老师的两节，应该是连续性的层进式的作文专题课中的两节，不禁为钱老师的严谨、认真、不苟、实效的工作作风所折服。钱老师不愧是我们语文组德高望重的老组长，为我们在教学实践上树立了很好的榜样。作文材料来源于我们的学生，两节课依次从写作的切题、叙事方法、描写技巧、恰到好处议论和抒情以及如何有效提升文章主题，步步深入，大处着眼，细处入手，对引导提升学生的写作水平进行了扎实有效的训练。

另一节是葛定芳老师的说明文的阅读指导课。葛老师刻苦钻研业务，教学形式不拘一格，在系统引导学生进行说明文阅读的基础上，针对我们学生的现状，进行既扎实又朴实的方法的指导。从这节课可以感受到葛老师平时对学生语文学习的引导非常接地气，贴近每个学生的学习特点。

二、“人人”是一种踏踏实实、不断探索的心境

马耀贤老师、王茜茜老师、徐海华老师以及刘盛梅老师是我们学校语文教学的中流砥柱，经验丰富，教学风格一向是稳扎稳打。我觉得在他们身上值得学习的是“胸中有丘壑”的境界。眼中有“人人”，心中有“人人”，他们的教学设计目标设定基于学生的实际，贴切文本要求，突出教学重点，教学手段活泼多样。不同年级的语文学习，我们的老师呈现出不同的层次。

比如，刘盛梅老师的教学更多地设计了符合六年级学生年龄特点的朗读，由浅入深，由简入难，学生很起劲地按老师要求朗读，读出了气氛，读出了兴致，读出了层次，读出了感悟。

马耀贤老师作为一名经验丰富的老教师，指导六年级小朋友的写作驾轻就熟，信手拈来。教学资源源于学生，最后归于学生，培养了学生良好的语文学习习惯。

王茜茜老师一直给人的感觉是温婉、踏实，总是能很准确地把握文本的重难点以及每个学生的兴趣点，用温柔的语言激发学生的学习兴趣。正是老师点拨到位，整个课堂非常活跃，学生们发言积极主动。

徐海华老师在教学上总有自己独到的想法。这次的课题是“人物形象赏析”，本身就是另辟蹊径，以写作指导促进学生的阅读水平的提高，而且从课堂上可以感受到她的学生训练有素，每个学生都知道自己在做什么、该做什么、怎么做。老师步步为营，学生井井有条。

三、“人人”是一种不满足现状、积极进取的精神

上学期，张绪文老师参与了学校组织的“远航杯”，而这次“远航杯”的定位就是“人人课堂”。他选取的是经典文言文篇目《愚公移山》。在教学过程中，教学环节很清晰，问题设置也比较恰当，很好地调动学生参与积极性。尤其是论辩环节的设置是课堂的亮点：（1）学生的观点的依据主要来自课文，有理有据，有针对性，体现出学生对文本的理解很到位；（2）学生表达很规范，合理有序；（3）学生论辩的思路很清晰，观点明确，体现了学生对文本的理解是准确的。这节课十分符合我校倡导的“人人课堂”的教学理念：“人人参与，人人合作，人人发展”。课堂气氛活跃，学生们思维敏捷。作为入职只有两年的新教师，在从准备到开课的一段时间里，他投入、认真、虚心、积极的教学态度，是取得良好教学成果的保证。

同样是新教师的杨梓老师，在这一年的实习期一共上了两节公开课。一节是上学期的组内研讨课，讲的是《白兔与月亮》。杨梓作为我们语文组的最新鲜的血液，对语文课堂的节奏掌控却很老练，教学过程有条有理，教态镇定自若。在对教本的处理上，杨梓往往能从文本入手，从学生的兴趣入手，

来完成课堂任务。还有一节就是本学期的汇报课。虽然是在文来初中上的，但我听了两次试讲，觉得杨梓的学生意识越来越强，文本意识越来越强，对自己的要求也越来越高。

12 月 4 日我上了一节校内研讨课，写作指导课。这堂课是借助于电子书包完成的。内容是作文点评和写作指导，工具是学生作文习作和电子书包。出发点是激发学生的兴趣，以点评促写作，以写作来助阅读。实际上是分两步走。第一课时，人人提笔在习作上进行圈画、旁批、评语；第二步也就是公开课部分主要用来字斟句酌，当堂讨论交流，以达到触类旁通。我统计了一下有一半人参与交流，加上第一步的导读，应该是全员参与，人人借助这堂课都能有所收获。

“人人课堂”不光应该是一种理念，更应该是一种课堂形态。良好的课堂生态一定与教学质量是相辅相成、良性循环的。有的时候，我们老师是应该“懒”一些。我的意思是，有时，我们不自觉地总想包办学生的学习，把学生该做的替他们做，学生该考虑的替他们考虑，学生该思考的替他们思考，学生该自己去表达的替他们表达，等等。我们该更多地提醒自己，让他们在课堂上去读，去记，去提问，去思考，去自己找答案，去校对，去交流，去表达，等等。只有如此，才能更好地达到“人人参与、人人合作、人人发展”这个目标。所谓“人人课堂”，不就是这样的一种意识吗？

数学组《“人人课堂”范式下，提升数学课堂中学生参与的案例研究》组本培训方案

王雅琴

闵行区“十二五”中小幼校本研修申请表

申报学校：航华二中（数学组）　　　　申报时间：2015 年 9 月

项目名称	“人人课堂”范式下，提升数学课堂中学生参与的案例研究		
培训项目模块（单选）	（ ）师德与素养；（ ）知识与技能；（√）实践体验		
学　时	24	学分（12 学时/1 学分）	2 分
项目负责人	王雅琴	研究起止日期	2015 年 11 月—2016 年 4 月
项目研究的目的	学校现有四个年级，18 个教学班，学生 500 余人。学校处于市动迁小区，每年外地新生超过 60%，福利院学生占 3%，学生基础较差，不会学习也不愿学习，学习习惯、学习能力和学习主动性均较差，给教师课堂教学带来极大的挑战。 学校这几年不断尝试进行课堂教学改进的实践研究，从“课堂导学”到“智慧教学”再到后“茶馆式”教学，几年的“东施效颦”对教师教学理念的更新、课堂行为的改进以及教学质量的提升起到一定作用，但由于照搬照用总感觉学到了形似而没学到神似，原因在于不一样的学校、不一样的学生需要不一样的教学形式，每一种外来的教学模式都需要一个本土化的过程，有鉴于此，学校提出构建具有航华二中特色的“人人课堂”，构建适合我们自己学校、自己老师、自己学生的高效的课堂教学模式。		

续表

主题设定依据及解决的问题	设定依据： 新课程教育理念摒弃在教学中只重结果不重过程，要求在数学教学中把得出结果的全部思维过程展现出来，并在这一过程中提高学生的参与意识，使学生不但学到知识而且提高能力。课堂教学效果在很大程度上取决于学生的参与情况，这就首先要求教师要加强学生在课堂教学中的参与意识，使学生真正成为课堂的主人，这是现代数学教学的趋势。 我校学生在数学学习中主要表现为对学习没兴趣、不做题、不做作业、不订正、不思考等。冰冻三尺非一日之寒，学生对数学学习的惰性并不是一朝一夕形成的，因素也是多维的，作为教师，如果没有措施，学生的惰性必然肆虐！初中数学逻辑性、系统性渐强，如果学生继续在惰性状态下学习数学，必然会导致掌握知识、技能不系统，不能形成较好的数学认知结构，不能为可持续性学习提供必要的认知基础。 “人人课堂”的聚焦点是“人人参与、人人合作、人人发展”，“人人课堂”的着力点是“人人参与”，所以数学组以“参与度”为抓手参与研究，希望有效改善我校学生在数学学习中的习惯与思维上的惰性！ 解决问题： 通过一年的案例研究，在以下几个方面得到改变和进步：能积极参与数学活动，对数学有好奇心和求知欲；在参与数学学习活动中获得成功的体验，锻炼克服困难的意志，建立学好数学的信心；在参与数学学习活动中体验数学活动充满着探索和创造，感受数学的严谨性及数学结论的确定性；在参与数学学习活动中形成实事求是的态度以及进行质疑和独立思考的习惯。
项目研究的主要内容	1. 学习、梳理“人人课堂”的先进性、适应性； 2. 践行“人人课堂”范式下，提升数学课堂中学生参与的案例研究； 3. 分析、总结“人人课堂”范式下，“人人参与”取得的成效。
学习材料	1. 数学课程标准； 2.《闵行区推进中小学课堂教学改进三年行动计划》； 3.《航华二中推进课堂教学改进三年行动计划》； 4. 相关教学改革方面的文章、资料。
成果形式	教学案例、活动资料和总结报告。

续表

研究过程安排		
研究日期	研修内容	备注
2015 年 10 月 28 日 12:30—14:00	“人人课堂”的再学习，对已有的经验与资料根据研究要求再整理； 学习相关资料。	主持人：王雅琴 （2 课时）
2015 年 11 月 11 日 13:00—14:30	以备课组为单位，结合学生实际学习情况，交流研究的方式、方法及相关策略。	主持人：备课组长 （2 课时）
2015 年 11 月 20 日 13:00—15:30	吴燕老师的案例研究。“案例研究”遵循学校的“三阶段两反思”，教研组观摩、交流，备课组小结。	主持人：王雅琴 （4 课时）
2015 年 12 月 9 日 13:00—15:30	马书彦、吴亚敏老师的案例研究。“案例研究”遵循学校的“三阶段两反思”，教研组观摩、交流，备课组小结。	主持人：王雅琴 （4 课时）
2016 年 3 月 3 日 13:00—15:30	翁宁蓁、刘雪老师的案例研究。“案例研究”遵循学校的“三阶段两反思”，教研组观摩、交流，备课组小结。	主持人：王雅琴 （4 课时）
2016 年 3 月 17 日 13:00—15:30	龚淑君、何胜男老师的案例研究。“案例研究”遵循学校的“三阶段两反思”，教研组观摩、交流，备课组小结。	主持人：王雅琴 （4 课时）
2016 年 4 月 7 日 13:00—14:30	组内各老师根据研究主题，着手撰写案例分析。组内各老师在教研组内交流案例研究报告； 修改后上交汇总。	主持人：王雅琴 （2 课时）
2016 年 4 月 23 日 13:00—14:30	项目负责人作总结报告。	主持人：王雅琴 （2 课时）

数学组《“人人课堂”范式下，提升数学课堂中学生参与的案例研究》组本培训总结

王雅琴

一、研究背景

新课程教育理念要求在数学教学中把得出结果的全部思维过程展现出来，并在这一过程中提高学生的参与意识，使学生不但学到知识而且提高能力。课堂教学效果很大程度上取决于学生的参与情况，这就首先要求教师要培养学生的参与意识，加强学生在课堂教学中的主动参与，使学生真正成为课堂的主人。我校学生在数学学习中主要表现为对学习没兴趣、不做题、不做作业、不订正、不思考，等等。冰冻三尺非一日之寒，学生对数学学习的惰性并不是一朝一夕形成的，因素也是多维的，作为教师，如果没有措施，学生的惰性必然肆虐！初中数学逻辑性、系统性渐强，如果学生继续在惰性状态下学习数学，必然会导致掌握知识、技能不系统，不能形成较好的数学认知结构，不能为可持续性学习提供必要的认知基础。

“人人课堂”的聚焦点是“人人参与、人人合作、人人发展”，“人人课堂”的着力点是“人人参与”，所以数学组以“参与度”为抓手参与研究，希望有效改变我校学生在数学学习中的习惯与思维上的惰性！

二、期望目标

（1）能积极参与数学活动，对数学有好奇心和求知欲；

（2）在参与数学学习活动中获得成功的体验，锻炼克服困难的意志，树立学好数学的信心；

（3）在参与数学学习活动中体验数学活动充满着探索和创造，感受数学的严谨性及数学结论的确定性；

（4）在参与数学学习活动中形成实事求是的态度以及进行质疑和独立思考的习惯。

三、研究内容

（1）创设愉悦的学习情境，提升学生的情感参与；

（2）培养积极的学习品质，提升学生的行为参与；

（3）给予有效的学法指导，提升学生的认知参与。

学生在数学课堂中的学习参与是通过“任务驱动”，以学生是否参与、怎样参与、会参与否来决定的，是学习者在认知、行为和情感方面的综合表现。只有为学生创设参与条件，才能发挥他们的主体作用；只有加强对学生的参与指导，才能使他们真正掌握学习的方法；同时，整个教学过程应融入老师、学生和谐愉快的情感，让学生全面参与，在互帮互学的氛围中主动学习知识，提高能力。学生在数学学习参与过程中的“知、情、行”应该既并进又互促，教师应该通过促进学生在数学课堂中学习参与，逐步形成一种以体现学生内在动力的有效学习机制，建立良性的学习循环，促进学生的不断进步与可持续发展。

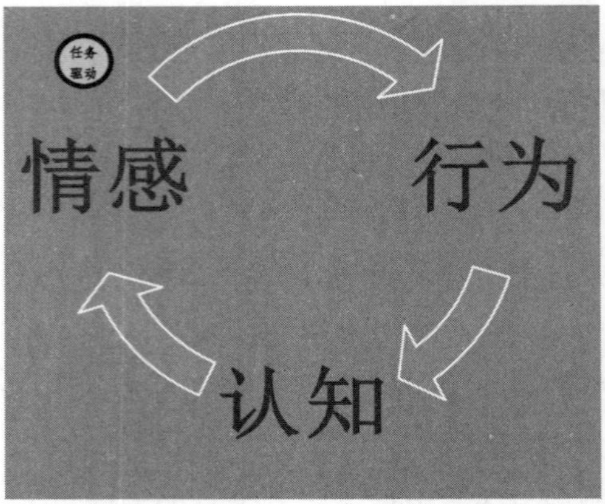

四、案例研究

在前期的案例研究中，通过任务驱动推动与检测学生学习的参与度，包括参与广度、参与深度与参与远度。

参与的广度，主要体现于课堂物理氛围与心理氛围。

参与的深度，主要体现于课堂容量与效率。

参与的远度，主要体现于学生的思维发展与价值观念。

五、改进方向

“人人课堂”的着力点是“人人参与”，从前期的案例研究过程中发现，我们关注更多的是学生个体上的感官与思维参与，然而“人人参与”的更高目标是通过人人独立思考后参与人人合作，所以我们后续的改进方向将是努力提高人人参与合作的广度、深度、远度！

计划从以下几方面研究：

1. 架起看台，让学生“互看”

“互看”指通过观察别人的作品或表现，使学生得到启示。在课堂上，一个教师要面对很多学生，常因为时间问题无法迅速了解每位学生的学习情况，这时如果组织学生相互看一看，瞧一瞧，能让老师及时地了解学生的学习情况，以便及时调控教学。

2. 构筑舞台，让学生“互说”

爱因斯坦曾说过“一个人的智力发展和他形成概念的方法，在很大程度上是取决于语言的。”因此，可以教给学生说的方法、多给学生说的机会、创设说的形式。小组成员可以围绕学习内容，相互启发，各抒己见。让学生在互动中充分表现，发表见解，使课堂由“一言堂”变成“群言堂”，由一个老师变成几十个老师，促使全班学生共同进步。

3. 搭建讲台，让学生“互辩”

俗语说“理不辩不明”，学生只有在争论与辩论中才能加深对数学知识的理解，一个有吸引力的话题能有效地促进学生参与，促进学生倾听，促进学生信息加工，促进学生内化、整理知识。要给学生较多的讨论分析的机会，使学生在知识方面互相补充，在学习方法上互相借鉴，集智取长，协作创新。

4. 铺设吧台，让学生“互帮”

由于个性差异，每个人的学习习惯和掌握的知识都不一样。针对这种差异，铺设一个个数学吧台，让学生互帮互学，优势互补，共同进步，更重要的是增强主体意识，培养自我管理、自我监控的能力。

5. 创设平台，让学生“互问”

数学教学很重要的一条是“使学生成为更好的思考者和问题解决者。”教师在教学中除了自己要提出一些具有思考性的问题让学生探究外，还要创设一些机会，让学生互相提问题，培养学生提出问题和解决问题的能力。

在学生的“互看、互说、互辩、互帮、互问”中，教师是一个局部障碍的排除者、课堂信息的捕捉者和判断者。为学生的学服务，为生生有效互动提供有力的保障。

数学组希望借“人人课堂”教育理念、借“人人参与”平台，发掘我校学生的数学学习“潜能”，期盼我校学生数学学习能力有所进步！

英语组《活化英语教材，创建高效“人人课堂”教学模式》组本培训方案

刘高林

闵行区“十二五”中小幼校本研修申请表

申报学校：航华二中（英语组）　　　　申报时间：2015年11月

项目名称	活化英语教材，创建高效“人人课堂”教学模式		
培训项目模块（单选）	（ ）师德与素养；（ ）知识与技能；（√）实践体验		
学　时	24	学分（12学时/1学分）	2分
项目负责人	刘高林	研究起止日期	2015年11月—2016年5月
项目研究的目的	《英语（牛津上海版）》充分考虑到初级中学学生的兴趣、爱好等学习和心理需求，设计了大量生动有趣的教学内容、教学活动和插图，提供了大量的对话、表演、游戏、歌谣、故事等，为学生多听、多说、多朗读、多背诵，逐步获得语感创造了条件。从总体上讲，所编排的对话、语篇和练习内容丰富、题材广泛、形式多样、语言地道、信息量大，对学生的语言学习以及语言实际应用能力的可持续发展有着得天独厚的优势。教材是知识的载体，外语教学过程无外乎两个转换：一是把自然语言的运用事实转换为知识，以教材的形式固定下来；二是把教材所承载的知识转换为语言能力，使之成为交际中的语言。教材具有权威性、统一性和不可替代性，但是再优秀的教材都有其局限性。教材是根据教学大纲或课程标准统一编写的，它无法满足课堂的具体需要；教材受篇幅的限制，不可能收入所有能有效服务于教学目标的信息；教材是由专家们编写的，而专家们离“具体的儿童”太遥远。显然，过分地依赖课本就无法达到教学目标，只会是死教书、教死书，不仅不能达到理想的教学效果，而且还会扼杀学生学习的积极性，降低学生的学习热情，冲淡学生的学习兴趣，最终导致教与学的严重脱节和不协调。因此，创造性地利用教材即“活化教材”是促进知识与技能转换、形成交际能力的有效途径，是提高课堂实效的充分必要条件。		

续表

项目研究的目的	“人人课堂”的理念在我校已深入人心。所谓“人人课堂”，就是一种以生为本，师生、生生高效合作、学生主动学习的课堂，建设“人人课堂”旨在促使课堂“人人参与、人人合作、人人发展”，唤醒和发现学生的认知，关注和促进每一个学生的成长。 本项目旨在以“人人课堂”理念为指导，帮助教师活化英语教材，创建高效“人人课堂”教学模式。
主题设定依据及解决的问题	设定依据： 1.《中学英语新课程标准》要求：教师要不断改变和优化教学方式，努力做到两个“转变”，即从以教师为中心的教学方式转变为以学生为中心的教学方式，从单纯传授书本知识的教学方式转变为引导学生探究知识、发展能力的教学方式。由此可见，教学模式的研究能够指导教师从整体上去综合地探讨教学过程中各因素之间的互相作用和其多样化的表现形态，以动态的观点去把握教学过程的本质和规律，同时对加强教学设计、研究教学过程的优化组合也有一定的促进作用； 2. 学生普遍基础较差，两极分化极端严重；教材难度和考核难度远远超出多数学生的能力范围，很多学生对英语学科几乎信心全无，更遑论兴趣。教师在“教不会”的泥潭中似乎越陷越深。严峻的课堂生态逼迫教师必须做出改变。 解决问题： 1. 在不同年级段初步形成各具特色的高效“人人课堂”教学模式； 2. 教师能在课堂实践中熟练利用这些模式提高我校学生的英语水平。
项目研究的主要内容	1. 依托教材，对词汇进行分级，集中快速记忆单词； 2. 依照教材原有的语法体系，探讨英语语法教学交际化的意识和技巧； 3. 紧扣课文话题，精选材料，培养学生的阅读兴趣，提高学生的阅读能力。
学习材料	1.《英语教学设计理论与实践》（现代教育出版社）； 2.《提高英语写作能力的良策探究》（中国校外教育）； 3.《走进名师课堂——初中英语》（山东人民出版社）； 4.《初中英语教学活动设计案例精选》（北京大学出版社）； 5.《让学生都爱听你讲——课堂有效管理6步法（万千教育）》（中国轻工业出版社）； 6.《如何巧妙设计英语课堂（剑桥英语课堂教学系列）》（外语教学与研究出版社）； 7.《做最好的英语老师》（福建教育出版社）； 8.《英语可以这样教（万千教育）》（中国轻工业出版社）； 9.《初中英语阅读教学设计》（上海教育出版社）； 10.《英语学习策略——从理论到实践》（外语教学与研究出版社）； 11.《如何开展个性化课堂教学（剑桥英语课堂教学系列）》（外语教学与研究出版社）； 12.《英语新课程教学与教师成长（当代中小学教师研修教材）》。

续表

成果形式	教研组总结报告。	
研究过程安排		
研究日期	研修内容	备注
2015 年 11 月 12 日 15:30—16:10	主题讲座："人人课堂"之我见。	主讲：刘高林 （1 课时）
2015 年 11 月 20 日 15:30—16:10	主题讲座：语法分层复习。	主讲：付琪 （1 课时）
2015 年 11 月 27 日 15:30—16:10	主题讲座：怎样增强课堂的趣味性。	主讲：施惠丽 （1 课时）
2015 年 12 月 4 日 15:30—16:10	主题讲座：怎样转化学困生。	主讲：吕明辉 （1 课时）
2015 年 12 月 11 日 13:30—14:10	课例研究（Ⅰ）说课。	主讲：史晓云 （1 课时）
2015 年 12 月 13 日 13:00—13:40	课例研究（Ⅰ）课堂实践。	主讲：史晓云 （1 课时）
2015 年 12 月 13 日 15:00—16:20	课例研究（Ⅰ）课堂实践反思。	刘高林主持 （1 课时）
2015 年 12 月 14 日 13:00—13:40	课例研究（Ⅱ）课堂实践。	主讲：王晖 （1 课时）
2015 年 12 月 14 日 13:50—14:40	课例研究（Ⅱ）课堂实践反思。	刘高林主持 （1 课时）
2015 年 12 月 18 日 13:00—13:40	课例研究（Ⅱ）说课。	主讲：施惠丽 （1 课时）
2015 年 12 月 19 日 13:00—13:40	课例研究（Ⅲ）课堂实践。	主讲：施惠丽 （1 课时）
2015 年 12 月 19 日 13:50—14:40	课例研究（Ⅲ）课堂实践反思。	刘高林主持 （1 课时）
2016 年 2 月 22 日 13:00—13:40	课例研究（Ⅳ）课堂实践。	主讲：袁美芳 （1 课时）
2015 年 2 月 22 日 13:50—14:40	课例研究（Ⅳ）课堂实践反思。	刘高林主持 （1 课时）
2016 年 3 月 7 日 13:00—13:40	课例研究（Ⅴ）课堂实践。	主讲：付琪 （1 课时）

续表

研究日期	研修内容	备注
2016 年 3 月 7 日 15:00—16:20	课例研究（Ⅴ）课堂实践反思。	刘高林主持 （1 课时）
2016 年 3 月 22 日 13:00—13:40	课例研究（Ⅵ）课堂实践。	主讲：刘高林 （1 课时）
2016 年 3 月 22 日 13:50—14:40	课例研究（Ⅶ）课堂实践。	刘高林主持 （1 课时）
2016 年 4 月 5 日 13:50—14:40	课例研究（Ⅷ）课堂实践。	主讲：左列 （1 课时）
2016 年 4 月 5 日 15:00—16:20	课例研究（Ⅵ）课堂实践反思。	刘高林主持 （1 课时）
2016 年 4 月 26 日 13:00—13:40	课例研究（Ⅶ）课堂实践。	主讲：吕明辉 （1 课时）
2016 年 4 月 26 日 13:50—14:40	课例研究（Ⅶ）课堂实践反思。	刘高林主持 （1 课时）
2016 年 5 月 10 日 13:00—13:40	课例研究（Ⅷ）课堂实践。	主讲：朱秀娟 （1 课时）
2016 年 5 月 10 日 13:50—14:40	课例研究（Ⅷ）课堂实践反思。	刘高林主持 （1 课时）
2016 年 5 月 20 日 13:50—14:40	完成结题报告。	刘高林

英语组《活化英语教材，创建高效“人人课堂”教学模式》组本培训总结

刘高林

近年来，学校以“为学生成人、求知和创新奠基”的办学理念 和“海纳百川　自我超越”的办学思想，构建“人人参与、人人合作、人人发展”的教学模式，培养具有“包容自信，乐观向上”等海洋人文精神的学生，以期使我们的课堂成为点燃学生智慧的火把，生动活泼的学习乐园，师生互动、心灵对话的舞台，共造奇迹、唤醒潜能的时空。

沿着“人人课堂”教学理念的指引，英语教研组启动了基于“人人课堂”理念的活化英语教材提高课堂实效的实践研究。

《英语（牛津上海版）》充分考虑到初级中学学生的兴趣、爱好等学习和心理需求，设计了大量生动有趣的教学内容、教学活动和插图，提供了大量的对话、表演、游戏、歌谣、故事等，为学生多听、多说、多朗读、多背诵，逐步获得语感创造了条件。从总体上讲，所编排的对话、语篇和练习内容丰富、题材广泛、形式多样、语言地道、信息量大，对学生的语言学习以及语言实际应用能力的可持续发展有着得天独厚的优势。

然而，正如英国有句谚语说，“人之肉汤，我之砒霜”（One person’s meat is another one’s poison）。现行英语教材，对于功底深厚的学生来说，可以补益脾胃，增进食欲；而对于体质虚弱的学生来说，若照单全收，囫囵吞枣，当然难以消化吸收，最终导致营养不良。其实，专家们早已意识到这个问题，已经改了两版。虽然每次改版都适当降低了一点难度，实践证明，多数学生

还是感到心有余而力不足。这个问题困扰和折磨我组英语教师已久，可谓是“天不老，情难绝。心似双丝网，中有千千结”。

“人人课堂”理念的提出，为我们解开这个死结提供了可以操作的方法论，也为我们把“砒霜”变为“白糖”提供了化学方程式和实验步骤。我们组开始研究教材并且很快理顺了英语教学中的两大基本关系。首先是教师与教材的关系：教师与教材的关系是主从关系，即教师根据教学大纲能动地、创造性地对教材进行加工处理，使之能够与自己的课堂活动相适应。其次是学生与教材的关系：在传统的外语教学中，教师对学生的要求是死记硬背，结果是学生机械地记住了语言知识，却不能灵活应用语言。加强语言交际能力的培养已经成为整个外语教育界的共识，学生不必花大量的时间和精力对教材死记硬背，而应该积极参与课堂活动，在活动中掌握语言知识、提高语言能力。理顺了这两大关系，在“人人课堂”理念的指引下，我们便能自觉地以学生的经验为基础，了解学生生活的方方面面和内在需求，从而灵活地调整教学内容和课堂教学方式，或补充、或延伸、或拓展、或重组，尽量使内容贴近学生，尽可能创新地采用各种课堂教学方式，激发学生学英语的兴趣，鼓励学生进行自我超越。

本学年，英语组以“人人课堂”教学理念为指导，以《活化英语教材，提高课堂实效的实践研究》为抓手，展开课堂实践活动，一共九节公开课，其中有三节区级层面的研讨课，这是“人人课堂”以前从未有过的盛况，每一节课都是一场视觉与听觉的盛宴。

上课，在某种程度上来说，有点像文学创作，没有真情实感，是出不了好作品的。例如，大文豪苏轼有感而发时，他写“回首向来萧瑟处，归去，也无风雨也无晴”。而写《上元侍宴》这等命题作文时，也只能写出“侍臣鹄立通明殿，一朵红云捧玉皇”之类的吹捧之词，拍一拍皇帝的马屁而已。回顾英语组的这些课，惊喜地发现，我们的老师，并没有被理念和课题框死，每一节课都是一趟目的明确的自由旅行。

语法教学一直被认为是很难、很枯燥、很复杂的，因此学生一般都害怕、讨厌，甚至抗拒语法。付琪老师和吕明辉老师把语法与语境结合起来，在语境中传授语法知识，使语法具有魅力，使语境充满生命，真正达到了学以致用的目的。

听说课，是低年级的主要课型，左列、施慧丽、袁美芳和史晓云等几位老师上这类课，总是神采飞扬，激情满怀，满脸阳光，让学生如痴如狂。她们都善于创设和谐的教学情境，引导学生“想说、敢说、爱说”，最终达到“能说、会说、争着说”。

朱秀娟和王辉老师的导入可谓是“转轴拨弦三两声，未成曲调先有情”，途中以“四两拨千斤”之术化解学习难点。最难能可贵的是，她们的结尾可谓妙不可言：“曲终人不见，江上数峰青。”回味无穷，让人浮想联翩。

践行“人人课堂”理念，我们无须“蜡烛成灰泪始干”的凄苦和“春蚕到死丝方尽”的无奈，我们学会了创造性设计而对未来教学充满渴望。我们会因为教学中的创造和超越充满欣喜，会因为和学生在场“同学”，自己也在不断收获和进步而欣喜。帕尔默在《教学勇气——漫步教师心灵》中说：“真正好的教学不能降低到技术层面，真正好的教学来自于教师的自身认同与自身完整。”在这样的课堂上，看到的不仅是授课教师的智慧和激情，而且是授课教师成长的喜悦、生命的张扬和释放。

综合理科组《基于“人人课堂”理念的实验教学有效性研究》组本培训方案

邵苏萍

闵行区“十二五”中小幼校本研修申报表

学校：航华二中（综合理科组） 申报时间：2015 年 9 月

项目名称	基于“人人课堂”理念的实验教学有效性研究		
学时	48 课时	学分	2 分
项目负责人	邵苏萍	研究起止日期	2015 年 9 月 1 日—2016 年 6 月 30 日
项目研究的目的	我们学校的教育理念是“以人为本”，而教育人本论的基本思想在于强调尊重、关心、理解与信任每一个人，其内涵可概括为“相信学生、解放学生、利用学生、发展学生”。为了更好地培养学生的“创新性思维能力”，我校提出“人人课堂”教学，通过研究教学模式，争取“让学生动起来、让课堂活起来、让效果好起来”，从而实现“教”与“学”的和谐共振。 1. 本课题旨在进一步提高学生自主学习的能力，增强学生的自主、合作、探究学习的能力； 2. 通过本课题的研究转变教师观念，提高教师教学水平和研究能力，以助于“人人课堂”的深层次实施。		
主体设定依据和解决的问题	设定依据： 伟大的教育家孔子说过：“吾听吾忘，吾见吾记，吾做吾悟”。心理学研究也表明，我们能记住 10% 的阅读信息、20% 的听觉信息、30% 的视觉信息、50% 的视觉和听觉信息、70% 的表达信息，但行为信息我们能记住 90%。作为学校教育开展的主要方式——教学活动，是学生获取知识和提高能力的主要来源，对学生通过行为信息获得知识起着举足轻重的作用，作为教学活动的设计者——教师，应充分认识教学不仅仅是“教”（教师传授知识），更应该是“学”（学生学会学习），要有学生本位意识（一切以学生为本）、学生主体意识（把学生看成是学习的主体）、学生个性意识（把学生看成是有个性的人）；把学习的主动权还给学生，把课堂还给学生，让学生真正成为课堂的主人、学习的主人。		

续表

主体设定依据和解决的问题	解决问题： 1. 促进教师教育观念的转变。对学生的学习潜能、学习的本质、教学的功能以及课程的实施原则等有一个全新的认识； 2. 促进课堂教学方式的转变。研究如何在课堂有限的40分钟内合理完成师生之间的“六个变身”：变教师“讲”为学生“做”，让学生在“做”中思考，主动探究；变教“书”为教“学”；变灌输知识为指导学习方法；变集中精力批改作业为集中精力备课；变教师走下讲台参与为学生走上讲台展示；变教师下海精选习题为学生上岸探究创新。如何开展自主与合作学习相结合的实践性活动来增加学生的学习经验，让学生学得轻松、学得愉快、学得高效。如何合理把握好课堂上动与静、收与放的度的问题，注重发挥学生的“自主”和“主体”作用。
项目研究的主要内容	1. 创建“人人课堂”有效性策略。 （1）教师观念的转变，从“备教”到“备学”，精心设计课前研究（即教学设计），让学生先根据自己的知识水平和生活经验所进行的尝试性学习。教师有针对性地实施教与学，以提高课堂效率。在不断地研究与实践中，培养善于创造“人人课堂”的教师队伍； （2）学生观念的转变，从“讲台上的学习”转化为“课桌上的学习”，促进学生学习的真正发生，其自主学习意识、自主学习精神得到培养，把学生培养成为“包容自信，乐观向上”的时代新人； （3）建立“人人课堂”以生为本分类评价，由甄别评价转变为激励评价，激发学生的学习热情，提高兴趣。 2. 创建“人人课堂”教学模式。在学校原共有课堂模式的基础上，研究与实践不同学科、不同课型的“人人课堂”教学模式。 3. 创建“人人课堂”评价标准。课堂上充分体现教法活、学法活，思维活、语言活、课堂学习氛围活的原则。
学习材料	1. 学科课程标准； 2. “高效课堂”教学理论； 3. 《关于学校构建“人人课堂”的思考》。
研究成果形式	教学案例或教学教案。

研究过程安排

研究日期	研究内容	备注
2015年9月19日—10月13日	1. 教研组集中学习“学科课程标准”，学习研读“高效课堂”相关资料，初步理解“人人课堂”教学实质； 2. 查找并讨论各位教师在课堂教学中存在的共性和个性问题，根据实际情况制订教师课堂教学计划。	邵苏萍（4课时）

续表

研究日期	研究内容	备注
2015 年 10 月 21—25 日	“人人课堂”校级研讨 1。	教导处（4 课时）
2015 年 10 月 12—16 日	青年教师“远航杯”教学比武——梁媛。	教导处（2 课时）
2015 年 10 月 19—23 日	沈翔老师进行“人人课堂”教学，采取“说课—磨课—上课—反思”的形式，开展课例研究。	沈翔主持（2 课时）
2015 年 11 月 9—13 日	罗雁老师进行“人人课堂”教学，采取“说课—磨课—上课—反思”的形式，开展课例研究。	罗雁主持（2 课时）
2015 年 11 月 16—20 日	顾海英老师进行“人人课堂”教学，采取“说课—磨课—上课—反思”的形式，开展课例研究。	顾海英（2 课时）
2015 年 11 月 30 日—12 月 4 日	“人人课堂”校级研讨 2。	教导处（4 课时）
2015 年 11 月 23—27 日	邵苏萍老师进行“人人课堂”教学，采取“说课—磨课—上课—反思”的形式，开展课例研究。	邵苏萍（2 课时）
2015 年 12 月 21—25 日	“人人课堂”主题论坛——课例学期总结。	教导处（2 课时）
2016 年 1 月 22 日—2 月 16 日	“人人课堂”教学反思。	教导处（4 课时）
2015 年 2 月 29 日—3 月 4 日	何红梅老师进行“人人课堂”教学，采取“说课—磨课—上课—反思”的形式，开展课例研究。	何红梅（2 课时）
2016 年 3 月 7—10 日	耿红梅老师进行“人人课堂”教学，采取“说课—磨课—上课—反思”的形式，开展课例研究。	耿红梅主持（2 课时）
2016 年 3 月 21—25 日	查国青老师进行“人人课堂”教学，采取“说课—磨课—上课—反思”的形式，开展课例研究。	查国青（2 课时）
2016 年 3 月 28 日—4 月 1 日	陈多俊老师进行“人人课堂”教学，采取“说课—磨课—上课—反思”的形式，开展课例研究。	陈多俊（2 课时）
2016 年 4 月 25—29 日	王记文老师进行“人人课堂”教学，采取“说课—磨课—上课—反思”的形式，开展课例研究。	王记文主持（2 课时）
2015 年 5 月 21—25 日	“人人课堂”课例学期总结。	邵苏萍（2 课时）
2016 年 5 月 30 日	一年组本培训心得交流、研讨。	邵苏萍（4 课时）
2016 年 6 月	整理资料、总结、交流。	教导处（4 课时）

综合理科组《基于“人人课堂”理念的实验教学有效性研究》组本培训总结

邵苏萍

一年来，在我校积极推进“人人课堂”教学的同时，我们理科组所有任课教师都积极深入地进行实践，无论从教学观念、教学方式还是学生学习方式等方面都进行了彻底的课堂变革。

一、落实四项措施，构建“人人课堂”

1. 骨干引领，分层推进

本校年轻骨干教师（陈多俊和梁媛），在青年教师和文来的指导教师的带头引领下，带头上示范课；课堂实践中涌现出来的典型教师（查国青、耿红梅），开设校级公开课；以此带动青年教师，促进中年教师，相互切磋、共同学习提高驾驭教材驾驭课堂的能力，促进全组教师每人一课，人人能够达标。

2. 逐渐形成课堂教学模式

在“学案导学、合作探究”课堂模式探索的基础上，我们组统一规划了“三学三疑五环节”的课堂教学要点。所谓“三学”指“自学、互学、导学”，建立在学生自主学习、合作学习的基础上，由教师实施的因学施教、顺学导学的教学过程。“三疑”是指“自学生疑、合作探疑、引导释疑”，以“疑”为学生的主要学习过程。“五环节”是指“情景导入、展示目标”；“学案引导、自主学习”；“展示交流，教师点拨”；“合作探究、突破拓展”；“当堂训练，巩固提高”，课堂教学基本按照这五个环节展开。

3. 强化备课过程

以校本教研作为集体备课的主要平台，教研组针对一些典型课例进行研讨，开展“说课、磨课、上课”活动（陈多俊和梁媛）：主备人直接围绕上课的流程进行说课，重点是导学方法、学生活动和问题突破等，教研组成员加以补充。对于平常的“人人课堂”研究课，我们根据学校规模和师资情况，着力抓好自主备课环节，明确备课五项要求：一是把握三个维度，瞄准目标；二是把握重点难点，吃透教材；三是关注全体学生，开发潜能；四是注重教法学法，减负增效；五是激发学生兴趣，张扬个性。

4. 实行“三三三制”评课

一是“三个结合”，即个体钻研与集体备课结合，个体实践与集体评课结合，个体反思与集体研讨结合。二是“三看”：一看有没有激发学生兴趣，学生有没有积极参与（眼、手、心动了没有）；二看教师有没有营造学习情境，有没有拨动学生学习的兴奋点；三看教学机智，看教师的随堂应变能力能否及时应对课堂生成性问题。三是评课时谈“三点”，即每个听课教师针对这堂课说出两个优点，指出一条缺点。个人的智慧是有限的，众人的智慧是无穷尽的，通过听课、评课，大家经常在一起交流研讨，真诚合作，互相切磋，共同提高。

二、推进“人人课堂”过程中呈现出我们理科组教师队伍基本素质整体较高

1. 教师的驾驭课堂能力强

（1）能熟练地应用多媒体配合学科教学，但并没有代替实验教学和学生的动手能力。

（2）教师上课自然、轻松，课堂上张弛有度，亲和力强。

（3）组织课堂、引导学生、激发竞争、回答疑问、激励评价得心应手。

（4）知识熟练，重点突出，难点化解到位，知识点拓展有度。

2. 教学模式统一，基本能体现小组合作、团队竞争

（1）普遍采用学案导学，授课时问题针对性强，课堂效率高。

（2）采用小组合作，团队竞争形式，学生积极性高，充分体现高效愉悦的课堂。

（3）对学生评价及时，尊重学生的自尊心和个性发展，学生学习热情高涨。

3. 善于培养学生的创新精神、探究能力

（1）教师善于创设问题情景（出现在课堂教学全过程），激发学生求知欲望。

（2）教师循循善诱，课堂气氛积极，学生拓展思维开阔。

（3）课堂问题设计紧密联系实际，扣紧中考主题（特别是初三理化学科）。

三、经过一年的实践，呈现正面效应

（1）教师基本接受“人人课堂”教育教学观念，熟悉了“人人课堂”的各个环节与流程。“人人参与、人人合作、人人发展”的课堂教学理念已逐步被组里教师认可。

（2）教师导学案的编写比较认真规范，而且大多体现了学生自主学习、合作学习、展示学习的空间和时间，促进学生能够更多地参与课堂，有效地参与课堂。从平时听课和检查来看，绝大多数教师能够按照学校规定，根据班级特点在统一教案模板模式下备课，能够按照教研组要求进行听课、评课。

（3）学生主动参与课堂学习的积极性比较高，学生自主学习能力显著增强，小组合作学习成果显著，一部分学生能带着问题走进课堂，在课堂上敢于提出问题，课堂展示积极踊跃，学生的语言表达能力和自主学习、质疑能力有所提高（特别是六、七年级）。

（4）老师和学生们对“人人课堂”有了一定的正确认识。我校出版了针

对“人人课堂”理解认识的教学案例和教学设计的专刊，有效激发了教师的积极性。另外，从调查反馈来看，大多数学生对“人人课堂”模式有一定的了解，能够理解和接受“人人课堂”模式，并对该模式持肯定和支持态度。

四、存在的问题

(1) 教师观念与“人人课堂”要求不相适应。大多数教师在公开课时实行“人人课堂”，平时的教学仍停留在传统教学模式上，没有转变教学方式，以“教师为主导、学生为主体”的角色意识没有树立起来，对学生自己完成学习任务仍然不放心，教师讲得较多，没有做到让学生动起来、让课堂活起来、让效果好起来，不敢放手让学生自己发现问题、探究问题、解决问题，不能充分利用学习小组调动学生的积极性。

(2) 小部分教师掌控“人人课堂”过程实施的能力较差。一是在学生预习产生障碍、展示提升出现困难、知识讲解产生歧义甚至出现错误时，教师点拨不到位，错过了拓展升华的时机。二是有的教师没有充分备学情、备学生、备学法，不能按照我校学生程度安排教学内容，致使课程任务不能当堂完成，教学效果不明显。

(3) 部分学生学习方法与“人人课堂”建设的要求不相适应。一是学生习惯了传统的教师讲、学生听的被动学习方式，不能积极配合“人人课堂”学习新模式。二是学生不会学习，不能按照导学案独立完成学习任务，学习速度跟不上“人人课堂”节奏，学习效率低。三是不善于合作学习，学习过程中发现不了问题，不会小组合作探究直至解决问题。

(4) 导学案普遍存在一些问题。我们设置的导学案大多缺乏分层教学的要求，没有达到让“好学生吃得更好，中等学生吃饱，学困生消化得了”的因材施教的要求。

(5) 对“人人课堂”的检查评价机制没有足够完善。一是任课教师在课堂上对学生评价比较单一，没有建立长效机制。二是学校没有完善督促检查课堂教学的组织机构，没有形成以学评教、以学评师的长效评价机制。

综合文科组《基于“人人课堂”模式的教学有效性研究》组本培训方案

荣 凯

闵行区“十二五”中小幼校本研修申请表

申报学校：航华二中（综合文科组） 申报时间：2015 年 9 月

项目名称	综合文科组基于“人人课堂”模式的教学有效性研究		
培训项目模块（单选）	（ ）师德与素养；（ ）知识与技能；（√）实践体验		
学 时	48	学分（12 学时/1 学分）	2 分
项目负责人	荣 凯	研究起止日期	2015 年 10 月—2016 年 6 月
项目研究的目的	众所周知，基础教育课程改革的主战场在课堂教学中，课堂是课程实施的主阵地，也是实施素质教育的主要载体。随着课程改革的深入，聚焦课堂、变革课堂教学方式和学习方式，已成为各校教学改革的核心。 近年来，各种课堂教学模式如雨后春笋般在全国各地涌现，一些教学模式引起了广泛关注，他们各有特点、各显神通，一度成为大家热议和效仿的对象，但是这些教学模式也不是大家照葫芦画瓢就能够学成的。细观这些教学模式，不难发现，他们有一个共同点，那就是聚焦课堂，改进教与学的方式，凸显学生先学、自主、探究、合作、对话的本质，实现高效的课堂教学。 在综合分析本教研组教学中存在问题的基础上，以科学发展观为指导，用全新的教学理念引领课堂变革，遵循认知规律，改进课堂教学；在学校深入开展教学研究和改革教学方式、方法，学习实践“人人课堂”的理论和经验的基础上，形成适于本校学生学情的教学风格，提升课堂教学效果。		
主题设定依据及解决的问题	设定依据： 虽然目前产生了各类被实证为有效的或高效的教学模式，但如何变革自身的课堂教学方式，采用何种有效的教学方式，仍是学校教学改革的难题。只有清楚分析学校教学中存在的问题和困惑，选择适合校情、学情的教学方式才能发挥它的积极作用。		

续表

主题设定依据及解决的问题	随着二期课改精神的深入影响，综合文科组的老师都意识到新课改带来的新的教学方式的变化，并且在实践中尝试运用。然而新的教学方式又带来了新的问题和困惑。比如：教师总体讲得太多、对合作学习的认识有误区、学生自主学习的方式单一、教师在课堂上无法兼顾差距越来越大的两极学生，等等。因此，必须变革课堂教学方式，提升课堂教学效果。 解决问题： 我们希望以"人人课堂"为依托，在学校三年教学改进行动计划的指导下，通过组本培训，在以下几个方面得到改变和进步： 1. 加强学生的学习能力，在一定程度上提高学生的自主学习能力、合作创新能力。使学生知识掌握得好、智力得到发展、能力得到培养、人格得到陶冶； 2. 转变教师的教学行为，形成良好的课堂教学氛围，使教学过程和方法更符合学习规律，同时促进教师专业发展，提升课堂教学效果； 3. 改善学校的教学现状，提升学校教学质量，结合学校"海洋文化"特色，努力使学校成为一所有质量、有特色的学校； 4. 完善校本课程的设置，结合学校"海洋文化"特色，开设丰富多样的拓展课程，打造有特色的精品课程。
项目研究的主要内容	1. 教师诊断自身在课堂教学中存在的问题，并分学期制订改进计划； 2. 通过学生问卷了解学生目前在学习中存在的困惑，以便帮助老师改变课堂教学方式； 3. 学习研究"人人课堂"的理论，撰写学习心得； 4. 在实践中践行"人人课堂"模式。教研组根据学科特点分阶段选择"人人课堂"中的核心之一展开集中教研； 5. 通过学校创建的各类平台实践研究"人人课堂"模式，逐渐形成适合本校学情、教情的范式。
学习材料	1. 各学科课程标准； 2. 《闵行区推进中小学课堂教学改进三年行动计划》； 3. 《航华二中推进课堂教学改进三年行动计划》； 4. 《人人误堂》资料； 5. 相关教学改革方面的文章、资料。
成果形式	教学案例、活动资料和总结报告。

研究过程安排

研究日期	研修内容	备注
2015 年 10 月 8—10 日 13:00—15:00	学习研读《人人课堂》资料； 教研组集中学习、查找课堂教学中存在的共性问题和个性问题，结合自身的优劣势制订教师个人教学改进计划。	荣凯 （4 课时）

续表

研究日期	研修内容	备注
2015年11月21日 9:20—10:00	综合文科组依托“人人课堂”模式，提升课堂教学效率的实践研究之校级研讨活动； 徐佳佳老师研讨课。	教导处 （4课时）
2015年11月22日 15:00—16:00	“人人课堂”集中学习。	荣凯 （1课时）
2015年11月29日 14:00—17:00	综合文科组依托“人人课堂”模式，提升课堂教学效率的实践研究之组内研讨活动； 沈玉堃老师研讨课。	荣凯 （4课时）
2015年12月31日 14:00—17:00	“人人课堂”主题论坛。	教导处 （4课时）
2016年1月17日 13:00—14:00	依托“人人课堂”模式，提升课堂教学效率之学期总结、交流。	荣凯 （1课时）
2016年1—2月	寒假自主学习，撰写学习心得。	荣凯 （4课时）
2016年2月28日 15:00—16:30	学习、交流寒假学习心得。	荣凯 （2课时）
2016年3月14日 14:00—17:00	综合文科组依托“人人课堂”模式，提升课堂教学效率的实践研究之组内研讨活动； 罗珺老师研讨课。	荣凯 （4课时）
2016年3月21日 14:00—17:00	综合文科组依托“人人课堂”模式，提升课堂教学效率的实践研究之组内研讨活动； 荣凯老师研讨课。	荣凯 （4课时）
2016年4月18日 15:00—16:30	聘请专家讲座。	校长室 （2课时）
2016年5月13—15日 13:00—15:00	依托“人人课堂”模式，提升课堂教学效率之非实验教师校级研讨课（2位教师）。	教导处 （8课时）
2016年6月27日 13:00—14:30	一年校本培训心得交流、研讨。	教导处 （2课时）
2016年7—8月	教师暑假学习有关“课堂教学改进”方面的资料。	校长室 （4课时）

综合文科组《基于“人人课堂”模式的教学有效性研究》组本培训总结

荣 凯

通过一年来的学习与实践，综合文科组老师对“人人课堂”理念有了更进一步的认识：“人人课堂”要求教师要创设有活力的课堂，课堂教学以学生为本。课堂的重点是学生的自主学习。教师要成为学生学习方法和学习策略的指导者，成为学生自主学习、自行获取知识的学习活动组织者，成为释疑解难的点拨者，成为创设情境、唤醒情感的激发者。课堂的价值取向在于学生获得全面和谐的发展。

基于以上对“人人课堂”的认识，一年来，综合文科组分别开设了政治、地理、历史三节公开课，从不同学科、不同角度来诠释我们对“人人课堂”的理解和实践。

上学期，徐佳佳老师开设了一节政治课——《科学改变着我们的生活》，这节课最大的亮点是徐老师很善于调动学生的学习积极性。

在导入部分，她设计了一个“采摘智慧果”小组竞赛活动。全班分成五个小组，由一个小组提问，其他小组抢答。目的是从科学小常识说起，引起学生的兴趣，从而提升学生积极性，拓宽学生思路，感受科学无处不在。

再比如：周日，妈妈想带你到上海科技馆观看4D电影《蛟龙入海》，但她不熟悉路，你知道该如何走吗？让学生通过自主学习、合作学习，增加学生参与度，引发学生思考科技带来的便利。

罗珺老师开设了一节地理公开课——《北京市》。

根据学生的年龄特点和认知水平，结合地理新课标的要求和我校“人人课堂”理念，这节课不以单纯知识传授为主要目的，更强调地理学习思路和方法的建立，重在培养学生形成学习地理的基本能力；引导学生对积累的信息进行整理、分析、提炼和归纳；帮助学生养成发现地理问题、解决地理问题的良好认知习惯，培养处理各种地理问题的基本技能。

例如，为了激发学生人人参与的学习兴趣，在导入环节，用2022年北京冬奥会宣传片导入，引起学生对北京的关注，激发学生学习的兴趣，让学生积极主动地融入学习过程。

整个课堂设计为一系列问题：第1个问题是北京在哪里，引导学生合作读图，说出北京的地理位置、地形地势特征、气候类型。第2个问题是为什么去北京，让学生查找课本相关资料，举出实例证明北京是全国的政治、文化中心。第3个问题是怎么去，学生通过阅读分析地图，得出北京是我国的交通中心。第4个问题是去哪儿，通过阅读课本、欣赏北京城市面貌改变的图片，了解北京悠久的历史、城市建设成就，增强学生的民族自豪感和爱国主义情感。在整个教学过程中，老师不断引导学生，使学生形成主动发现问题、探究问题、寻求解决问题的思维习惯。

这个学期，我开设了一节历史公开课——《五四运动与中国共产党的成立》。

历史教学的重要特点之一是教学内容的不可再现，作为后人，我们无法直接经历当时的事件，而史料则为我们了解过去、掌握历史知识提供了媒介。因此，《上海市中学历史课程目标》对开展史料教学提出了明确的要求：搜集和整理简单直观的史料，提取信息，用以了解和解释史实；培养学生“史由证来，证史一致”的意识与思维。指导学生对相关的史料进行处理，使学生自主地从材料中获取历史信息，并利用这种信息完成对历史的探究，从而激发学生学习兴趣，增强历史感，提高领悟能力，养成探究精神，培养情感情操。

结合我校“人人课堂”的理念，在课堂上尽可能创设丰富的历史情境，利用视频资料、回忆录等，以激发学生参与的兴趣，帮助学生探究问题，主动获取、运用知识。

例如，巴黎和会上中国外交失败是五四运动的导火线，这是本节课的一个难点，因为学生对一战的历史知之甚少。在解决这个难点时，我做了以下设计，先是出示了巴黎和会代表团成员顾维钧对和会的展望，期望“对过去半个世纪以来所遭到的惨痛后果加以改正”。接下来播放了影片《1919》的片段。辩论会上，顾维钧慷慨陈词，就山东问题作了一次缜密细致、畅快淋漓的精彩发言，阐述中国对山东拥有无可争辩的主权。然后是巴黎和会关于山东问题的决议，最后出示了许德珩的一段回忆录——《回忆五四运动》：我从蔡校长那里听到了这个晴天霹雳的消息……大家激动得眼里要冒出火来……法科学生谢绍敏悲愤填膺，当场将中指啮破，裂断衣襟，血书“还我青岛”四字，揭之于众，这就更激励了全体学生的情绪，于是决定第二天即5月4日早上全体游行示威。这样将五四运动爆发的过程非常清晰地呈现给了学生。在这个过程中，看似没有常见的学生讨论等互动形式，但是整个过程中，学生通过阅读材料、分析材料，直观地看到历史的本来，这种体验是深刻的、有效的。

任何一种教学模式都要结合自己的学科特点，所谓教无定法，关键要看它是否能提高教学效率。以上是我们综合文科组在“人人课堂”中的一些探索和思考。

体育组《基于“人人课堂”的课堂游戏设计的有效性研究》组本培训方案

郑　钟

闵行区“十二五”中小幼校本研修申报表

学校：航华二中（体育组）　　　　　　　　　　　　申报时间：2015年9月

项目名称	基于“人人课堂”的课堂游戏设计的有效性研究		
学时	48课时	学分	2分
项目负责人	郑　钟	研究起止日期	2015年9月1日—2016年6月30日
项目研究的目的	1. 对校本资源的充分开发和利用来进行初中体育教学实践活动研究，以探索“人人课堂”在体育课程中的有效实施的价值，使学生充分体会“体育锻炼给个人及集体带来的身心健康”； 2. 对开发和利用校本资源进行体育教学活动课后，教师体育教育教学观念、教学方式、教学能力、教学专业知识结构的变化，有效地促进学生的生长和发育，能够关注学生的个别差异和不同需求，给学生留有充分的余地，根据学生的体能的差异分组、男女分组、爱好分组等，确保人人受益； 3. 立足于学校的长远发展规划，根据数学实践活动课的目标及教学内容，有目的、有计划地开发和利用校本教育资源开发课程资源，形成学校的教育特色和文化品牌。		
主体设定依据和解决的问题	设定依据： 在体育教学领域内，强调根据学生的身心特点，发挥学生的主体性，促进学生主动参与已经成为体育教学的新时尚。在我国学校体育较发达的地区，体育教学中的学生参与教学，学生主动自我发展的教学范例屡见不鲜。特别是在素质教育贯彻实施的今天，传统的体育教学方法已经不能适应时代的潮流，它必将会被一种新的体育教学模式所替代。而以学生为主体的“人人课堂”体育教学模式表现为在体育教学中，注重发挥学生的主体性，激励和唤醒学生的主体意识，使学生由原先的“要我学”转变为现在的“我要学”，学生的积极性、主动性、创造性有了极大的提高，并且能够关注学生的个别差异和不同需求，给学生留有充分的余地，根据学生的体能的差异分组、男女分组、爱好分组等，确保人人受益。与此同时，校本教育资源的开发利用和学校教育特色文化品牌的形成任重道远。		

续表

主体设定依据和解决的问题	解决问题 1. 培养学生的主体意识。 主体意识是学生对于自身的主体地位、主体能力和主体价值的一种自觉意识，在教学过程中，学生的主体意识越强，他们学习的热情和在练习中自我表现的欲望就越高，从而也就越能在课堂上充分发挥自身的能动性，向着更高的目标努力。 2. 在体育教学过程中，合理安排主动学习环节，发展学生的主体能力 体育教学中，学生能在多大程度上获得知识、技术、技能、发展能力和受到教育，主要取决于学生主动学习意识和能力的发展水平，而主动学习意识和能力只有在主动学习的教学实践活动中才能得到形成和发展。因此，在体育教学中，尽量多设计一些问题，启发学生的思维活动，引导学生主动学习和锻炼，要充分利用学生的集体思考，形成一个可以发挥学生学习的主体性环境。 在实际教学过程中，教师可根据每个学生的具体情况，采用分层教学法，在技术细节和具体要求上不要求一致。教师可把学生分成几个不同小组，根据分层教学法，让学生轮流担任小组长、记时员、裁判员等职责，使学生在具体的操作中，领会运动技术，提高能力。教师一方面尊重学生的自我创造，另一方面又对动作的规律和如何运用连接性动作进行指导，使教师的主导性和学生的主体性融为一体，相辅相成。
项目研究的主要内容	1. 创建“人人课堂”有效性策略。 （1）教师提高自身影响，发挥教师主导作用。教师在教学中是模仿对象，是学生表率。教师的思想道德、专业水平、业务技能、管理能力、性格特征是完成教学任务的基础，也是有利于学生学习知识、掌握技术，形成技能和发展智力及行动规范的“催化剂”。在体育教学过程中不断发展自身的智力水平，提高组织教学管理能力，充分发展自身的非权力自然影响因素，把教学任务及教师的意图灌注于全体学生，有效地影响和改变学生的心理和行为，使学生的求知欲和对活动的需求不断提高。 （2）发展学生个性，促进学生主体作用。由于学生的身体素质、基础和性格不同，接受掌握技能的能力有差异，因而体育教学应根据学生具体情况加以区别对待，因材施教既注重对一般素质的培养，又注重发展学生个性。在教学任务完成的前提下，创造条件，给学生“自由练习”的时间，并分别指导，使他们充分发挥自己的特长，以满足自己的需要。 （3）师生平等互爱，开辟交往渠道。师生人格平等，容易使师生在教学过程中形成“共振”和心理“共鸣”，达到最佳心境交流和信息传递，发挥学生的身心潜能，增强自信心，激发学生的创造性。 2. 创建“人人课堂”教学模式。在学校原有课堂模式的基础上，研究与实践不同学科、不同课型的“人人课堂”教学模式。创造良好的教学环境，使学生投情入境，兴趣倍增。 3. 创建“人人课堂”评价标准。课堂上充分体现教法活、学法活，思维活、语言活、课堂学习氛围活的原则。

续表

学习材料	1. 学科课程标准； 2. “高效课堂”教学理论； 3.《关于学校构建“人人课堂”的思考》。	
研究成果形式	教学案例或教学教案。	
研究过程安排		
研究日期	研究内容	备注
2015 年 9 月	制订体育组本培训方案； 专题学习：“人人课堂”教学模式； 制订学科计划、备课分工、确定组内实践课。	郑钟 （2 课时）
2015 年 9 月	重点项目单元流程的设计研讨； 臧坤：六年级《快速跑》； 刘志鹏：八年级《篮球》。	臧坤、刘志鹏 （6 课时）
2015 年 9 月	“人人课堂”校级研讨 1。	教导处（1 课时）
2015 年 9 月	中考项目教学方法的研讨与实践 1。	郑钟（1 课时）
2015 年 10 月	1. 青年教师培育团培训； 2. “远航杯”教学比武。	臧坤、刘志鹏 （6 课时）
2015 年 10 月	1. 教学实际中，如何高效率地提高学生体能的探讨； 2. 专题培训：体育教学设计规范化； 3. 中考项目培训。	郑钟 （2 课时）
2015 年 11 月	1. 我校学生《国家学生体质健康数据》分析与探讨； 2. 中考项目教学方法的研讨与实践 2； 3. 个人研修，本学段重点项目单元教学流程的设计。	郑钟 （2 课时）
2015 年 12 月	1. “人人课堂”校级研讨 2； 2. “人人课堂”第二次主题论坛。	教导处 （1 课时）
2015 年 12 月	经验分享：如何进行有效的“人人课堂”教学？	陆华（1 课时）
2015 年 1 月	体育学业评价的实施工作。	体育组全体 （4 课时）
2016 年 1 月	1. 将培训资料整理归档； 2. 上交培训心得、反思、培训记录等。	郑钟 （1 课时）
2016 年 2 月	1. 制订体育组本培训方案； 2. 专题学习：“人人课堂”教学模式； 3. 制订学科计划、备课分工、确定组内实践课。	郑钟 （2 课时）

续表

研究日期	研究内容	备注
2016 年 3 月	重点项目单元流程的设计研讨。	谢先杰（2 课时）
2016 年 3 月	“人人课堂”校级研讨。	教导处（1 课时）
2016 年 3 月	组内“人人课堂”研讨课。	谢先杰（2 课时）
2016 年 3 月	体育中考项目研讨。	郑钟（2 课时）
2016 年 4 月	青年教师培育团培训。	臧坤、刘志鹏（2 课时）
2016 年 4 月	组内“人人课堂”研讨课。	陆华（1 课时）
2016 年 4 月	1. 教学实际中，如何高效率地提高学生体能的探讨； 2. 专题培训：体育教学设计规范化； 3. 体育中考结果分析与总结。	郑钟（2 课时）
2016 年 5 月	1. 我校学生《国家学生体质健康数据》分析与探讨； 2. 个人研修，本学段重点项目单元教学流程的设计。	郑钟（1 课时）
2016 年 5 月	组内“人人课堂”研讨课。	郑钟（1 课时）
2016 年 6 月	“人人课堂”校级研讨。	教导处（1 课时）
2016 年 6 月	体育学业评价的实施工作。	体育组全体（3 课时）
2016 年 6 月	1. 将培训资料整理归档； 2. 上交培训心得、反思、培训记录等。	郑钟（1 课时）

体育组《基于“人人课堂”的课堂游戏设计的有效性研究》组本培训总结

郑　钟

喜欢体育，不喜欢体育课，这是现在上海市体育基础教育面临的共同难题。过往几年，我们也面临同样的问题，学校处于市动迁小区，每年外地新生超过60%，福利院学生占3%，学生基础较差，不会学习也不愿学习，学习习惯、学习能力和学习主动性均较差，在体育课堂上同样体现；体育课教学更多的是按部就班，传统的教学方式，枯燥的教学方法和手段，沿袭了兵式体操的教学模式，每节课都像运动员训练一样，学生自然也会厌恶这样的体育课。

随着新的体育教学大纲的出台，没有那么多条条框框的练习方法和手段的约束，给我们更多自主创新的机会，结合我校“人人课堂”教学模式在体育课中的运用，这一学年里，学校体育工作得到十足的进步，在积极参加市区各项活动中，也取得不错的成绩。

在实际教学过程中，我们根据每个学生的具体情况，采用分层教学法，在技术细节和具体要求上不要求一致。在技术教学环节，把学生分成几个不同小组，根据分层教学法，让学生轮流担任小组长、记时员、裁判员等职责，使学生在具体的操作中，领会运动技术，提高能力。一方面尊重学生的自我创造，另一方面又对动作的规律和如何运用连接性动作进行指导，使教师的主导性和学生的主体性融为一体，相辅相成。

还有就是还原体育本质，体育的原型就是游戏，各种运动项目的产生都是源于人的基本活动能力、生存的需求以及娱乐的需求（游戏），只是后来人们赋予它一定的规则，这些简单的活动和游戏才有了成型体系。现在我们在体育课的教学中不管是技能教学还是体能练习，充分考虑学生的个体差异，寻求和创新各种练习手段，使每位学生受益。比如我们在体育教学过程中加入游戏环节，这些游戏的设置跟本节课的教学内容紧密相关，篮球课我们会设计与篮球有关的游戏，简化篮球规则，以一项技术为主要突破点来设计，不拘泥其他规则的约束，像三步上篮教学，如果我们先从球性球感练习，再到步伐练习，最后再去学习投篮，那么学生可能早就感到枯燥，因为他们拿到球第一印象就是投篮，假如我们先教投篮技术，让他们对篮球产生兴趣，获得成就感，他们自然而然就会喜欢上篮球，也就会想去学习更多的篮球技术；田径课如果我们按部就班地上就像训练运动员一样枯燥，学生也会厌烦，现在我们尝试设计了一些与田径有关的竞赛游戏，让他们在游戏中相互协作，同时也突破自我。这些相关游戏的设计，我们都遵循高度、准度和远度的原则，简化规则但又不失其本质，让学生有一定的目标去完成学习内容，先对其产生兴趣，体验成功的快乐，这样在了解运动项目的同时喜欢它，掌握它。

初中生处于身体和心理发育的关键时期，初中生的运动经历是小学的衍生，同时也是高中的基础，所以初中阶段学生体育锻炼行为的培养尤为关键。这一学年，我们在实际体育教学过程中考虑学生的特点和天性，改变部分教学理念和思路，让每一位学生主动的动起来，并体验成功的快乐，在体育运动中主动思考、积极投入、稳步提高。

航华二中学生积分制使用手册（初稿）

1. 学生在班主任的组织下分成合作学习小组。学习小组的形成在尊重学生意愿的基础上，根据学生的知识能力、学习能力、兴趣爱好、心理素质、性别比例等因素进行综合分析，然后搭配成若干合作学习小组。每组人数一般5～6人，能力层次要全面，即高、中、低都有，有利于优势互补相互促进。

2. 每个合作学习小组设“行政组长”一名（由组织能力强、乐于助人、有责任心、能顾全大局的学生担任），主要负责组织协调组内学习、争章、汇总、兑换奖品等行政事务。另外，每个组还可设学科组长1～2人（学科成绩好，有责任心的学生担任），主要组织学习、互助等事务。

3. 每个合作学习小组有一本《争章记录册》（附件1），由“行政组长”保管。每节课后，组长根据教师在课堂上记录的章数，及时到任课老师处敲章，每周汇总一次章数，记录在《争章量化考核汇总表》（附件2），并由任课老师签名认可；每月汇总一次本小组的总章数，并由班主任签名认可。在任课老师和班主任均签名的情况下，小组获得的章数有效。若有其中一项没有任课老师的签名，则此项的章数无效。若无班主任签名，则本月的章数无效。

4. 合作学习小组争章主要于课堂学习情况、回家作业及特殊表现三个方面加章。

5. 所有学生的积分制均以学习小组为单位开展。各位组员都有义务为本小组争取积分，教学相长，学习能力好的学生有责任帮助组内有困难的学生，不排斥、责备学习上有困难的学生。

6. 每节课后教师及时给各小组敲章，章数上限每组每节课不超过6个章，每周不超过30个章。对于有特殊学生的小组，教师在课堂上酌情给予章数上的鼓励。

7. 每天班主任可以根据各小组的行规表现（主要是德育方面的），在特殊表现一栏里给予章数鼓励。

8. 年级组长每月根据各小组的《争章量化考核汇总表》，填写《量化考核记录表》（附件 3），并统筹年级组各小组的情况，评出一等奖 5 个小组，二等奖若干个小组，三等奖若干个小组，年级组长将汇总好的《量化考核记录表》每月送到教导处（总务处），以便奖品兑换时有据可查。对于一周没有章数或表现特别不佳的小组，根据班主任、任课老师商议决定可取消此小组的奖励。

9. 每月最后一周的周五中午在学校指定场地进行奖品兑换。每组组长带好《争章量化考核汇总表》（附件 2）前往指定地点换取奖品。

10. 各班级根据争章情况可以进行每日或每周的情况总结和表彰。

附件 1：《争章记录册》学生保管，任课老师敲章。

附件 2：《争章量化考核汇总表》，学生每周汇总，一月兑换一次奖品，并上交教导处。

附件 3：《量化考核记录表》，年级组长汇总填写，换取奖品之前交教导处，学期末上交教导处，作为资料的收集。

附件1：

争章记录册

第____周　　____月____日　　星期______

争章项目一：上课情况（认真听讲、积极发言，遵守纪律）

争章项目二：回家作业情况（按时完成、保质保量）

争章项目三：特殊奖（行规表现突出、好人好事等）

附件2：

争章量化考核汇总表

◆争章情况　　　　　　　　　________班级________小队

周次	语文	数学	英语	物理	化学	思品	地理	历史	科学	美术	音乐	体育	劳技	探究	信息	奖章总数
第___周																
教师签名																
第___周																
教师签名																
第___周																
教师签名																
第___周																
教师签名																

备注说明：1. 组长根据实际得章数量进行汇总；2. 没有任课老师签名，该门课程所获章数无效；没有班主任签名，本月所获章数无效；3. 超出规定的学科奖章上限，科任教师不予签名；4. 组长根据组员情况合理分配奖品。

◆争章总数：________　　　　班主任签名：________

附件 3：

量化考核记录表

中队名称	小队名称	人数	第 1 月		第 2 月		第 3 月		第 4 月		第 5 月	
			章数	等第	章数	等第	章数	等第	章数	等第	章数	等第

备注说明：1. 此表由年级组长填写，每月兑换奖品前，交教导处以备查看；

2. 年级组根据实际情况统筹评选出等第奖励，原则上分为一、二、三等奖。

Part 02

学科课题选粹

基于“人人课堂”的初中语文读写微结合课例研究

张绪文

一、提出背景及理论支持

（一）提出背景

长久以来，我们的语文教学过程中一直存在着不少奇怪的现象：

（1）读写脱节。阅读与写作分立，读与写之间少有关联。对于课文，教师逐一钻研，潜心体味：从句读到篇章，从大意到中心，从分析到归纳。备课可谓细到极致，讲解分析也精到无可挑剔。但在这其中，过分追求课堂的艺术性理念和应试性功利，每篇文章必然也仅就语言、层次、结构、特色、人物等一一道来，模式呆板，单调乏味，对于提高学生的写作能力更是隔靴搔痒，不切实际。在作文教学中则过分强调语言文字的雕琢和技术性指导，从小学到中学乃至高中，每次的作文指导与讲评也循环着相同的步骤：审题、构思提纲、选材、一般启示及要求、佳文示读、通病例讲等，就作文论作文，学生根本无语文能力上的提高。

（2）穿新鞋走老路。新课程标准的实施，使中学语文课堂发生了许多变化，产生了不少值得借鉴的课堂教学新模式。但在应试教育的大环境下，仍存在不少将新课程标准提出的“学生发展为本”的理念解读为“学生升学为本”，片面强调答题技巧、写作模板化而淡化学生语文读写中十分重要的体验、探究过程，将本应让学生自主体验、探究的过程省掉的现象。穿着“一切为了学生”的新鞋，实质走了“一切为了考试”的老路。

那如何开辟一条既符合新课程标准要求的“以学生发展为本”的理念，

又能将语文课堂中读与写有机结合的渠道，切实有效地提高学生的读写能力和语文综合素质呢?

（二）理论支持

叶圣陶先生的“语文教材无非是个例子，凭这个例子要使学生能够举一反三，练习阅读与习作的技巧”的论述从理论上给了我们指导；广东著名特级教师丁有宽的“读写结合导练教学新体系”和“读写结合教学法”从实践上给了我们借鉴。在语文教学中，读写结合有其必要性。

近年来。我校结合自身办学理念和学生特点提出了“人人课堂”教学理念，并成功立项为区级重点课题，开展了一系列的探索和研讨活动，初步形成了具有我校特色的“人人课堂”教学模式。“人人课堂”从关注人的发展出发，追求“平等、尊重、活力、创造”的课堂价值，强调以生为本，师生、生生高效合作、学生主动学习，强调课堂能够“人人参与、人人合作、人人发展”，唤醒和发现学生的认知，关注并促进每一个学生的成长。“人人参与、人人合作、人人发展”的“人人课堂”理念，正是新课标“以学生发展为本”理念的具体阐释。

作为新课程标准影响下的新一代语文老师，在“人人课堂”理念的浸润下，更加深刻地认识到“人人课堂”这一具有人文性、改革性的课堂教学理念对于语文课堂教学具有重要意义，故期借“人人课堂”教学模式、读写结合的课例实践，探索符合“以学生发展为本”理念的读写能力提升的教学方法。

二、前期调查与统整

（一）前期调查研究与分析

为了解读写结合教与学方面的现状，我们根据学生学与教师教的实际，分别对教师进行了访谈调查、对学生进行了问卷调查。调查主要以本校语文学科九位老师及预初（六年级）、初一（七年级）部分学生为调查对象开展调查研究并进行调研分析。通过调查研究我们发现，当前我校语文教学读写结合方面主要呈现出以下特征：

1. 教师的教方面

（1）教师在教学过程中都有意将读写结合。参与访谈的教师都表示，在日常的阅读教学中，都会有意加入一些写作训练。比如，在阅读课中学习了倒叙、插叙的记叙顺序时，教师就会有意在作业布置中让学生学习使用该种记叙方法；学习了人物描写，就会在随笔中练习人物描写等。

（2）教师在教学过程中读写结合的教学随机性太大。调查发现，部分青年教师缺乏整体教学观念，在读写结合的教学过程中，结合点的选择随意性较大，缺少循序渐进、逐步深入的梯度。往往比较零碎和盲目，常常是课上教了、学生练了，但最后作文中却不能呈现。

（3）教师在教学过程中读写结合深度不够，效果不大。访谈中，个别老师提及对于读写结合问题在平时的教学中，主要在阅读课总结时，这样操作：我们今天学习的这篇文章（段落）运用了怎样的写法，表现了什么，请你模仿这种写法写一篇文章（或一段话）；或者，请结合文章内容或自己的生活，展开想象，给文章续写一个结尾，等等。这些所谓的读写结合，仅为一种阅读的延伸，加之并未有更深的写法指导，学生往往不知如何下笔，或呈现的东西无法达到老师的预期。

2. 学生的学方面

（1）学生缺乏读写结合的意识。问卷调查中，对于“你觉得阅读课中加入部分写作训练有必要吗”，82%的学生认为有必要，但对于“你会把阅读课中学习到的写作方法与技巧运用到自己的写作中吗”，86.7%的学生表示很少会。比如：阅读课中学习了记叙文的三种记叙顺序——顺叙、倒叙、插叙，虽然在课后的练笔中也有相关训练，但在作文中却很少使用倒叙和插叙，更不用说三种方法混合使用了。

（2）学生写作动机不强，读写迁移不够。对于写作，调查发现，仅有不到8%的学生表示喜欢，超九成的学生都害怕写作，认为写作是为了完成任务，动机不强。对于阅读，调查显示，近九成的学生喜欢上阅读课，同时阅读的时间也主要集中在课堂，认为阅读课的任务就是训练阅读能力，为之后考试中的阅读理解服务。92%的学生不会自主思考或模拟阅读文章中的写作方法，严重缺乏读写的迁移能力。

（二）分级分类统整，形成读写微结合系统

刘国正认为："读和写的关系是相辅相成、互相为用的，读是写的基础，写是从读中得来的知识的运用。读和写必须结合起来。在语文教学中，要强调读写结合，多读多写。要重视讲读教学，指导学生读好课文，有目的有计划地指导学生结合阅读进行写作训练。"然而，心理学家告诉我们语言的输出必须建立在充分的言语输入的基础之上，阅读课其阅读的主体的地位应当给予保证，那么读与写的结合该如何处理？通过对前人的研究整理，我们提出在保证阅读课阅读主导的地位的同时，有意识地在部分阅读课中开辟微写作空间，来实现读与写的结合。

有效的读写结合必须具有系统性、渐进性。人的认知过程遵循由浅到深、由易到难的规律，教学同样需要遵循这一规律。读与写的结合，同样也应该有系统性、渐进性。为了更好地将读和写结合起来，在阅读课中实现微写作训练，我们首先对初中四年的教材按文体归为了三类：记叙文、议论文、说明文①。然后，结合《上海市中小学语文课程标准（试行稿）》（2004年10月版）六至九年级课程目标与教学内容要求、《上海市初中语文课程终结性评价指南》以及每册书编写的侧重，将四年读写微结合点进行了统整，同时结合天津师范大学硕士研究生任巧稚的研究，形成了一个前后衔接、渐进发展的系统。

如下表：

年级	记叙文	说明文	议论文
预初	读题和审题	把握特征和表述特征	
	把握主旨和确定主旨	辨明方法和运用方法	
	概括内容和选择材料		
	划分段落和安排层次		
	厘清要素和交代要素		

① 注：本文研究的范围为现代文阅读教学与写作的结合，文言文不在范围之内。

续表

年级	记叙文	说明文	议论文
初一	找准线索和紧扣线索	厘清顺序和安排顺序	
	分析人物和刻画人物	分析结构和组织结构	
	品味开头和写好开头	运用准确的语言	
	细读结尾和写好结尾		
初二	分析情境和描写情境		把握论点和确定论点
	抓住细节和描写细节		找出依据和选择论据
	运用生动的语言		
初三	鉴赏语言表现力		辨清和使用论证方法
	准确表达见解与认识		弄清结构和安排结构
			运用严密的语言

三、案例展示

读与写的结合是现实需要，且势在必行。为更好地探索基于“人人课堂”的初中语文读写微结合的相关策略，在前期的调查研究与分级统整的基础上，我们结合年级读写微结合表，设计了多种读写微结合教学方案，并投入实验。以下将以七年级下册《背影》一课作为案例展示相关策略探索过程。

（一）案例背景

《背影》是朱自清先生早期一篇极为有名的文章，也是现代文学史上的杰作。在一千五百字的篇幅中，作者只描写了一个片断，却将父亲的背影刻画得入木三分，感人至深，脍炙人口。文章通过动作描写、语言描写、肖像描写等，将人物的活动过程、人物性格表现得淋漓尽致，是一篇不可多得的写作学习范本。

有鉴于此，我们结合本单元的主题“两代人的心灵沟通”和单元重点之一——学习人物描写的基本方法，将本课作为七年级“分析人物和刻画人物”读写微结合的试点。同时在设计读写微结合的方案时，我们同样坚持“人人课堂”人人参与、人人合作的理念，以期实现“人人发展”的目标。

（二）案例呈现

师：速读课文之后，合上课本，回忆一下你记忆犹新的内容。

生1：父亲送我到车站给我买橘子。

生2：父亲的背影。

……

师：很多同学都对父亲送别我时给我买橘子的场景印象深刻。那有人能谈谈为什么你会对此印象深刻吗？

生1：因为这里能看出父亲对儿子的爱，而且这个背影写得很生动。

生2：我觉得是因为作者在写父亲的背影时用了非常细致的方法。

生3：我觉得让我很感动，所以我能记住。

……

师：确实像同学们说的一样，这段文字运用细节描写刻画了父亲为儿子买橘子的场景，展示了让人感动的父亲形象，具有代表性，所以让人印象深刻。

幻灯片展示：没有细节就不可能有艺术作品。真实的细节描写是塑造人物，达到典型化的重要手段。——李准

师：那这篇文章作者运用了哪些人物描写方法来刻画人物呢？请同学们任选一个角度，小组合作，进行具体的赏析批注，并明晰人物描写的具体方法。

生自读文本，自主圈画，小组讨论。

十分钟后，小组代表交流。

组1：我们小组是从人物描写中的动作描写来分析的。我们找到了很多描写父亲动作的句子。例如，第6节中“他用两手攀着上面，两脚再向上缩；他肥胖的身子向左微倾，显出努力的样子”，这一句中，“攀”“缩”“微倾”等这些动词将父亲爬月台的样子写得非常生动。这种人物描写中精确的动作描写，值得我们学习。

组2：我们也是从动作描写这一方面来赏析的，我们也找到了很多，比如第6节中“蹒跚的走到铁道边，慢慢探身下去”，写出了父亲艰难的样子。

师：非常棒，这两组同学都从人物描写中动作描写这一角度为我们分析了本文中最经典的背影。那谁来总结一下，作者是如何进行动作描写的呢？

生七嘴八舌。

生1：用了很多准确的动词。

师：为什么说是准确的动词，体现在哪里？

生1：比如说这个“攀”和“缩”就用得很准确，因为可以体现父亲很胖，月台很高，爬上去很艰难。

师：非常棒！人物动作描写动词的使用一定要精准，一定要能体现人物特征。（板书：动作描写法：精准的动词）其实，我们有时也可以在动词前加上一些能凸显人物特征的修饰词，例如刚有个小组提到的“蹒跚的走”“慢慢探”。（板书：动作描写法：能凸显人物特征的修饰词 + 精准的动词）

师：好，刚才我们从人物描写的动作描写这个角度进行了相关赏析与总结。那还有没有其他角度呢？

生继续讨论。

（交流主要从人物描写的语言描写、肖像描写等方面进行，形式基本与动作描写类似，故略）……

师：刚才我们通过赏析文本，总结了很多人物描写的方法。主要有（指板书）动作描写，要用精准的动词或能凸显人物特征的修饰词加动词；语言描写，要使用符合人物性格特征的简单、口语化的句式；肖像描写，要抓住时代背景及人物特征。

师：新时代的你们面对新时代的父亲，你们的眼中父亲又是一个怎样的人？请同学们选取一个角度，截取生活中一个典型的事例片断，进行人物描写。要求：①写出人物的特征；②抓住特点，准确选用人物刻形法；③具体生动。（幻灯片展示要求）

生自主完成片段写作。

十分钟后，交流展示。

展示示例（同时呈现学生习作）：

“妞儿，帮我把茶几上的水递过来。”爸爸笔直地坐在沙发上，双手死死地抱着遥控器唯恐有人抢走，平时眯缝着的小眼此刻瞪得圆圆的。

“才不要，水不就在你的前面嘛，除非你把遥控器给我。”

“宝贝儿，爸爸可是最爱你的。爸爸就这点爱好，理解万岁嘛……”“哎，好球！”刚还温柔得让人无法拒绝的老爸，此刻那叫一个中气十足、兴奋至极呀！

看着这样球痴的老爸，我无语地端起水杯："喏，你的水！"

师：同学们展示的微创作都非常好，同样的人物——父亲，为什么在不同人的笔下能形象各异？请同学们进行小组交流。

生小组讨论。

两分钟后，小组代表交流。

生1：我认为这是因为他们在刻画父亲形象的时候，都抓住了父亲的特点。

生2：我认为他们写的都是真实的，所以会不一样。

生3：我认为他们用的方法不一样。

……

幻灯片展示：①抓住人物的特征，选用多种刻形方法；②仔细观察，真情实感，多角度刻形。

师总结本课，布置作业。

（三）案例反思

（1）准确把握文本，找准"读写结合点"。正如本课，在引导学生人人参与研读文本的基础上，找到读与写的结合处，在人人参与分析作者刻画人物的方法时，学会人人参与归纳方法。有了这样的深入解读与自我归纳，才能真正实现微写作的方法论指导。

（2）放手让学生自主探寻，在合作的基础上发现读与写的贯通之道。本课我们基于"人人课堂"人人参与理念，主要采用小组合作学习的方法，让学生通过小组合作的方式，在适当的"脚手架"的支持下，学会自主探索。虽然有些学生可能存在滥竽充数的问题，但多数学生通过这种自主探索的方式，学会自主分析文本，不仅能够提高他们的阅读理解能力，同时这种自我探寻的方法，更让他们印象深刻，所以能在之后的微写作环节更好地运用所学，在一定程度上可以达到人人发展的目标。

四、读写微结合策略小结

（1）读与写的微结合，就是在阅读课的情境中，主动为学生开辟一块学以致用、自主创作的微空间。使学生可以将阅读中所获得的写作技巧、创作方法，在第一时间内有试验田进行实验。这一策略可以加强学生的自我探究写作规律的意识，通过培养学生写作兴趣实现读与写的共同进步。

（2）以分级系统为基础，以分册发展目标为依据，确定单元文本重点读写结合点，构建读写微结合专项训练策略。这种策略主要步骤有：①确定年级读写训练目标；②明确单元读写结合点；③选择单元文本，挖掘文本读写结合点；④确定文本读写结合方向，制订实施方案；⑤实施读写微结合方案。

（3）精耕细作，目标细化，找准学生写作的难点，结合阅读文本对症解剖，有针对性地强化微写作训练。有意识地把言语训练与思维训练紧密结合起来，实现一课两用，甚至一课多用。朱光潜曾说“语文最大的德性是精确妥帖”。在阅读课中加入微写作，将阅读中习得的语言表达方式趁热打铁试着运用，步步为营，才能最终实现精准的学以致用。

（4）读与写的微结合过程，应当坚持读写过程人人参与，读写方法人人合作探寻，努力实现读与写人人都有发展。读与写的微结合过程，只有学生都能参与其中，相互合作探寻文本写作技巧，才能让每个学生都能亲身体验和感受阅读的快乐，收获写作的技巧。这样才能为之后的由此及彼的微写作训练打下基础，由品析文本走向拓展迁移，实现人人发展。

参考文献

1. 龚惠娟．初中语文教学中的读写结合研究［J］．中学语文：大语文论坛（下旬）．2015（5）．

2. 蒋亚春．初中语文写作教学中实施自主学习的策略［J］．作文成功之路：高考冲刺（上）．2015（6）．

3. 金海梅．浅谈朱自清散文《背影》中白描手法的运用［J］．读与写杂志．2013（9）．

4. 刘国正．作文教学漫谈［J］．作文丛刊．1981（2）：12．

5. 刘燕清．以读导写　以写促读——“初中语文读写结合有效策略的研究”课题结题报告［R］．语文教学通讯．2013（4）．

6. 任巧稚．读写结合在初中语文教学中的实践与研究［D］．天津师范大学硕士学位论文．2009．

7. 王铁胜．读写结合教学案例——《台阶》（第二课时）教学设计．中学语文教学［J］．2016（4）．

基于“人人课堂”的数学学科学生学习行为观察与有效纠错的探索

马书彦

摘要　“错误”，是学生数学学习过程中出现的正常现象，我们希望通过研究，使学生的学习习惯等得到改善，从而达到培养学生数学纠错能力的目的。其实所谓纠错能力是指学生在学习、完成作业的过程中依靠自己或与他人交流、合作纠正学习过程中错误或失误的能力。

关键词　人人课堂；数学学科；学习行为；纠错

一、问题的提出

初中阶段是培养孩子学习能力的关键时期，开始从被动的学习主体向主动的学习主体转变，这一时期孩子的逻辑和抽象思维能力开始增强，归类、对比、推理等能力开始增强，对数学学习中产生的错误有了一定的分析能力，这时培养学生的纠错能力将会起到事半功倍的效果。

作为一名数学老师，每次改作业时的心情可以说是错综复杂，有时会为学生的精彩解法赞叹不已，为他们的认真书写、正确作业高兴万分；但有时却是非常恼火，甚至暴跳如雷，因为学生错了不该错的题目，他们的粗心大意让我们这些做老师的心里真不是滋味。“怎样纠错”，成了我们同事之间经常探讨的话题，“怎样提高他们的纠错能力”更是值得我们思考的问题。

二、研究内容：学生学习存在错误或失误的成因分析

我们对数学教师和七、八、九年级的 4 班数学学习过程中存在的错误或失误进行调查，按以下步骤进行：①观察了解学生；②召开学生座谈会；③归纳问卷编制；④归纳问卷调查；⑤问卷调查数据处理；⑥分析研究。

（围绕课题设置问卷调查）

（1）对错题的态度和面对错误时产生的情绪体验如何？

（2）对错题的作用是如何认识的？认为各科建立专门“错题本”有必要吗？

（3）目前是否建立了数学纠错本？

（4）周考、单元过关测试、月考、期中期末等考试进行纠错了吗？

（5）如果你没有整理，那么你的理由是什么？

（6）你能自觉整理纠错吗？

（7）请问你是如何改错的？

（8）你的错题是如何解决的？

（9）考试前你翻看你的纠错本吗？你认为有用吗？

另设置一个问答题：错题本是个宝。每一道错题都是一次难得的机会，只要正确对待，错题将成为成功者的垫脚石。平常考试中出现错题是难免的，谁不会在解题中出错，谁愿意在解题中出错，又有谁愿意一错再错？你认为如何处理错题，将不会出现一错再错的现象？你想在这方面从老师那里得到哪些帮助？

然后，通过问卷，分析学生对纠错问题的一系列问题。

调查结果是：有 53% 的学生对错题的态度和面对错误时产生的情绪是无所谓；只有 22% 的认为错题有很高的利用价值；有 70% 的有纠错本但是没有坚持改；只有 28% 的在坚持；平时都注意错题收集整理的只有 6%；75% 是没有时间整理；还有 19% 认为没有必要；有 26% 认为错题太多无从下手，比较盲目；有 67% 的学生不知道该怎样有效利用它。

80 位受调学生中，有 36 人认为在数学学习过程中出现错误的主要原因是“做题马虎，粗心大意”，占受调学生总数的 45%；有 22 人认为主要原因是“没有审清题意”，占受调学生总数的 27.5%；而选择“上课没注意听讲，知识没学会”和“受已有知识的负面干扰，相似概念发生混淆”的均为 11 人。

由此我们可以看出，绝大部分学生认为自己在数学学习过程中主要是因为“粗心”而犯错，也有不少学生认为自己是“没有审清题意”，这表明他们对数学学科的特点还缺乏足够的认识。数学是研究现实世界空间形式和数量关系的科学，思维的严密性是其重要特征，具体要求为思考符合逻辑，严密、准确，数学运算准确无误。利用学生“纠错本”中的错误，使学生找出错误根源，进而培养学生严谨的学科精神，让学生体验数学的价值，享受数学的快乐。

初中学生解题错误的原因：

（1）审题类错误
- ①不理解题意；
- ②审题不全面、对一些条件“视而不见”；
- ③审题不细：遗漏特殊错误、忽视隐含条件；
- ④看错题、错误理解题意。

（2）知识类错误
- ①基础性知识错误；
- ②概念性知识错误；
- ③表达性知识错误；
- ④思维性知识错误；
- ⑤知识“断链”。

（3）计算类错误
- ①算理不清；
- ②方法选择不当；
- ③计算不准确。

学生顺利正确地完成解题，表明其在分析问题，提取、运用相应知识的环节上没有受到干扰或者说克服了干扰。在上述环节中不能排除干扰，就会出现解题错误。就初中学生解题错误而言，造成错误的干扰来自以下两方面：一是小学数学的干扰，二是初中数学前后知识的干扰。

（一）小学数学的干扰

在初中一开始，学生学习小学数学形成的某些认识会妨碍他们学习代数初步知识，使其产生解题错误。

（1）审题类错误，也就是人们常说的粗心。主要表现有：不理解题意，或审题不细心，忽略、遗漏了某些特殊、隐含条件，或受思维定式的影响，错误地理解题意进而造成解题失误。受此影响，学生在解答下列问题时常出现混乱与错误。原题是这样的：礼堂第一排有 a 个座位，后面每排都比前1排多1个座位，第2排有几个座位？第3排呢？设 m 为第 n 排的座位数，那么 m 是多少？求 $a=20$、$n=19$ 时 m 的值。学生在解答上述问题时，受结果是确定值的影响，把用 n 表示 m 与求 m 的值混为一谈，暴露出其思考过程受到上述干扰的痕迹。又如，数学中形成的一些结论都只是在没有学负数的情况下成立的。学生对数之和不小于其中任何一个加数，即 $a+b\geqslant a$ 是坚信不疑的，但是，学了负数后，$a+b<a$ 也是可能的。也就是说，习惯于在非负数范围内讨论问题，容易忽视字母取负数的情况，导致解题错误。另外，“+”“-”号长期作为加、减号使用，学生对于 $3-5+4-6$，习惯上看作3减5加4减6，而初中更需要把上式看成 $+3$、-5、$+4$、-6 之和。对习惯看法的印象越牢固，新的看法就越难牢固树立。

（2）计算类错误。除粗心原因之外，常常是算理不清或选择方法不妥，这也是造成计算不准确或错误的直接原因。学生习惯于用算术解法解应用题，这会对学生学习代数方法列方程解应用题产生干扰。

例如，在求两车相遇时间时（甲、乙两站间的路程为360 km，一列慢车从甲站开出，每小时行驶48 km，一列快车从乙站开出，每小时行驶72 km，两列火车同时开出，相向而行，经过多少小时相遇?），列出的“方程”为 $x=360/(48+72)$。由此可以看出学生拘泥于算术解法的痕迹。而初中需要列出 $48x+72x=360$ 这样的方程，这体现了学生对已知数和未知数之间的相等关系的把握程度。

总之，初中开始阶段，学生解题错误的原因常可追溯到小学数学知识对其新学知识的影响。讲清新学知识的意义（如用字母表示数）、范围（正数、0、负数）、方法（代数和、代数方法）与旧有知识（具体数字、非负数、加减运算、算术方法）的不同，有助于克服干扰，减少初始阶段的错误。

（二）初中数学前后知识的干扰

随着初中知识的展开，初中数学知识本身也会前后相互干扰。

例如，在学有理数的减法时，教师反复强调减去一个数等于加上它的相反数，因而 $3-7$ 中 7 前面的符号“ - ”是减号给学生留下了深刻的印象。紧接着学习代数和，又要强调把 $3-7$ 看成 $+3$ 与 -7 之和，“ - ”又成了负号。学生不禁产生到底要把“ - ”看成减号还是负号的困惑。这个困惑不能很好地消除，学生就会产生运算错误。

又如，了解不等式的解集以及运用不等式基本性质 3 是不等式教学的一个难点，学生常常在这里犯错误，其原因就有受等式两边可以乘以或除以任何一个数以及方程的解是一个数有关。事实也证明，把不等式的有关内容与等式及方程的相应内容加以比较，使学生理解两者的异同，有助于学生学好不等式的内容。

学生在解决单一问题与综合问题时的表现也可以说明这个问题。学生在解答单一问题时，需要提取、运用的知识少，因而受到知识间的干扰小，产生错误的可能性小；而遇到综合问题，在知识的选取、运用上受到的干扰大，容易出错。

总之，这种知识的前后干扰，常常使学生在学习新知识时出现困惑，在解题时选错或用错知识，导致错误的发生。

三、问题的解决：“人人课堂”下数学学科对学生学习行为的有效纠错

“人人课堂”是一种以生为本，师生、生生高效合作、学生主动学习的课堂教学模式。“人人”，即指每个个体，亦指大众，但更强调“每一个人”，

教育的功能是培养“每一个”，而并非选拔少数精英。在课堂中，人人都有发展的权利。

“人人课堂”不仅要关注人人参与，更要关注人人获得。但平时教学总会听到老师抱怨：“这道题在课堂上讲了不知多少遍，结果还是错!”这句话从一个方面讲是学生犯错误的反复性，另一个方面说明我们的纠错教学效率低下，这不得不引起我们数学教师对纠错教学的反思。

作为教师帮助学生订正的纠错行为不仅对学生的学习活动方式的改进具有调节功能，而且对学生的学习动机具有刺激作用。教师可用把错误转化为有价值的教学资源等方法抓好纠错这一环节，来强化教学效果，引导学生学会正确的数学思考方法，进一步提高教学质量。

（一）形式上：面批作业也是一种纠错

在传统批改作业的形式上，我们还可以尝试以下方法：第一种：数学学科是一门逻辑推理很强、概念十分抽象的学科。在日常学习中，如何把数学课堂教学中的形象思维和抽象思维这一对矛盾贯穿在作业巩固上呢？这就需要在刚接触新概念时，对于整体同学的作业订正都进行面批，以指导获得知识的方法，弥补学习漏洞。第二种：对那些学习很用心但基础差的学生的家庭作业及其订正采用一个循环的面批，根据作业中存在的问题，指出如何采取补救措施，怎样把数学上的抽象概念应用到实际解题中去。第三种：针对班级中订正习惯不好，缺少对自己的作业进行认真反思的同学，教师先对这些学生的作业进行当面批改，并传授批改方法，然后让这些学生分头对其余学生的作业进行下一层次的当面批改，并做好批改记录。这样既能增进师生关系，又能强化他们对数学知识的思考。

（二）习惯上：采用“纠错本”

纠错，事实上是一个“自我否定”的过程，一般不可能靠一两次的订正就能在认识上真正得以纠正。因此，我让学生给自己准备了一个纠错本，把平时犯的错误记下来，纠错本分三块内容：症状、治疗方案和治疗结果。症状一栏主要是学生摘录平时自己比较典型的错，治疗方案一栏则是学生反思错误原因，治疗结果则是通过自己的反思把正确的结果记录下来，并且经常拿出来看看，想想错在哪里，为什么会错。如有同学分析一道计算题 $13.1-4.6+5.4=13.1-(4.6+5.4)=13.1-10=3.1$ 时写道：因受到凑整的诱惑，没有看清计算符号，随后他在后面的治疗结果中给出了正确答案是 $13.1-4.6+5.4=8.5+5.4=13.9$。

数学知识的学习对于思维能力和推理能力有一定的要求，在学习过程中常常会出现一些难以回避的错误，因此，建立"纠错本"是提高学生数学成绩的一个有效方法。在实践过程中，虽然不少学生都按照教师要求使用"纠错本"，但由于对"纠错本"的认识比较模糊，导致在使用中出现了随意性、形式化等现象，这使得"纠错本"的有效性大打折扣。及时建立"数学学科纠错本使用规范"，可以帮助教师和学生更清楚地厘清"纠错本"在使用过程中存在的各种误区，以此指导学生在相应规范的基础上不断进行总结、反思，进而构建出适合自身特点的纠错策略，促使"纠错本"发挥出最大的功效。

（三）策略上：反思错误，借用错误，化错误为教学的再生资源

学生的每一个错误并不是无中生有的，每一个错误都意味着学生在对知识或概念的认识上有了偏差或是受了限制。学生出现错误在数学学习过程中是普遍存在的，因其产生的错误并不是"仔细"就能解决的，其中，学生个人的内在因素和老师教学的外在因素都能催生这种错误的存在。因此我们要正确面对学生的错误，走进学生内心看待问题的根源，分析和研究错误的心理成因，寻找合理而有效的方法去克服。

比如：解方程 $\frac{x-2}{4}=1-\frac{4-3x}{6}$

错误解法：去分母：$3(x-2)=1-2(4-3x)$

去括号：$3x-6=1-4-3x$

移　项：$3x+3x=1-4+6$

合　并：$6x=3$

系数化为 1：$x=\frac{1}{2}$

错误分析：漏乘了不含分母的项 1 等式性质（没理解）；去括号时，-2 未与（4-3x）相乘。以后解方程时去分母过程中分母为 1 的项仍然要乘以最小公倍数，同时去括号时要遍乘括号内的每一项。

正确解法：去分母：$3(x-2)=12-2(4-3x)$

去括号：$3x-6=12-8+6x$

移　项：$3x-6x=12-8+6$

合　并：$-3x=10$

系数化为 1：$x=-\frac{10}{3}$

其他解法：变形得：$\frac{x}{4}-\frac{2}{4}=1-\frac{4}{6}+\frac{3}{6}x$

移项得：$\frac{x}{4}-\frac{3}{6}x=1-\frac{4}{6}+\frac{2}{4}$

合并得：$-\frac{1}{4}x=\frac{5}{6}$

系数化为 1：$x=-\frac{10}{3}$

改编错题：解方程：$\frac{0.1x-0.2}{0.4}=1.2-\frac{0.4-0.3x}{0.6}$

总之，只有把学生的错误看成是一种数学教学上的再生资源，积极、充分和有效地利用好这一宝贵的资源，才能真正贯彻落实以生为本的教育理念，化弊为利，降低学习错误的发生率，促进数学知识的有效建构，提高初中数学课堂教学的效率。

作为数学教师，从某种意义上讲，矫正一个错误比传授一个新知识更重要。同时也要注意不论采取什么方式纠错，都应本着友善和蔼的原则，而不能让学生感到老师是在挑错，从而产生反感和不合作心理。总之，让我们的数学教学因纠正学生的错误而精彩吧！

“人人课堂”理念下引导初中数学学困生参与合作学习的探究

——以“计算”模块为例

刘　雪

一、研究背景

“人人课堂”是我校提出的新的教学模式，建立在“为学生的成人、求知和创新奠基”的办学理念和“海纳百川　自我超越”的办学思想下，培养具有“包容自信，乐观向上”品质的航二学子。

“人人课堂”遵循“先学后教，以学定教”等教学理念而构建。它是一种以生为本，师生、生生高效合作、学生主动学习的课堂，建设人人课堂旨在促使课堂“人人参与、人人合作、人人发展”，唤醒和发现学生的认知，关注和促进每一个学生的成长。

我校的“人人课堂”，从关注人的发展出发，是一种目中有人的课堂，是一种充满人性尊重和人文关怀的课堂，其追求的课堂价值应是“平等、尊重、活力、创造”。由于我校处于市动迁小区，每年外地新生超过60%，福利院学生占3%，学生基础较差，不会学习也不愿学习，学习习惯、学习能力和学习主动性均较差，故每个班级的学困生都占25%左右。

二、研究问题

初中数学课程标准（2011 年版）中说道“在面向全体学生的同时，也要关注个别学生的差异性”。数学学困生一直是班级中的弱势群体，研究者们在以班级为单位进行研究时，往往会忽略这群弱势群体，故笔者想通对数学学困生的个案观察研究，来分析“人人课堂”对数学学困生到底有没有影响，又会在哪些方面有影响，具体的研究问题如下：

（1）“人人课堂”对数学学困生在数学计算题解题上有怎样的影响？

（2）“人人课堂”对数学学困生在参与合作学习上有没有影响？有怎样的影响？

三、研究目的

1. 理论层面

从理论层面上看，笔者研究所获得的个案研究的数据资料、研究方法和研究经验等形成文字材料，为今后的数学教育教学方法研究、学生课后学习辅导、数学学困生的培养方面提供了一定的理论指导和借鉴。

2. 实践层面

从实践的意义上来说，可以帮助笔者和初中数学教师培养学生，特别是对数学学困生的培养，提供实践的数据和经验。对于广大学生而言，“人人课堂”的教学理念可以为数学学困生参与合作学习搭建平台。

四、研究方法

1. 观察法

在“人人课堂”的教学过程中，笔者观察数学学困生在课堂讨论中的参与度及与其他组员的合作情况，全面地分析“人人课堂”对数学学困生在数学计算题解题、情感态度这两个维度上有没有影响。

2. 访谈法

采访数学学困生在“人人课堂”教学模式下，有怎样的想法，了解他们的内心世界，主要是分析“人人课堂”对他们的情感态度有怎样的影响。

3. 个案研究法

笔者主要用典型的个体（数学学困生个体）研究“人人课堂”对数学学困生的影响，比如在研究的过程中，可以细化到每一次的“人人课堂”上，笔者可以仔细地、全方位地研究数学学困生在数学计算题解题、情感态度上的变化。

五、研究过程

（一）研究对象

表1　T同学的基本信息

学校	现所读年级	性别	特征
上海市航华第二中学	七年级	男	不主动学习

本研究选择T同学作为研究对象，其基本信息如表1所示。他是我班上的一名学生，上课不喜欢发言，小组合作时也不主动参与，平常作业质量不佳，考试成绩不理想。此次研究是在我班的学习环境下，以T同学作为研究对象来展开的。

（二）研究思路

如图1所示，对T同学进行研究。主要涉及沪教版数学教科书第九章、第十章和第十二章的内容，用于“人人课堂”理念下引导T同学参与合作的探究。

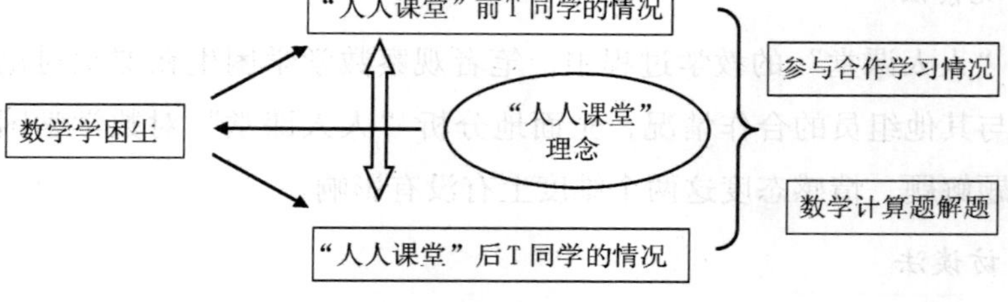

图1　研究思路框架图

首先，通过观察和访谈的形式，了解T同学在“人人课堂”理念的引导下，参与合作学习情况的变化。

其次，经过一个学期“人人课堂”理念的干预，对T同学的平时作业情况进行比较，分析他数学解题方面的变化。

（三）研究实施过程

在2015年9月中旬，笔者准备开始对T同学进行数学学困生影响的个案研究。

2015年9月11日　　9.5合并同类项

在上课的过程中，T同学仍然是不举手发言，小组在讨论合并同类项法则的时候，他也不参与其中。课下，我单独找他谈话：“小T，为什么上课总是看不到你发言呀？”

“我都不会。”他小声地说。

“那你们小组在讨论的时候，你为什么不参与其中，听听他们怎么说、怎么讲呢？”

“我听不懂。”

“你这样想就不对了，你先想想看你认真地听了吗？”

他摇头。

“老师希望，你先端正学习态度，然后就一定能学好。”

他点点头。

第一次对他的干预，是希望他能端正学习态度，为后续的研究排除一些干扰因素。同时，我也和他们组员交流过，每一次讨论，都要他先说，而且要说明白一个知识点。

2015年9月14日　作业讲评

在小组分析错题原因，以及涉及相应的知识点时，我和他们组长对视，点头示意一下，可以按我们计划实施。

起初，我观察到，小T并没有主动发言，他们组长和组员好像说了什么，他开始说起来，但是，可以看到，说的时间并不长。课下，我问他：“哎哟，不错哦，看你今天小组讨论时，发言咯。”“他们一定要我先说。”“那你说了什么呀?”“我不会合并同类项。我不知道怎么做。然后他们就开始教我了。”

是啊，小T的基础很薄弱，要他一下全部学会，真的太难了，但是他今天说出了“合并同类项”这个名词，说明还是有进步的。

“那你现在会了吗?”

他摇头：“不是都会。就会把长的一样的先聚在一起。后面不会了。”

我心里想，也是好现象。

在后续的几个星期里，都能看到小T在小组讨论时会先发言，发言的时间有时长一点，有时短一点。在计算题方面，虽然很少会全对，但是他也会写几个步骤。最可贵的，我发现有时下课，他会主动去问同学题目了。

2015年10月13日　　9.13 提取公因式法

在情景引入环节，有一道题目是：巧算：$3\times\frac{99}{4}+3\times\frac{1}{4}$。小T同学突然积极举手发言，当时我很惊喜，而且他表达得完全正确。

在进行“如何把多项式$6xy^2+9xy$分解因式”的小组讨论时，我故意先走到他们小组，我听到他说：“因式分解，把和的形式化成积的形式，这里有x，把它提出来。”我听了很开心，虽然在表达上不够准确，但是他明白因式分解的定义了。

在最后总结的时候，小T又举手发言了。

这一节课，小T带给了我惊喜，课后，我夸他：“这节课你很棒，能主动回答好多问题呢!”“我发现，其实说一说，也挺简单的，而且我们组员都很帮我。”“老师真为你高兴，你看你作业现在也不是空白的了。”

他笑了。

七年级第一学期，他虽然在成绩上的进步不是特别大，因为他的基础太薄弱了，补齐之前所学习的内容还需要一段时间，但是他最大的进步就是主动参与合作学习了。

2016年3月29日　　月考结束

“老师，我觉得很失落。”“为什么?”“我现在每次课上都会发言，我也经常问同学题目，每次回家学习数学的时间最长，可是我的成绩还是提不高。”

我心里想：他现在已经开始有反思了。这绝对是一个好现象啊！

我耐心地和他分析了原因，希望能帮到他。

第二学期，我并没有和他的组长有约定，但是，上课小组讨论的时候，也能观察到他会先发言。

同时，笔者翻阅了T同学两个学期相关知识点方面的作业情况，进行分析、比较、研究。

六、分析与结论

通过观察和访谈，确实可以看出小T同学在“人人课堂”的理念下，能够参与小组的交流之中，合作学习使他的成绩也有了一定的进步。尽管由于时间的原因和他自身基础薄弱的关系，进步不是特别明显。

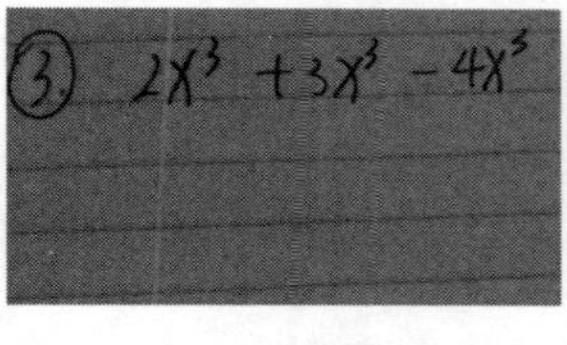
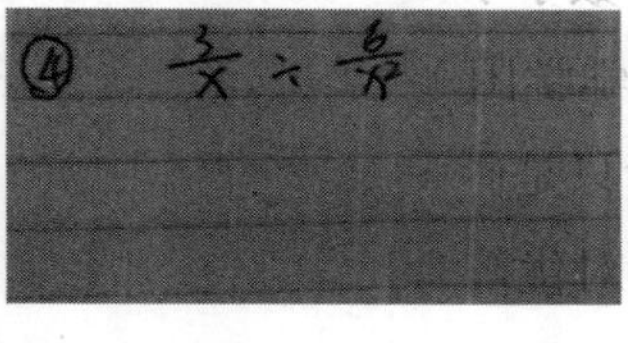
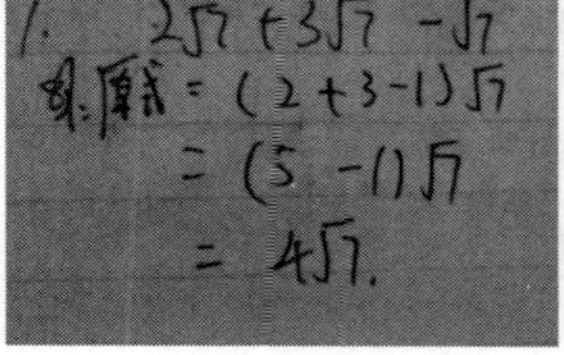
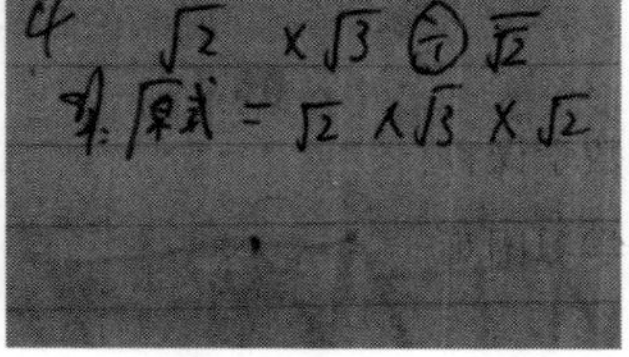

再来看平时作业，之前的作业是空白，现在的作业，有进步。在沪教版第十二章第3节实数运算中，他能想到类比合并同类项的知识和 $\frac{A}{B} \div \frac{C}{D} = \frac{A}{B} \cdot \frac{D}{C}$ 进行解题。

七、研究启示与展望

（一）研究启示

根据本文的研究结论，笔者得到如下研究启示：

（1）我们在关注“人人课堂”理念引导数学学困生参与合作学习时，应该根据不同的数学内容、不同类型的数学学困生，做到具体问题具体分析。

（2）我们在关注数学学困生的时间方面，需要做到长期性，这样才能显现出其作用。

（二）研究展望

（1）笔者的研究只是停留在初中学习过程中比较基础的计算部分，在其他几何、函数、概率等方向还可以做继续研究。

（2）关于数学学困生的分类还是有很多，笔者只是研究了一个类型，对其他类型的数学学困生，也可以做继续的研究。

（3）笔者只是研究了“人人课堂”理念对数学学困生的探究，关于“人人课堂”理念对优等生的影响也有待研究。

参考文献

1. 教育部. 初中数学课程标准［S］. 北京：人民教育出版社. 2011.
2. 鲁献蓉. 数学学习困难学生的认知特点［J］. 数学教育学报. 1999（4）.

“人人课堂”理念下在阅读中有效地进行词汇教学

史晓云

摘要 我校提出“人人课堂”，让每个学生有收获、有发展，词汇教学正是每个学生都能学习，都能学好的一项最基本的内容。词汇是英语学习中的基础，阅读理解中生词、难词的增多给学生的英语阅读提高了难度，这也要求教师和学生在平时的教与学过程中注意词汇的积累，而背单词恰恰又是个枯燥乏味的过程，且背了之后又容易遗忘。因此，如何解决词汇教学的问题，如何在最短时间内获得最有效的记忆就成了迫在眉睫、急需解决的问题。本文通过分析目前初中英语阅读教学中对词汇处理的几个严重的误区，结合自己教学的实际情况，介绍了在阅读前、阅读中与阅读后将词汇分类处理的有效词汇教学方法。

关键词 人人课堂；阅读教学；语境；词汇分类

“人人课堂”是一种以生为本，师生、生生高效合作、学生主动学习的课堂，建设“人人课堂”旨在促使课堂“人人参与、人人合作、人人发展”，唤醒和发现学生的认知，激发学生求知和创新的欲望，关注和促进每一个学生的成长。英语教学没有词汇，就如高楼没有钢架。我们学生的现状是：词汇量不足，不熟悉运用语境，不熟悉词汇搭配，不能够较灵活地运用，在具体阅读语境的理解中显得单一、生硬。如 review、subject、affection、participant 等，学生只知一种意义，不知具体语境中的含义，或是望文生义，错误地理解。究其根源有两个原因：第一是老师教授新词时对于一词多义现象处理简单，对于词汇的隐喻意义、本义和引申义或是内涵和外延处理得不够；第二是学生思维僵化，不敢或是不善于在上下文中进行推测。当然，有效的推测能力离不开良好的词汇基础和大量的阅读，否则只能是瞎猜。因此，在有限的200多天内帮助学生快速有效地积累词汇是本学期教学中的重点之一。因此，如何在阅读课中很好地渗透词汇教学，是我们迫切需要解决的问题。

一、阅读教学中处理词汇的几个严重误区

1. 词汇教学的语境不够突出

很多教师在教阅读课时，对新词汇“忽略不计”，原因是那些词汇已经让学生自己预习过或早自习教师已经领读过。教师们认为，学生熟悉了词汇之后再进行阅读教学，学生阅读中的词汇障碍就会减少，整体理解阅读材料就会变得容易。但在实际教学中，这种将词汇从上下文中分离出来进行孤立记忆，忽视培养语篇分析能力的教学方法，会使学生变得“只见树木，不见森林”。

2. 只注重词汇的呈现，而忽视词汇的巩固与落实，特别是运用

读前的词汇教学为理解做准备，读中的词汇教学为理解服务，呈现的都是单词的基本信息，以意义为主。读后的词汇教学就是要让学生掌握单词，还需要运用单词。在不同的阶段，词汇教学的目的不同，操作方式自然也就不同。有的教师在学生阅读后，把生词从课文中挑出，不仅讲解单词在句中的意思，还把该单词的其他义项一一列出，而且分别举例详细说明。这样导致“使用型”单词练习强度不够，“认识型”的单词却耗费了大量宝贵时间，事倍功半。

3. 词汇处理的层次性不强

阅读课词汇教学的要求是使学生在词形与意义之间建立联系，在阅读课的词汇教学中，有的教师没有注意对词汇进行明显的分类。教师应根据新教词汇的特点，先将单词进行分类，把它们分成读前词汇和读中词汇。读前词

汇是能够在读前情境中自然引出，可以降低阅读难度的词汇；读中词汇是具有特点的，适合进行词汇策略引导的单词。

二、阅读教学中分阶段进行词汇教学的方法

新课标要求普通初中毕业生达到五级目标，其中对词汇的要求是：了解英语词汇包括单词、短语、习惯用语和固定搭配等形式；理解和领悟词语的基本含义以及在特定语境中的意义；运用词汇描述事情、行为和特征、说明概念等；学会使用1500~1600个单词和200~300个习惯用语或固定搭配。在阅读教学上，许多教师都遵循了“头脑风暴，导入新课—快速阅读，回答问题—细读课文，抓住信息—小组讨论—代表发言”这一模式授课，一味强调阅读能力，忽视词汇教学，造成学生对长难句不理解，一篇课文学习完毕，学生未能对本课的生词有印象，严重影响了词汇的积累，对语言综合技能的发展产生严重的障碍。因此，笔者认为在阅读课中应开展分阶段词汇教学，从而达到结合阅读有效教学词汇的目的，并让学生感受到参与学习活动的乐趣和取得学习进步的喜悦。

1. 阅读前：分类处理词汇，扫除阅读障碍

根据所教学生情况，先将词汇进行分类处理，在材料中上下文信息不足以提示其含义，但又影响阅读的属于第一类词汇。这类词因为上下文提示不明显，学生猜测词义有困难，可以借助文章中的图片、图画、标志等帮助学生理解生词的意义。教师还可以借助一定的语境呈现和巩固新词汇。其语境可以帮助学生降低词汇记忆和运用的难度，并有效地激活学生已有的知识储备。

这样课读前的词汇的导入会很流畅，话题与实际生活贴近，能吸引学生的注意力。也能与学生在真实交流的过程中创设信息沟通，避免孤立地学习单词。

2. 阅读中：点拨学习策略，教会猜词悟义

阅读中的主要任务是让学生理解课文，获取信息。阅读中学生学习词汇

应放在句、篇中，要求学生能从语篇的启示中揣摩、区别、感受、领悟词义。成功的阅读者往往运用技巧理解篇章中生词。可采用的常用技巧有：

（1）运用上下文。在阅读过程中，让学生能根据上下文猜测不熟悉的语言现象，能通过文章中的线索进行推理，有利于培养学生运用英语思维的能力以及感知语言的能力。

（2）构词教学法。教师如果在教学中经常注意对构词法的关注、总结和归纳，会对学生产生潜移默化的影响，对学生词汇量的扩大有很大的帮助。学生在阅读中经常会遇到一些似曾相识的词汇，这些词汇往往是由熟悉的单词派生或合成的。教师可引导学生利用构词法知识推测其词义。如《英语（新目标）》八年级下册 Unit 1 阅读部分有 20 多个生词，其中的 everywhere、earthquake、toothbrush、housework 是合成词，unpleasant、impossible 是派生词。教师只要稍微进行点拨，学生就能知道并且记住这些词汇。

（3）英语解释教学法。教师用学生已学过的简单的、熟悉的单词、短语等来解释新的单词，使学生利用自己原有的英语知识掌握新单词的方法，培养学生英语思维与表达的习惯。如瑞安市滨江中学阮老师在词汇教学中采取了英语释义法：请根据文章，选择单词含义。

（4）归类、联想教学法。随着英语教学的深入，学生词汇量的不断扩大，英语教师可以把词汇分门别类来进行教学，这样可以帮助学生形成一个个记忆群，使词汇学习更系统化、条理化。英语教师还可以在词汇教学中利用词与词之间的类似之处进行对比，利用其差异之处进行分析，这样既能加深学生对新词的印象，同时又复习巩固了旧词。

（5）利用新课阅读教学拓展词汇。引导学生在文中理解词义，提供更多例子帮助学生理解词汇的内涵和外延；及时提供联系紧密的练习，帮助学生巩固新学词汇。

（6）利用阅读试题讲评拓展词汇。对于阅读讲评除了要解决是什么、为什么、怎么样的问题之外，还要有意识地帮助学生积累词汇。围绕文章主题、结构、行文思路等某一个角度灵活地进行词汇拓展，板书重点词汇，我感觉是有效的做法，尤其是对于基础不好的班级。在此过程中，学生理解词汇有大的语境支撑，因而更易于习得；教师经常这样做可以增强学生词汇拓展和积累意识，时间长了，词汇量就会增长；有意识地帮助学生积累词汇可以提高词汇的复现率，基础不扎实的学生更需要多次复现才能掌握。一般说来，一个生词要在不同语境、不同时期，以不同的方式复现至少 7 次才能被学生掌握，由此可见词汇复现的重要性。

词汇是语言表达的基础，要掌握运用一门语言，我们必须具有丰富的词汇，英国著名语言学家 Wilkins 曾经说过："没有语法，人们不能表达很多东西，而没有词汇，人们则无法表达任何东西。"有效学习、拓展词汇是英语学习的永恒话题。

3. 阅读后：设计多种练习，运用巩固词汇

充分的读后活动可以帮助学生巩固阅读成果，拓展语言知识运用；对于教师，读后活动的设计可以很好地检测前两个教学步骤的教学效果，能了解学生对文章信息的理解程度及语言知识的掌握程度。因此，阅读后应多设计口头或书面的"产出型"练习，帮助学生加深对词汇的理解和记忆，增强运用能力。教师应提供给学生一定的活动，让学生将所接触词汇结合阅读内容进行语言的内化。但话题和语境要尽可能一致；目标和任务要符合学生实际，满足各层次学生需求；突出重点动词和词块的运用。我们可以采用不同的方法：

（1）在语篇层面运用词汇。

A. 将目标词汇根据课文中的语境整理成小短文，并将目标词汇空出。例如：设置一篇短文，让学生运用目标词汇：

free	century	hero	clever	theme
adventure	cave	favorite	gold	grow

Mr Jackson's 1. _____ book is the Adventures of Tom Sawyer. Tom is the 2. _____ of the story. He's a lively and 3. _____ boy, and he finds himself in many exciting 4. _____. In the 5. _____ of the island, he finds 6. _____ and treasure. After that, he becomes very rich. The 7. _____ of the story are to do with children 8. _____ up and becoming more serious. It gives a picture of the south life of a small

American town in the 19th 9. ____. It also talks about 10. ____ and social rules. Although it's only a story, it's themes are still loved by people all over the world.

B. 编制成对话，并将目标词汇空出。例如：利用编小对话，让学生自然地输出目标词汇，再次帮助学生运用与记忆目标词汇。

Four students a group. Make up a new dialogue between Tom and Huck. Because a very attractive scene in the book is the one they ran away.

T：Tom Sawyer　　H：Huck

H：Hi, Tom.

T：Hi, Huck. I feel terrible at home. What about running away?

H：Do you have some good ideas?

T：Em, I want to go to an ____. And it's very exciting to play in the ____. It's dark, but interesting.

H：But it's also a little ____. Some scary animals may come out. If they are hungry, we ill die.

T：Oh, don't be afraid. What about being a ____? People will be afraid of us. How exciting!

H：Very good idea! At that time, we'll have our ____.

T：I like to be punished if I can have adventures.

H：OK. You are right. We'll be rich if we can find ____ and ____ in the cave.

T：Yeah! Let's go...

（2）篇章整体或片段复述。复述课文不仅有利于对课文的整体理解和运用，还有利于学生语言运用能力的提高。教师可以先要求学生运用所学词汇口头复述课文或某一段落，以检查学生对所学词汇的运用情况，然后要求学生进行书面复述。如瑞安塘下二中陈老师让学生填表格后，根据表格复述的片段：

In the morning

Later that day

During the night

（3）在表达观点中运用词汇。读后的讨论活动，也是中学阅读课堂教学常采用的活动形式。如推测作者的观点、意图，或评价主人翁的品质、性格等。学生在表达想法前，需明确自己的观点，再组织语言回答或推测。在这个过程中，学生不仅锻炼了语言组织能力，还进一步挖掘文本，并在探究过程中通过运用所学词汇表达观点，开发了学生深层次思维能力和激发了学生的兴趣，充分体现了学生的主体地位。

（4）同步拓展阅读。读是输入。多读才能增加与单词、词语的接触。教师应选用简单而短小的课外文章，让学生阅读，这样可以充分利用阅读材料，扩大词汇量，增强语感。另外，通过这类拓展性阅读，使学生逐渐适应陌生语篇中出现的生词，并在新鲜语境下不断重现重点词汇，以巩固、扩大学生的词汇量及语言知识，也有利于培养和提高学生词语推测能力。利用新课阅读教学拓展词汇，引导学生在文中理解词义。

总而言之，词汇是语言的要素，但学语言不能与学单词等同起来。结合学校“人人课堂”，教师更应合理利用教材中的阅读材料，正确处理阅读教学与词汇教学之间的关系。学生借助阅读材料，不仅要积累词汇，还要养成良好的阅读习惯，形成正确的阅读策略。教师作为学生学习的组织者、引导者、促进者，必须依据教育规律，巧引导、巧布阵，以学生为主体，采用师本、生本、师生、生生的多维互动方式进行教学，使学生在互动中理解文章，运用词汇，发散思维，把教师“教”的思路与学生“学”的思路动态地融合，使课堂朝气蓬勃，学生兴致盎然，从而打造高效课堂。帮助学生化解词汇学习的难度，提升词汇学习的质量，让令人头疼的苦差变成令人兴奋和快乐的学习体验。

参考文献

1. 教育部. 全日制义务教育英语课程标准（实验稿）[S]. 北京:北京师范大学出版社. 2011.
2. 侯敏华，林周婧. 依托语境潜移默化地学习词汇 [J]. 中小学外语教学. 2009 (6): 1-7.

3. 孙英英. 如何在初中英语阅读教学中有效地教学词汇［J］. 中小学外语教学（中学篇）. 2009（6）.
4. 孙英英. 如何在初中英语阅读教学中有效地教学词汇［J］. 中小学外语教学. 2009（9）: 31－34.
5. 张智宏. 以学生为主体的初中英语课堂教学［J］. 中小学外语教学. 2012（1）.

立足“人人课堂”，培养初中生美术课堂中“将错就错”的实践与研究

周晓凤

摘要 “人人课堂”是我校正在进行实践的新的课堂教学理念。其追求的课堂价值应是“平等、尊重、活力、创造”。而我们的美术学科，是最能够体现平等、张扬人的个性的学科。但现实较为残酷，大部分学生的个性和创造力不能够在美术课堂中体现出来。

我们美术老师不怕学生犯错，老师们是希望学生讲出来、做出来、画出来。若有“错”，我们就可以鼓励学生“将错就错”，体会由“不经意”到意外成功的美妙过程。错误是人生的一笔财富，在课堂教学中错误也是一笔重要的资源，很多时候可以因势利导，课堂可以因“错”而精彩。不重视学生的错误资源是一种浪费。

关键词 将错就错；趣味；创造；完整

在整个社会的大功利的背景下，我们看到了很多机构和老师培养的参加各种比赛的“机器人”；在课改的背景下，要求我们教育工作者要解放学生，引导其张扬个性，发展创造力。现在我们学校又提出了自己的课堂教学理念——“人人课堂”。所以，在诸多背景的驱动下，笔者对美术教学进行了很多反思，并利用“将错就错”进行了一系列的尝试。

一、研究背景

“人人课堂”是我校正在进行实践的新的课堂教学理念。其追求的课堂价

值应是“平等、尊重、活力、创造”。而我们的美术学科，是最能够体现平等、张扬人的个性的学科。美术教育在基础教育阶段重在培养学生的艺术审美能力，强调学生在艺术活动中的主动性，突出艺术活动的实践性和创造性，其教学的出发点和归宿是学生的个性发展。但现实较为残酷，大部分学生的个性和创造力不能够在美术课堂中体现出来。

在美术教学中，学生所呈现的美术作业五花八门、异彩纷呈。学生的每一幅作品、每一句评论，都是个性的体现，都是心智的成长，都是情感的宣泄。我们是不能够用一个标准来衡量的。

但步入初中阶段的学生大都抓住“写实”和“常理”不放，“对”与“错”的标准就是“像”与“不像”，或者是对照老师的范画和书上的范画看看是否有分毫的差别。教师经常会遇到学生在刚刚动笔作画时，就报告其画错了，欣赏课上也总是羞涩于美术知识的贫乏而怕讲错。所以，碰到素描课，学生既兴奋又无可奈何，因为他们觉得自己不“专业”；碰到可以自由发挥的抽象内容，既感新奇又不敢动笔；碰到手工课，就总想找个简单的范图照着做，还要因为材料选择而纠结。

其实，我们美术老师不怕学生犯错，老师们是希望学生讲出来、做出来、画出来。若有“错”，我们就可以鼓励学生“将错就错”，体会由“不经意”到意外成功的美妙过程。错误是人生的一笔财富，在课堂教学中错误也是一笔重要的资源，很多时候可以因势利导，课堂可以因“错”而精彩。不重视学生的错误资源真的是一种浪费。

鉴于以上背景，笔者做了如下尝试。

二、方法与实践

1.“将错就错”的兴趣性

人们都会玩词语接龙或古诗接龙的游戏。美术教学中的“随形扩展”就类似于这种接龙的游戏——在基本形的基础上不改动其原型，添加附属形而形成一个新的作品。

例如：学生要画一辆汽车，可是刚一上手就把车轮画得很大。因为比例和空间的关系，学生一般情况下会擦掉。如果老师没有阻止，擦掉也就擦掉了，但一次好的引导创作和发挥个性的机会就错过了。而实践中，老师阻止了该学生的行为，鼓励他画跟别人不一样的汽车，并且调动其他人一起来研究。经过一番讨论，有学生建议把四个轮子全部夸张画大，车棚很小，表现大小对比的关系；有同学建议只保留一只超大的轮子，其他轮子很小，车身也很小，表现一种趣味性；也有同学建议用素描的手法画大轮子，而用卡通手法画其他部分……后来，一般人看来“不正常”的汽车经过夸张和修饰竟变得趣味十足。

在这个过程中，教师没有否定学生的“错误”，而是有效地保护了起来，拓展了学生的创作思路，还适当地活跃了课堂气氛。初中学生对绘画的认识尚处于朦胧的意识状态，技法的不熟练、绘画知识的缺乏难免会使他们的绘画形象奇形怪状。但就是那些奇形怪状、学生认为画错的作品，在经过适当的引导和打磨后会成为趣味性很强的作品。

2. “将错就错”的创造性

美术创作通常是不依常规的表达，而是循着不同的方向和角度，从多个方面寻求问题的各种可能性，从而实现对艺术作品审美力的提高。

例如，在讲抽象绘画的内容时，我们要鼓励学生深入探索作品背后的意蕴，鼓励学生大胆出手，采取多种手段和方法完成“抽象”的过程，体验类似艺术家的制作乐趣。抽象绘画艺术是现当代艺术中不可或缺的一种绘画形式，对许多习惯了写实艺术、缺乏抽象因素欣赏经验的观众来说，这样的艺术确实过于神秘，甚至有些晦涩。但事实上艺术创造的过程是艺术家与自然对话的过程，艺术家在自然中寻找自我精神与自然的契合。当面对画布，实际上是调整自己的心灵状态，进入精神上回忆与冥想状态，心物相映，体悟自然之道。所以，在引寻学生进行抽象画学习时，千万不能因为学生的构图太小或太大、形体是否完整而否定他们的自然创作，不能认为不符合老师要求的作品就是错误的。要“将错就错”，因势利导，让学生们敢于把合理与不合理结合起来，冲破“像”与“不像”，“对”与“不对”的固有概念，把握艺术创作过程的发展与变化。笔者认为，达利或康定斯基的作品可作为抽象艺术教学的范本。

“将错就错”教学法在美术教育过程中鼓励学生的探索行为就是培养学生解决问题的能力，开拓思路，寻求创造的表现途径。

3. “将错就错”的完整性

美术绘画训练不仅是培养学生的绘画技巧、美学修养，更是培养学生学会积极地思考，养成顾全大局的品质。作为学生，他们肯定不具备专业画家的资质，对画面整体的把握缺乏足够的自我意识。所以，每当画面中出现他们认为不理想的局面时，学生就会沮丧，内心充满挫败感，就会在绘画的过程中不断地涂擦修改，有的时候哪怕作品即将完成，也会放弃作品。所以老师要做的，就是在学生们产生这种失败情绪之前，及时发现并鼓励他们完成作品，然后找出他们作品中的闪光点和所认为的“败笔”之处，把“败笔”当成其作品的与众不同之处，帮助学生树立信心，把握画面整体感。

“错”是每个学画者必经的阶段，有错才会有绘画技能上的提高，也才会有艺术修养上的收获。要让学生明白，每个艺术家成功之前都是要犯很多次“错”的。

4. “将错就错”要允许对同一作品有不同的理解

一千个观者眼中会有一千个哈姆雷特。当我们和学生面对着名家作品进行欣赏教学的时候，笔者认为，除了教学参考上的背景知识，我们应该允许学生对作品有不同的看法，允许他们对作品背景有大胆的猜测和表演。任何一项艺术学习都应该是充满激情的，都要经历意志的磨炼。

对学生来说，曾经美术欣赏课似乎是老师自言自语的一节课，所以学生在课堂上很少有发言的欲望，课堂很枯燥；学生也往往因为美术知识的匮乏而很少发言，没有参与的欲望。既然我们在做“人人课堂”，不妨试一试，转变教学模式和教学方法，信任我们的学生，把课堂交给他们，由他们分组来上不同风格的欣赏课，在课堂中进行实打实的交流和思想的碰撞，无所谓对错，教师只做观众和引导者。若学生认为“错”了，就“将错就错”，开个辩论会，由学生们来解决，这样他们就会在辩论的过程中去查找大量的资料，进行各种探究和反思。事实证明，这样上课的效果很好。

对于“人人课堂”，以笔者的理解是：“人人课堂”就是要人人参与——学生人人参与，教师参与人人之中，达到人人能动、人人会动。艺术难能可贵的品质在于不受制于任何固有的规则。因此，美术课堂应该是开放的、动态的。上好美术课就要找出美术众多亲民的知识，要在符合学生认知的情况下，多给学生操作的时间，要在实践中让学生感受到学科的乐趣，给学生“出错”的机会，接受学生出错的结果，引导学生感受美术学习中“错误”的奇特性和挑战性，人人参与也就实现了。

教师不要怕学生出错，错误是一种机遇，是宝贵的教学资源，更是一种挑战。学生出错了，教师就“将错就错”。

Part 03

教学案例选粹

“创生性”在“人人课堂”中的尝试与运用
——《藏羚羊跪拜》课例分析

马耀贤

一、背景说明

我担任六年级两个班的语文教学，发现在刚开学阶段，有一部分学生有较强的表现欲，但由于知识积累还不够扎实，分析问题往往浮于表面；还有一小部分学生上课时往往不善言辞，没有发挥上课的主动性。于是我开始尝试着运用“人人课堂”的理念，以教学内容的“创生性”为原则，辅导学生上网查阅资料，让学生事先对教材进行钻研、探究，变单一的学生学习为师生共同学习、变学生上课被动地听课为主动地参与讨论，进而提高课堂教学的效能。通过一个半学期的实践，学生经常能上传给我他们精心设计的阶段测试卷或是文言文复习课件，也能时常和我交流新课如何导入，以及对写作背景、写作意图的共同探究等。于是班级中开动脑筋的学生多了，被动应付的少了；积极表现的多了，敷衍了事的少了，学生对语言文字的理解和运用表达能力也明显提高了。

下面，我就《藏羚羊跪拜》一文的教学实践，谈谈“创生性”在“人人课堂”教学中的尝试与运用。

二、过程描述

1. 导入课文

上课伊始，我先展示了一组藏羚羊的图片，其实，这些图是课前有同学推荐给我的。通过图片的展示，一群群机灵聪明、驰骋如飞的藏羚羊，把同学的思维带入了中国辽阔的西部大地——可可西里的美丽画卷中去了。

2. 研读课文

于是我趁此机会板书了我的课题，并进一步补充叙述了我国藏羚羊的生活场景，告诉我的学生们藏羚羊生活于青藏高原88万平方千米的广袤地域上，一个令人类望而生畏的“生命禁区”内。藏羚羊不仅体形优美、性格刚强、动作敏捷，而且耐高寒、抗缺氧。常出没于人迹罕至的地方，极难接近。藏羚羊擅长奔跑，最高时速可达80千米。说完这番话，我还插播了一段关于藏羚羊的音乐片，让同学们身临其境，此刻同学们流露出的是对可可西里美丽的雪域高原无比向往的情感。

接着我请同学上台展示一些关于藏羚羊的资料，资料是学生课前和我共同学习后自己寻找并制作的多媒体小课件。其中的一位制作者来到讲台前，神情坦然，我想这作品是他一同参与的，所以他是带着成就感上台展示自己的成果的。他很自然地切入自己的话题，介绍说：“同学们，老师们，大家下午好，今天我为大家展示的是课前我和老师共同探讨后收集的关于藏羚羊的资料，希望大家看了后能对藏羚羊有更多的了解。”随后他用PPT向大家展示“创生性”作品一，欣赏了一幅幅精彩画面后，同学们纷纷响起掌声，很是羡慕这位能登台展示自己风采的同学。而这位同学则带着成功的喜悦回到了自己的座位上，脸上流露的是无限的喜悦和满足感。

然后我再请学生回到我们的课本，播放课文的录音和画面，要求在听的过程中思考这则故事叙述了怎样一件事，以及圈画出文中最能感动他们的语句。当同学们听完全文录音，一同学举手认为课文内容讲的是一个老猎人无视藏羚羊的跪拜，猎杀了一只怀孕的藏羚羊，在真相面前，老猎人埋掉了自己的杈子枪，其他学生也持肯定的态度，这一回答暂时告一段落。

接下去是以“最感动我的……”为话题，进行感人语句的探讨，我的学生们进入了兴奋的状态。同学们用肯定的口气回答说：“藏羚羊悲壮的求生——跪拜时的描写最动人。”于是我追问道：“有哪些描写呢？”另一学生立刻大声朗读起来：“眼神是乞求的、冲着老猎人前行两步、两条前腿扑通一声跪了下来，与此同时，只见两行长泪就从它眼里流了出来……”听到这里，我趁热打铁，觉得可以适当地引出一下作者的写作意图，于是我提问：“为什么要这样细致地描写藏羚羊的动作呢?”学生的回答自然是赞颂伟大的母爱。我很欣喜地发现我的学生已经进入了我所期望的教学情境中去了，并没有因为课堂的形式多样而使上课没了主题，一味地搞起了“联欢”。下面我希望要达到的境界是要同学们自由想象来加深对文本的主旨认识。于是就文中藏羚羊面对老猎人的猎枪并没有逃跑，而选择了跪拜，让学生发挥他们的想象。提问：“如果这时藏羚羊会说话，它会说什么?”同学们各抒己见，有的说是藏羚羊要让老猎人放下屠刀，它会报答他的；有的说是藏羚羊要老猎人等它生完宝宝再杀也不迟……与此同时，同学们的回答都是心存善良的。然后我又针对故事的结局：尽管老猎人还是杀了藏羚羊，但是他得知了藏羚羊跪拜的原因是为了肚中的小藏羚羊时，他从此放下了手中的杈子枪。就此情节，我试图让学生挖掘人性的美，来更好地进行“两纲”教育，我追问：“你认为猎人是怎样一个人？请同学们在文中找出依据。”学生自然在文中找到的答案是：杀生和慈善并存。

对于语文的文句探讨自然也逃离不了字词的理解，于是我又让学生探讨描写老猎人的优美语句。同学们纷纷表示对此人物的描写最绘声绘色的当然是心理和动作上的描写，如老猎人的动作描写有：心头一软，扣扳机的手不由得松了一下……他双眼一闭，扳机在手指下一动……他久久难以入眠，双手一直在颤抖着……他的手仍在颤抖……他挖坑、掩埋等细微的动作描写。

接着我又布置了对文章结尾的想象：“这个老猎人在藏北草原上消失，没人知道他的下落，请同学想象一下他到哪里去了?”同学们又各抒己见，有的说他到城里打工去了，有的说他参加了保护野生动物的行列等善意的想象，把人性美的光辉尽量释放到最灿烂的地步。说到这儿，我就藏羚羊和老猎人的行为做了小结，告诉同学们：“母爱可以净化人的心灵，母爱可以唤醒沉睡的人性，母爱是圣洁而伟大的，而老猎人的情怀更是杀生与慈善共存的。”此刻转身板书：母爱——圣洁而伟大，老猎人——杀生与慈善共存。

3. 主题探究

为了探究母爱的伟大，加强对母爱故事的收集，课前我也布置了学生对此类素材的收集，于是此刻我又邀请了三位同学上台展示他们的作品。他们齐声说："同学们，老师们，大家下午好，母爱是神圣的，不管是人类还是动物，都存在着伟大的母爱，今天由我们为大家展示所收集的关于母爱的一系列动人的故事，希望大家看了后更要懂得'报得三春晖'的道理哟！"于是合作展示了PPT"创生性"作品二，此时同学们看得无不伸长了脖子，为之惊叹！于是我重新告诫在座的每一位学生："天下所有慈母的跪拜，包括动物在内，都是神圣的。"

接着我又提问："虽然老猎人放下了屠刀，但是否所有的人都珍爱生命了？"一学生持否定态度，他回答说："老猎人是走了，可是可可西里的悲剧仍在上演，像文中讲到的'就是在今天，可可西里的枪声仍然带着罪恶的余音低回在自然保护区巡视卫士们难以到达的角落'，藏羚羊被残酷地杀戮，尸骨遍野，惨不忍睹。"既然悲剧仍在上演，我再请一位同学上台展示他为同学准备的课件，希望同学能引以为戒。于是此同学上台后这样引入了自己的话题："同学们，老师们，大家下午好！动物是人类的朋友，可是有些无知的人却泯灭了人性，无情地伤害甚至是灭绝了诸多可爱的生灵。"他用PPT展示了"创生性"作品三。在该同学的精彩讲解后，我向全班发出了号召："希望我们要珍爱生命，任何一个物种都是地球的财富，更是我们人类的伙伴，希望当我们的后人需要了解这些物种时，不会只剩下皮毛、标本和照片！"

4. 拓展文本

课文分析接近尾声，我要求学生："请你展开合理想象，为故事续编一个结尾，交代老猎人的去向。"一学生回答："老猎人因杀了藏羚羊母子而良心受到谴责，自杀了。"另一学生回答："老猎人隐姓埋名为他亲手杀死的藏羚羊和它没有出世的孩子守墓。"我肯定他们："你们的想象力真丰富。"又一学生回答："老师，我觉得他们的想法比较消极。我认为老猎人不仅自责、忏悔，更应积极行动，成为自然保护区的卫士，与枪杀、乱逮野生动物的不法分子作斗争。”

接着我摇身一变，成了《西藏日报》的记者，问学生：“我这里有两个问题，我想采访你们可以吗？A. 假如你是那只母藏羚羊，在告别世界的这一瞬，你最想对人类说的是什么？B. 假如你是一个猎人，你见证了这整个悲壮的事件，回家后你最想对亲人说的是什么？可以任选一题来回答。”

有学生选择 A 回答：“藏羚羊也有母爱，如同天下所有慈母的爱，都是神圣的，你们为何如此残忍？”另一学生：“如果我是母羚羊，我想说：人类啊，我们与你们共同生存于一个地球上，你们没有权力剥夺我们的生命，不应该破坏生态平衡。”一学生：“人类，如果你们失去了亲人会难过吗？我们和你们一样会流泪，会痛苦呀！”

有学生选择 B 回答：“母藏羚羊为了保护未出世的孩子，居然在老猎人面前流泪下跪，深深地震撼了我，我决定以后不再杀生了！我以后要成为保护藏羚羊的卫士，保护与我们共同生存于一个地球上的生命。”

由此看来，所有的生命，都是值得我们敬畏的，敬畏生命，就应当更加关注生命的起点，在生命开始时就必须得到人们的敬重。此时此刻，我觉得我对同学们不仅上好了一堂语文课，更进行了一次很美好的生命教育。

5. 教师小结

下课铃声响起，我引用了曹植的话：“本是同根生，相煎何太急”，进一步告诉我的学生：“动物是人类的朋友，请尊重我们身边的每一个生命，它们和我们共享着这个美好的世界，善待自然，就是善待我们自己。生命如此美丽，请珍爱大家身边的一切！”同学们纷纷点头表示赞同，于是我的心从文中藏羚羊的悲剧中得到了一丝安慰。

三、总结反思

王荣生教授在其专著《语文科课程论基础》中指出：“教学内容是在教学的过程中创造的。”这意味着教师可以在不脱离文本的前提下进行拓展，创生出适当的教学内容，以此提高学生对语言文字的理解和运用表达能力。

课堂开放了、创生了，就会出现“无序”的状态，这是课堂教学的难点，更应该是“人人课堂”教学的亮点。在“人人课堂”的理念环境下，“创生性”是以学生主动学习、主动构建、主动吸纳的课堂，只有创新了，学生的心灵才能畅通，思维才会活跃，才能闪现创造性思维的火花。在本课的教学实践中，我边学习边实践，得出以下思考。

1. 创设情境，创生教学内容

语文教学中的创生性教学内容，应该是指向引导学生理解的，更应该是为了学生学习表达的，也就是说，它更应该是创设表达情境、提供表达内容的。教师课前要对学生们设计的导入加以品析并挑选应用。课前已下发了来自新教材的这一文本，为了调动学生参与教案设计的兴趣，我先让学生纷纷开动脑筋为老师提供一个别出心裁的导入，于是学生们主动出招，我选择了其中的一个作为新课切入点。创设了一个让学生坐火车游览可可西里的画面情境，以此丰富学生的体验。

原先学生们对藏羚羊的认识是很肤浅的，甚至是从未听说过，但通过课前的共同查询，学生们自然对藏羚羊就有了较为深入的了解，也更知晓了藏羚羊的现状。由于那些偷猎者对野生动物的胡乱猎捕，藏羚羊正遭受着无情的杀戮，从而激起了学生们拯救藏羚羊的欲望，更引发了学生对生命的珍视。这一参与点把教师独自学习的形式转换成“创生性”的形式，对传统教学模式进行了突破。在共同学习过程中，教师和学生互动起来，给学生自由言论的空间，让他们亲历知识、自主、合作、大胆探究，使他们对文本有更透彻的了解。

2. 互换角色，创生教学内容

文本是教学的凭借。语文教科书中的一篇篇课文，本身就是一个敞开的文本，我们可以突破时间和空间的限制，打破年龄和阶层的束缚，不但与作者进行精神上的交流，还可以与文中的人物进行对话，由此创生教学内容，在情感蕴涵的基础上提高表达能力。

要善于激发学生的智慧，让其主动参与到对课文主题的探究、拓展和交流中。文本中老猎人因忏悔而放下了屠刀，但可可西里的悲剧仍在继续上演，为了在分析中渗透生命教育，我和学生共同收集了好多已灭绝的动物，从中唤醒人们的良知，告诫在座的每一位同学和老师，善待自然，就是善待我们自己。在这一新型的教育模式下，绝大部分学生都积极地参与到课堂学习中来，去讨论处理，把握主题，领悟深意，从而激发学生学习的主动性、能动性和创造性。这也正是我们“人人课堂”的目标所在。

3. 想象补白，创生教学内容

利用文本的留白部分，创生教学内容，往往会取得令人意想不到的效果。我们可以引导学生根据表面的文字读出文字背后的东西，通过创生教学内容，促进学生的理解表达。

在《藏羚羊跪拜》这篇课文的结尾处，有这样一句话：“从此，这个老猎人在藏北草原上消失。没人知道他的下落。”这也可以理解为文章的一处留白，我就抓住结尾循着文路展开合理想象，引导推想。我要求学生展开合理想象，为故事续编一个结尾，交代老猎人的去向，引导续写，使课堂余音不绝、耐人寻味。

4. 重组教材，创生教学内容

语文教学内容“从教的方面讲，主要指为了达到教学目标而在教学实践上呈现的种种材料，它既包括教学中对现有教材的沿用，也包括教师对教材内容的‘重构’——处理、加工、改变乃至增删、更换”（王荣生）。对于课文的教学来说，课文内容只有经过教师合理的教学化处理之后，才是合适的教学内容，而重组教材也是教师处理教材的形式之一。在教师处理教材的时候，往往会创生出新的教学内容，教师可以借此进行语言表达训练。

在《藏羚羊跪拜》的教学过程中，我对教材进行了处理，打乱了作者的行文顺序，如第三自然段，它在课堂教学中出现的先后顺序不再依从作者的行文需要，而依从于我的教学需要，按照教学的规律进行了“重组”，这一顺序的安排，其实不单单是我教学的需要，也隐含了一条情感的线索，跟随作者的感受，也融入学生情感发展的需要。

实践证明，这些创生性内容的教学，不但使学生进一步理解了课文内容，而且促进了课文语言的迁移与运用，其目标直接指向学生语言表达能力的提高，可谓一箭双雕。

教学需要预设，但预设不是教学的全部，“人人课堂”教学的生命力与真正价值在于预设下的创生教学。预设是创生的基点，创生是预设的机变，预设与创生和谐统一于课堂中，才会把课上得充实、灵动、精彩。

巧设问题链，创建主动高效的阅读教学

——以《孔乙己》教学为例

钱志民

就当前而言，语文教学最常见的弊端无疑就是“满堂问”了。一堂阅读课，教师林林总总的提问可以多达数十个甚至上百个，课堂上看似热热闹闹，其实是学生被教师的提问牵着走，无法潜心会文，深入思考，更无从发现问题，主动探究；另一方面，教师散点式的提问尽管面面俱到，但文本内容被严重肢解，只见树木不见森林，文本阅读丧失了整体性，阅读效果低下也就难以避免了。

如何让阅读教学体现简约高效的特点？如何有效激发学生主动学习的兴趣和热情？有道是，问得好才能教得好。破解语文阅读教学低效的关键在于提升问题设计的质量，摒弃“满堂问”，巧设“问题链”。所谓“问题链”是指教师为了实现教学目标，根据学生已有的知识和经验，将教学内容转化为层次分明、相对独立又互为关联的具有系统性的一串“问题链条”。“问题链”与散点式提问的“零敲碎打”不同，它们共同组合成一条方向明确的教学路径，犹如人体的经络，气血贯通，滋养全身，从而达到整体理解的效果。设置问题链旨在发挥教师教学的主导作用，引导学生与文本展开有效对话；同时，高质量的问题链可以激发学生的求知欲望，促进学生主动学习和探究，形成良好的课堂生态——“人人参与、人人合作、人人发展”。下面以笔者《孔乙己》的教学为例，简要谈谈设置问题链，促进学生主动高效学习，构建“人人课堂”良好课堂生态的实践过程。

沪教版教材将《孔乙己》的教学安排在九年级第一学期“走近鲁迅”单元。小说通过对孔乙己悲惨一生的描写，反映了封建文化和封建教育对读书人的毒害，揭露了封建社会的腐朽和病态，表达了鲁迅“哀其不幸，怒其不争”的思想感情。经典作品思想艺术的丰赡以及作品反映的社会现实与当今学生现实生活之间的距离，是这篇课文教学的重点和难点。不要说自己面对的是一所普通学校的极其普通的学生，就是生源优质的重点学校学生，要学好这篇课文也不是一件轻松简单的事。你当然可以加长课时四节课五节课地去讲去教，但如果学生的主动性、积极性不能被调动起来的话，真正的有效学习还是不会发生。基于此，我定下了这样的教学构想：将该册教材最后一个单元“明清小说”中的《范进中举》提上来学习，由于这篇课文对封建科举制度毒害知识分子以及封建社会庸俗腐朽的炎凉世态的揭露更为直接，讽刺更为辛辣和显豁，因此很好地储备了学生学习《孔乙己》所需要的前知识和前概念。在此基础上，我把教学重点聚焦于把握孔乙己的人物形象、理解文章深刻的思想内容上，并据此设计问题链，以生生互动、师生互动的教学方式推动本课的教学。

1. 从外表和言行举止看，孔乙己认为自己是一个什么身份的人？

2. 在别人眼里，孔乙己是一个怎样的人？他们是怎么对待他的？

3. 从小说的艺术表现手法看，鲁迅先生心目中的孔乙己是一个怎样的人？

这三个问题显示了问题链所具有的特征：第一，此三问涵盖了小说三个要素——人物形象、故事情节、典型环境，构成了小说阅读理解的完整系统，且均以孔乙己形象作为串联的“链条”；第二，这三个问题是由内容到形式，在文本中“走来回”，是逐层深入、逐级提高的；第三，这也是阅读教学问题链最鲜明的标志：这三个问题具有提纲挈领的张力，每一个问题都触及文本内容的方方面面，所谓“一纲举而百目张”，能以少总多而获得对文本的整体理解。对于这一本质特点，现在就展开作一些分析说明。

第一问：“从外表和言行举止看，孔乙己认为自己是一个什么身份的人？”

这一问直接从小说的人物形象切入，引导学生在阅读和探讨中关注孔乙己自身的言行逻辑，走进他的内心世界：孔乙己自认为是“读书人”，是“君子”，因此，那件标志读书人身份的长衫尽管“又脏又破，似乎十多年没有补，也没有洗”，但却一直不肯脱下；付酒钱的时候以“排出九文大钱”来显现他的气派，说起话来“总是满口之乎者也”来卖弄他的学问；尽管“终于没有进学”，但也不屑“营生”，还沾染了“好喝懒做”的坏脾气，以至于“弄到将要讨饭了”，不得已，便“偶然做些偷窃的事”，但自己却编出读书人“窃书不能算偷”的可笑理由；作为“君子”，孔乙己从不亏欠酒店的账，关心小伙计，热情地教其识字，还分给小孩子茴香豆吃等。可见，这一问将贯穿在文本叙述中的，有关孔乙己自命清高、穷酸迂腐、鄙视体力劳动却又心地善良、诚实守信的种种刻画提挈了起来，因而，一个深受封建文化封建教育毒害的旧知识分子形象在学生的心目中清晰了起来。

第二问：“在别人眼里，孔乙己是一个怎样的人？他们是怎么对待他的？”

这一问仍然关联着人物形象，不过视角已经转向了小说设置的社会环境。沿着这一问的路径，学生可以真切地感受到孔乙己处处受到嘲笑声的包围：身上有伤要被嘲笑，中不了秀才也要被嘲笑，甚至被打折了双腿还要被嘲笑；因此，学生得以清晰地梳理出“笑声”这一情节线索，深切地认识到孔乙己生活在一个敌对的异己环境中，不仅统治阶级弱肉强食、欺压百姓，即使是同属被压迫阶级的不同成员之间，也是那么寡情和麻木不仁，因而，孔乙己悲惨境遇的社会意义就凸显了出来。在探讨周围人如何对待孔乙己这一问题时，可以带出对“丁举人”和酒店掌柜这两个人物的品评，尤其是掌柜“孔乙己还欠十九个钱呢”重复出现四次，更是彰显出小说力透纸背的批判意义。很显然，这第二问是建立在第一问的基础上对文本主旨的深入研究。

第三问：“从小说的艺术表现手法看，鲁迅先生心目中的孔乙己是一个怎样的人？”

此问继续着孔乙己人物形象的话题，但已经从内容切换到小说的艺术形式上了。学生在第三问的引领下，再一次关注小说对孔乙己的描写，特别是教师引导学生朗读孔乙己被打折了双腿后来到酒店的文字，让学生透过文本入木三分的细致刻画，深切感受到：在孔乙己潦倒又自傲、善良又无能、可笑又可气、可怜又可悲的形象描绘后面，涌动着鲁迅先生“怒其不争，哀其不幸”的炽热感情。尽管小说以一个不谙世事的酒店小伙计的口吻来讲述孔乙己凄惨遭遇的故事，看似平淡轻松、不动声色，但其实蕴藏着深沉的批判力量。因而，通过第三问引领学生关注小说的艺术表现手法，就能够使学生真切地体会到鲁迅先生对封建社会黑暗腐朽的深刻揭露和对底层民众的悲悯情怀。

综上所述，仅仅三个提问组成的问题链，就涵盖了对经典短篇小说《孔乙己》思想内容和艺术手法的探寻，可谓“主线分明，细节饱满”。这就是巧设问题链的魅力所在，它让师生从烦琐的浅问、碎问和“满堂问”中解放出来，大大拓展了学生自主、合作和探究学习的时间和空间，学生的主体性和教师的主导性得以相辅相成、相得益彰，因而，语文阅读课堂的主动高效也就不再遥不可及。

从《孔乙己》教学的整个备课和教学过程的反思来看，问题链设计要臻于“巧设”的境界并非易事。第一，它需要教师不断加深文本解读功底，把握经典作品的神髓；尤为重要的是，精准把脉学生的现有能力，精选教学提问，以简驭繁，方能在经典作品的莽莽丛林中引领学生走上一条难易适切的最佳路径。第二，它又需要教师精心预设“追问”，敏锐应对课堂生成，以使不同层面的学生都能参与其中，都能获得同伴和教师的支持而得到发展，使课堂不仅仅成为优秀学生表演的舞台。第三，它还需要教师具有出色的课堂教学组织能力，对生生互动、师生互动的学习活动进行监控调节，牢牢把握课堂探究的目标和方向，熟练运用启发、引导、激励、评价等教学策略，促进主动学习，形成强大的学习共同体，让每一位学生都能从中获益。

当然，问题链的“巧设”是一个相对概念，“巧设”无止境；教师必须在今天的“巧设”之后深入反思，不断超越。从这个意义上说，“巧设问题链，创建主动高效的阅读教学”是一个美好的愿景，每一位语文教师都只是行进在路上。

“人人课堂”理念下的“评价维度”

——《比的基本性质》的案例分析

王雅琴

一、案例背景

学校近几年不断尝试进行课堂教学改进的实践研究，从“课堂导学”到“智慧教学”再到后“茶馆式”教学，几年的“东施效颦”对教师教学理念的更新、课堂行为的改进以及教学质量的提升还是起到一定作用的，但由于照搬照用总感觉学到了形似而没学到神似，原因在于不一样的学校、不一样的学生需要不一样的教学形式，每一种外来的教学模式都需要一个本土化的过程，有鉴于此，学校提出构建具有航华二中特色的“人人课堂”，形成适合我们自己学校、自己老师、自己学生的高效的课堂生态。

“人人课堂”模式下，怎样的课堂才是高效的课堂呢？“人人课堂”理念提出五个“评价维度”，即教材处理、组织教学、学习状态、学习行为、学习结果。

《比的基本性质》一课是六年级数学第一学期的内容，也是我最近刚完成教学的一节课，上完课我很有成就感，学生也很有成就感。我节选其中的一个环节和大家共勉。

二、案例事实

试一试：看书第 79 页例题 1 后化简下列各比。

（1）26∶143

=（26 ÷ ____）∶（143 ÷ ____）（问：你除以的这个数与 26、143 之间有什么关系？）

= ________（问：是比吗？前项、后项是整数且互素吗？）

（2）0.375∶1.25

=（0.375 × ____）∶（1.25 × ____）（问：你是怎么判断要乘以这个数的？）

= ________ ∶ ________（问：这个比的前项和后项都是什么数？）

= ________（请完成化简比）

（3）$1.5:\frac{3}{7}$

= ________ ∶ ________（问：这个比的前项和后项都是什么数？）

=（____ × ____）∶（____ × ____）（问：你是怎么判断要乘以这个数的？）

= ________（请完成化简比）

（4）0.3 小时∶1 小时 10 分钟

= ________ ∶ ________（问：单位一致吗？选择其他单位可以吗？哪种简便？）

= ________（请完成化简比）

追问 1：请你简单概括化简各种不同类型比的基本方法。

1. 整数比：
2. 小数比：
3. 分数比：
4. 同类量比：

追问 2：以上四题化简比，你还有什么其他方法吗？

如果有，请你写在相应题号的空白处。

三、案例分析

1. 教材处理

《比的基本性质》一课所属六年级数学第一学期的第三章第二节内容，书本上本节教学目标是理解比的基本性质，并能利用这个性质把一个比化成最简整数比；理解连比的概念，并会应用连比的性质。

经过两个多月的接触，我知道我的学生的实际数学学力，如果按照书本把这节内容在一堂课内完成，那么必然是一节“填鸭式”的课。为了避免“教师课后补得很辛苦，学生课后被补得很辛苦”的恶性循环，我选择了把这节内容按照教学目标拆分成两节课。教师的教学内容设计不能一味追求教学进度，在“人人课堂”理念下，我们要培养具有“包容自信，乐观向上”品质的航二学子，所以我们老师的教学内容也要包容学生的现有学习能力，能让学生在学习中找到自信，享受学习的快乐，有追求新知的渴望。

我不仅在课时上做了处理，还在例题的选择上做了处理，书本上的内容是整数、小数、分数、同类量，而我对第3个例题做了调整，书上是$1\frac{1}{5}:\frac{3}{5}$。一方面是同分母与异分母的差异，我认为如果用异分母做例题更有利于学生理解在化简比的过程中前项与后项同乘以最简公分母；另一方面是纯分数与小数分数混合的差异，可以帮助学生复习并选择恰当的方法。这些差异都是学生在后续学习、练习中会遇到的，我预设到了学生可能会在这个环节有理解上、方法选择上的困难，所以进行了微调。

2. 组织教学

（1）先学后教：“人人课堂”是根据我校学生实际学力，遵循“先学后教，以学定教”等教学理念而构建的。“导学单”是学生在先学模式下最常见的一种先学载体，它是教师根据学生的学习能力和教学内容的重难点等特点而为学生设计的书面先学任务，它还可以控制学生的学习深度，同时也为教师检查学生先学的情况提供了科学的反馈。

这节课在引入部分，学生已经通过类比法探究并知道“比的基本性质”，知道“最简整数比”的概念，所以例题部分组织学生先学。如果在学生看书后直接让学生完整解题，显然不符合我们学生的认知水平，也不符合数学建构思想，所以在导学单上设计了“填空”和“问题”环节。“填空”的设计是为了规范解题格式，为学生搭建“脚手架”。“问题”的设计是为了使学生理解每一个步骤的理由，更好地掌握化简比的方法。

“创新”固然是知识经济时代的主题，但是鉴于我校学生的实际数学学力，适当地添加一些“填空”和“问题”环节，辅助“过程和方法”目标的落实，尤其是程序性的知识落实，不妨是一种有效的学习方法，至少可以让我们的学生从“无路可走”变为“有路可循”，帮助我们的每位学生在课堂上“动起来”。

（2）合作学习：合作学习是指老师和学生为了完成共同的任务，有明确责任分工的互助性学习。“人人课堂”从关注人的发展出发，追求“平等、尊重、活力、创造”的课堂价值，强调以生为本，师生、生生高效合作，学生主动学习，强调课堂能够“人人参与、人人合作、人人发展”，唤醒和发现学生的认知，关注并促进每一个学生的成长。

这节课我也组织了学生合作学习，但是脱离了独立学习的合作学习是低效的，所以我是通过4道例题和相应问题先组织学生独立学习，之后再组织学生合作学习的。这里组织合作学习的另一个体现是在追问部分，即为了准确概括化简各种不同类型比的基本方法，暴露学生的相异构想。

没有“和自己对话”的“和同伴对话”是一种徒劳，只有经历了“和自己对话”之后才有“和同伴对话”所需的谈资，“和同伴对话”反过来强化“和自己对话”，人人努力，共同进步。

3. 学习状态

“人人课堂”理念下的学习状态，个人理解是指使学习得以进行，并一直伴随学习过程的综合身心状态，主要由心境、动机、注意力三方面的因素构成。

（1）心境为学习活动的展开提供基础身心状态。心境是一种带有渲染性的情绪状态，往往在一段时间内影响人的言行。

（2）动机是使学习活动导向特定的目标，满足相应的需要。动机是激励和维持人的行动，并使行动导向某一目标，以满足个体需要的特殊心理状态和意愿。

（3）注意力是使学习活动指向特定的对象。一个专注的人，往往能够把自己的时间、精力和智慧凝聚到所要做的事情上，从而最大限度地发挥主动性和创造性，努力实现自己的目标。

六年级学生进入中学两个多月，已经初步适应初中数学课堂。这节课的例题环节需要学生看书、类比、模仿、思考、解决问题，看似顾虑重重，但是老师根据学生的实际学力减缓了学习坡度，学生的学习目标非常明确，学生都愿意而且能够专注地独立“上手”，同时通过增加“追问”环节为不同的学生提供不同高度的思维平台，使每位学生能在自己解决问题的过程中体验成功的喜悦。这就充分体现了学生在本环节的学习中拥有宁静、沉静的心境，对自己学习内容有着强烈的热情与渴望，通过对学习的专注度、持久度的关注发掘出潜存于自身的巨大能量。这样的课堂具有人文关怀，是一种目中有人的课堂，是一种充满人性尊重和人文关怀的课堂，是“人人课堂”。

4. 学习行为

课堂学习行为是指学生在课堂学习过程中表现出来的可观察和可测量到的外显的学习反应或行为。“人人课堂”理念提出课堂学习行为是自主的、合作的，所以例题环节设计既有自主学习、自主探究，又有合作探究、交流互动。

我要讲的是老师要关注到学生学习行为中的创生性。当学生独立学习时我关注到了A同学对例题（3）的另解：$1.5:\frac{3}{7}=\frac{3}{2}:\frac{3}{7}=7:2$，我起初以为他偷懒而直接写出答案，但不符合他平时一贯的学习行为，所以当他和同学交流互动时，我特意去聆听，令我非常惊喜，并请他进行大组交流。

A同学给出了三个理由：①观察书上的例题$1\frac{1}{5}:\frac{3}{5}=\frac{6}{5}:\frac{3}{5}=6:3=2:1$，

得知同分母分数的比可以先化简到它们的分子之比；②观察导学单上例题 $1.5:\frac{3}{7}=\frac{3}{2}:\frac{3}{7}=\left(\frac{3}{2}\times14\right):\left(\frac{3}{7}\times14\right)=21:6=(21\div3):(6\div3)=7:2$，可以简化计算过程 $1.5:\frac{3}{7}=\frac{3}{2}:\frac{3}{7}=\left(\frac{3}{2}\times\frac{14}{3}\right):\left(\frac{3}{7}\times\frac{14}{3}\right)=7:2$，得知同分子分数的比可以先化简到它们的分母调换前后项位置之比；③我和我们小组用其他数验证过我的结论。

A 同学的回答堪称完美!

如果我误判了 A 同学的学习行为，那么我必然会错过 A 同学的独特智慧光芒，课堂必然会错失创生性资源，A 同学必然会错失被肯定与赞誉的机会。

学生的学习行为需要教师去组织、去激发，同时教师也要用智慧的双眼去捕捉学生学习行为中的闪光点，使之成为课堂宝贵的创生性资源，激励学生的学习行为更主动、更积极、更有智慧。

5. 学习结果

从学习结果来说，美国教育心理学家加涅将其分为言语信息、智慧技能、认知策略、态度、动作技能五类。我简单视之为显性结果和隐性结果。

学生通过自主探究、合作学习之后，数学思想明确了没有？数学方法掌握了没有？最直接的措施就是当堂反馈。

练习：化简下列各比。

（1）$\frac{56}{210}$ （2）$2.75:1.125$ （3）$\frac{5}{11}:0.8$ （4）1500 毫升 $:2\frac{1}{5}$ 升

当堂反馈的结果是可见可测的，如加涅所提的“智慧技能、认知策略、动作技能”，所以我视之为显性结果，根据这个结果易评价学生的当堂知识学习效果，并开展或调整后续的教学。

学生在自主探究、合作学习的过程中，数学的学习能力得到了培养：比如通过看书阅读，学生学习对数学文本的解读；比如独立完成问题，学生体验数学新知在形成过程中与旧知的链接；比如用不同方法解题，学生感悟数学思想引导下不同的解题策略；等等。这些数学学习技能的习得不是立竿见影的，也不是显性可测的。学生在合作学习的过程中，与同伴的交往能力，如加涅所提的“言语、态度”，这些学习结果也是隐性存在的，但是更具有长远的教育意义。

四、案例思考

教学过程呈现两条线，一条是展现知识发生与发展的过程，这是一条明线；另外，伴随这条明线同步运行的是促进学生发展的暗线。“人人课堂”提出五个“评价维度”，使明线为暗线服务，暗线反作用于明线的推进，使课堂教学发生质的变化，落实“人人课堂”的理念——培养“可持续性发展”的学生。

初中数学逻辑性、系统性渐强，只有学生积极参与的数学学习，才能系统地掌握知识与技能，形成较好的数学认知结构，为可持续性学习提供必要的认知基础。“人人课堂”的聚焦点是“人人参与、人人合作、人人发展”，“人人课堂”的着力点是“人人参与”。我这节课之所以师生都有成就感，就在于教师不仅关注学生的参与度，还对提升学生的参与度有具体措施，学生也确确实实是每个评价维度中的主体。

所以在之后的数学教学中，我将继续以“人人参与”这条明线为抓手，五个“评价维度”为策略，使学生在数学发展这条道路上走得更远！

同伴互助，共同提高

——《等腰三角形的判定》教学案例

吴亚敏

自学校提出“人人课堂”的概念以来，我们老师通过实践与思考对“人人课堂”不断地进行着补充和完善，使“人人课堂”的内涵不断丰富，有可操作性。

一、研究理论：“人人课堂”主要课堂特征

（1）人人参与：①全程参与，学生自始自终都参与教学过程；②每个学生都参与；③学生全身心地参与，不仅是认知上参与，还有情感参与、心理参与、身体参与；④不仅参与学而且参与教，整个教学是互动的，学生发表自己的见解，谈自己的看法，这对老师也是一种启发。

（2）人人合作：课堂中我们应强调互动、合作和交流。合作过程应包括：①倾听，它是合作学习的前提；②发表，在认真倾听的前提下要有自己的想法，要敢于将自己的想法说出来；③互助，生生间、师生间应互相欣赏、互相帮助，师帮生，生帮生，组帮组，这才是合作。

（3）人人发展：这是学生学习状态的集中体现。学生在课堂中的学习是否有实实在在的收获和提升，不仅认知的、思维的，而且情感的、品德的以及个性的、生命的都应有所进步、有所生长、有所提升。

二、研究过程："人人课堂"之同伴互助，共同提高

《等腰三角形的判定》从教材上来说是人教版数学八年级上册第十二章第三节第二课时的内容，是学生在已有的全等的证明、命题、轴对称以及等腰三角形的性质基础上的进一步探究，等腰三角形的判定揭示了同一个三角形的边、角关系，与等腰三角形的性质定理互为逆定理，它为我们提供了证明两条线段相等的新方法，为以后的学习提供了新的证明和计算依据，是解题论证的必备知识，因此，本节内容至关重要。

（一）《等腰三角形的判定》从学情分析

第一，学生在学习了全等的证明、轴对称及等腰三角形的性质的基础上，对等腰三角形已有了一定的了解和认识，会利用全等来证明边、角相等，为验证判定定理奠定了基础。初二学生观察、操作、猜想能力较强，但推理、归纳、运用数学的意识和思想比较薄弱，思维的广阔性、敏捷性、严密性、灵活性比较缺乏，自主探究和合作学习能力也需要在课堂教学中进一步地加强和引导。

第二，由于我校是一所普通的公办中学，班级的两极分化相当严峻，再加上家庭教育的缺失，导致在课堂上优等生吃不饱，后进生吃不了，教学进度与教学难度很难统一进行，课后巩固实施难，因此对于课堂教学改进尤为重要。而同伴互助正好解决了这一难点。

同伴教学是促进学习的一种方式，而且它对双方学生都是有好处的。这里的同伴互助，不仅体现在平时优生对差生的指导，更应关注在整个教与学过程中的生生互动。同伴互助的形式可以是：互看、互帮、相互说、相互考、相互评。

（二）《等腰三角形的判定》课堂呈现

1. 从新课情景导入开始，知识因为与学生的经验世界和现实生活紧密联系而变得鲜活、有亲和力

如图，如何测量 A、B 间的距离？同学们想了很多方法，小明的方法是：

从点 A 出发沿着与直线 AB 成 $60°$ 角的方向到 C，在点 C 处测得 $\angle C=30°$，量出 AC 的长，它就是河的宽度（即 A、B 间的距离）。这个方法对吗？请说明理由。

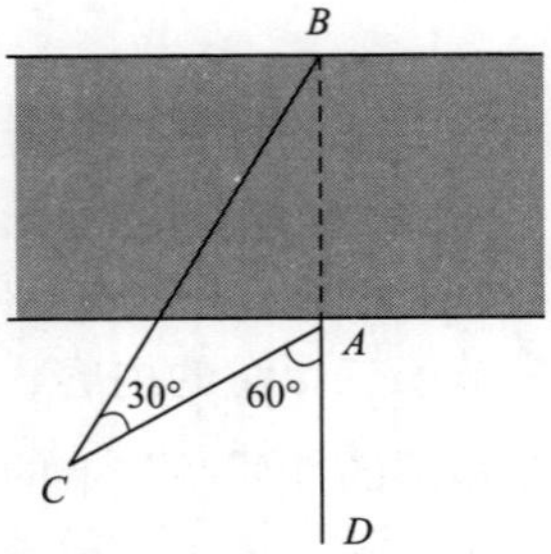

在一般的三角形中，如果有两个角相等，那么它们所对的边是什么关系？

设计意图：由现实中的实际问题入手，设置问题情境，导入本课的主题。为学生提供参与活动的时间和空间，调动学生的主观能动性，使每个学生都能全身心地投入课堂。

2. 实践

（1）画一画：请同学们先画一个锐角，然后分别以一条线段 AB 的两个端点为顶点在 AB 的同侧作两个角，使它们等于已知角，所作的两个角另外一条边相交于点 C。

（2）比一比：请你用刻度尺量出上面图形中 AC、BC 的长度并比较它们的大小。（学生画图、测量）

（3）想一想：你能从上面的结果中发现什么规律？

3. 归纳

如果一个三角形有两个角相等，那么这两个角所对的边也相等。

注：多种叙述方法，使学生更好地掌握等腰三角形的判定定理。

设计意图：培养学生的动手能力，探究归纳得出等腰三角形的判定定理。

4. 验证

思考：如何证明？请根据上述命题画出图形，并写出已知、求证。

已知：如图，在$\triangle ABC$ 中，$\angle B=\angle C$，求证：$AB=AC$。（学生先独立完成，后小组交流不同的证明方法。）

设计意图：探究新知采取提出问题、实践操作、归纳验证这一方式，体现了知识发生、形成和发展的过程，让学生体会到观察、猜想、归纳、验证的思想。

三、研究反思

（一）“人人课堂”基本环节

“人人课堂”是一种以生为本，师生、生生高效合作、学生主动学习的课堂，建设“人人课堂”旨在促使课堂“人人参与、人人合作、人人发展”，唤醒和发现学生的认知，关注和促进每一个学生的成长。

（二）采用“人人课堂”模式的目的

课堂教学中把“人人参与”放在首位，教师引导学生自学和探索，帮助学生在克服困难上下功夫，这种教学要求有效地制约了习惯于“满堂灌”的模式，这对建立“以学生为主体”的素质教育是十分重要的，但也不能忽略发挥老师的主导作用。有些属于教师该讲的内容必须讲清楚、讲准确。当然，老师更应该结合检测中暴露出来的问题，找一些具有针对性的训练题，有重点地对薄弱环节进行强化训练，甚至可以通过同伴互助让学生迅速弥补学习上的缺失和漏洞。

（三）“人人课堂”各步骤的优点

（1）“人人参与”的优点：可以让不同层次的学生都投入到学习中来，使基础弱的学生不游离于课堂之外，让这部分同学有归属感，从而慢慢建立信心。

（2）“同伴互助”的优点：由于班级两极分化严重，课堂上老师兼顾不到所有学生，又希望后进生能掌握基础。这时同伴互助，优等生能通过说题教题，进一步巩固知识，后进生在同伴的帮助下，没有压力地学习，从而掌握基础知识、基本技能，不掉队。

实验心理学家赤瑞特拉做过一个关于知识保持即记忆持久性的实验证实：一般地，学习者能记住所阅读内容的20%；自己听到内容的30%；

如果既看到又听到，则能记住学习内容的50%；如果在交流的过程中学习，学习者既能记住又能理解所学内容的70%。这就是说，如果既能听到又能看到，再通过讨论、交流用自己的语言表达出来，知识的保持将大大提高。

（四）“人人课堂”注意的问题

1. 在“人人参与”阶段的注意点

（1）备课时要认真细致，不但要备教材、备学生，还要备对学生学习的引导、对学生学法的指导，以及怎样在课堂中根据学生的实际情况调整教学进度，实现因材施教。

（2）明确提出“人人参与”要求，使学生带着任务、带着问题去学习、读书；适时指导学生，使学生不仅愿学而且会学，在自学过程中，逐步积累学习方法，这一点在起步时尤为重要。

（3）全面掌握学生的学习情况。“人人参与”的过程，实际上也是教师进行教学调查的过程，要及时发现学生学习中出现的问题，并迅速把问题分清主次，概括归类，为“同伴互助”作好准备。

2. 在“同伴互助”阶段的注意点

（1）知道什么地方要留时间给同伴互助。

（2）在几何证明中，论证式的逻辑段、分析过程特别重要。学生遇到问题时，要针对学生自学中存在的问题，分好小组，同伴之间相互交流，互相学习，使个别上升为普遍，并在小组交流时，能有“相依构想”碰撞出来，全班分享。

（五）课堂教学时的不足

（1）由于探索等腰三角形的判定定理所用时间稍长，因此对于已知等腰三角形的底边和高利用尺规作图来解决问题的探究不够深入。导学思考部分处理时间较长，教学重点放在定理的证明上。

（2）等边对等角与等角对等边一定要在同一个三角形中来研究，强调得不够。

以上两点要在下一节稍加补充，不留后患。

（3）自己驾驭课堂的能力有待提高。

“认知冲突”教学法在初中数学课堂中的应用研究

——《有理数的乘方》教学案例

何胜男

一、案例背景

在教学《有理数的乘方》一课时，由于学生从未接触过乘方，对于乘方的概念是陌生的，如果贸然将乘方的表达形式告知他们，学生能接受，但不会理解。如何自然而有效地将这一新的知识呈现在他们面前？由于初中学生有比较强烈的自我和自我发展意识，对和自己直观经验相冲突的现象很感兴趣，我的想法是利用学生的认知冲突设置引入环节，当学生已建立的认知结构与当前面临的学习情境之间暂时的矛盾与冲突引起心理失衡时，学生的探求知识的欲望就会被激发。在长期的课堂实践中，我发现如果能巧妙地利用“认知冲突”，就能改进学生学习方式，提高课堂教学效益。

二、案例事实

师：以小组合作的方式，把厚 0.1 毫米的纸依次折叠 1 次、2 次、3 次，列式并计算纸张的厚度。（引导学生观察、发现纸张厚度所发生的变化是在成倍地增长）

生：折叠一次：$0.1\times2=0.2$ 毫米

折叠两次：$0.1\times2\times2=0.4$ 毫米

折叠三次：$0.1\times2\times2\times2=0.8$ 毫米

师：（提问）如果一层楼有3米高，把足够长的厚0.1毫米的纸连续折叠20次会有多少层楼高？折叠几次就会超过珠穆朗玛峰？（鼓励学生大胆猜想）

生：窃窃私语，有说折叠20次后会有一本书的厚度；有猜能达到一张桌子的高度；有个大胆的孩子说像一个人的身高那样高。大家纷纷笑了，说哪有那么高。课堂气氛开始活跃起来。

师：同学们，你们知道吗，连续折叠20次大概有35层楼高，连续折叠27次就超过珠穆朗玛峰的高度了，而折叠30次就有12个珠穆朗玛峰了。

生：哇!!

这一惊人的答案令学生非常惊叹和兴奋，并集中精神，进入思维活跃的最佳状态，激起了学生极大的兴趣。

在此基础上，教师追问：如何用算式表示折叠20次、27次甚至折叠更多次后的高度呢？20个2、27个2，或者更多的2相乘，怎么表示？有没有简化的表示方法？

这样创设情境，一来消除学生学习新授知识的陌生感，同时感受到数学的奇妙性，形成一定的数感、符号感，发展抽象思维。这一内容学生学习过程中的表现似乎是一听就懂、一看就会，而在应用时却不动则已，一动就错。引发用已学知识无法解决的冲突，激发学习新知的欲望。使用这种方法：先由设计的情景引出相同数字连乘的形式，发现学生写不出a^n的形式，于是我就让学生联想：计算正方形面积得到的a^2是$a\times a$，计算正方体的体积得到的a^3是$a\times a\times a$，由此推广a^4、a^5等，逼近a^n。学生通过类推得到的$a^n=a\times a\times a\times a\times a\cdots\times a\times a$。最后向学生说明，一个概念或一个公式形成后，要对其字母的意义、相互的关系、应用的范围逐项分析。在a^n中，a取任意有理数，n取正整数。此时学生就对有理数的乘方有比较好的理解。在记忆乘方的形式时，加以拳为底数，大拇指为指数的手势的运用，让学生印象深刻，学得快乐。

三、案例分析

在这节课中，教师提出学生平时发现的感兴趣的真实问题，折叠1次、2

次、3 次，列式并计算纸张的厚度，引导学生观察、发现纸张厚度所发生的变化是在成倍地增长。引导学生建立问题与新学内容的“链接”，也可以制订一个领域（与学习内容密切相关的领域），如上案例中的折纸算高度；让学生提出自己平时发现的问题；还可以营造一个与学习内容密切相关、学生感兴趣的问题情境，如计算折几次后与珠穆朗玛峰的高度相当，引导学生进入这样问题情境，引发用已学知识无法解决问题的冲突，激发学习新知的欲望，学生具备了这样的学习欲望，为提高课堂教学创造了条件。在平时的课堂教学中，我们可以通过以下途径利用学生的认知冲突提高课堂教学。

（一）从学生的生活实际出发，在情景中引发认知冲突

充分利用已学知识的局限性、发掘教材中的矛盾因素和学生的思维误区，以富有挑战性、探索性且处于学生认知结构的最近发展区的问题素材，把学生置于感知知识匮乏的心理氛围中，使学生产生解决矛盾的迫切的心理需求，从而激起认知冲突。

例如在《加减消元法》一课中，在此之前，学生已学习了用代入消元法解二元一次方程组，对消元的解题思想已有了一定的了解。本课的加减法的学习，继续深入探究“二元”化“一元”的新方法。在教法的设计上，把加减法导出设计成一生活情景：再过几天就是母亲节了，小丽想买一束鲜花送给妈妈，鲜花要由红和粉红两种颜色的康乃馨组成。在问价格时，花店老板说：“我来考考你。11 元钱一束，可以选 1 支红色的和 9 支粉红色的；也可以选 3 支红色的和 5 支粉红色的。”小丽先列了方程组，算了算，就知道了红色和粉红色花的每支的价格。你知道吗？

（1）学生列方程组并用代入法解题。

（2）思考：上面的方程组中，我们用代入法消去了一个未知数，将“二元”转化为“一元”，从而得到了方程组的解。对于二元一次方程组，是否存在其他方法，也可以消去一个未知数，从而达到化“二元”为“一元”的目的呢？

这一情景来自于课本这章第一课时的一个问题的改编，目的是让学生感

受数学知识来源于生活，同时用学生熟悉的情景引入，降低他们学习新知识的陌生感，增加学生的学习信心。安排了引入例题的解答，主要是让学生进行代入消元法解答达到复习的目的，同时教师问：还能有其他的方法解答吗？把学生置于感知自己储备知识不够用的氛围中，使学生产生解决矛盾的迫切的心理需求，从而激起认知冲突。让学生在练习中，观察、分析、发现问题，讨论问题，解决问题，获取新知，逐步形成运算技能。

（二）探究新知时，从学生已学知识出发，设置新旧知识“结合点”，让学生在感知知识匮乏的心理中引发认知冲突

研究表明：在“新旧知识结合点”上产生的问题，最能激发学生的认知冲突。教师通过分析学生已有的知识结构、经验和教材内容，发掘“结合点”，有针对性地通过创设情境、设计问题，利用新旧知识的差异，使学生处于心欲求而不得，口欲言而不能开的“愤”“悱”状态，激起学生的认识冲突。新概念的出现往往是“新旧知识的结合点”。

比如布置学生完成需要新旧知识才能完成的、感兴趣的学习任务，让学生产生“不会、有困难、费时间、结果出现分歧”等困惑。这样的冲突营造，一般可以安排在课下的实践活动当中或上课伊始，教师创设一个学生喜欢、感兴趣、跃跃欲试要完成，但马上就产生困难的情景。在《有理数的乘法（一）》课堂上，教师先让学生通过竞赛的形式，计算熟悉的“$3\times4=\_\_$，$3\times3=\_\_$，$3\times2=\_\_$，$3\times1=\_\_$，$3\times0=\_\_$”的算题。待学生都感觉太简单的情况下，老师给出几个有负因数的题目“$3\times(-1)=\_\_$，$(-3)\times(-1)=\_\_$”，这时，学生出现了问题：有的得 +3 和 −3，有的得 −3 和 +3，有的得 −2 和 −4……到底是什么？学生带着这样的冲突来学习新课。教师利用学生的这一特点，加上适当的方法，轻松解决问题，化解难点。

（三）通过及时评价，从师生互动式的“点评”中爆发认知冲突

评价是教学过程中不可缺少的环节，是教师及时了解教学效果，调控教学行为的重要手段。在数学教学过程中，通过对知识价值的评价、解题错因

的分析、一题多解的评析和实践操作方案的优化等均可引起学习的认知冲突。

比如，在学生学习了统计图知识后，教师追问：你觉得这三种统计图各有什么特点？分别在什么情景下用这三种统计图？学生通过分析、思辨、评价等过程，引发认知冲突，从而促进了学生对知识的主动建构。培养学生的分析和思辨能力，使学生更加全面深刻地理解和掌握知识，提高教育价值。

再比如，在教学“几何证明的书写过程”中，学生在不断尝试和不断调整中才能慢慢地规范书写形式，所以通过个别学生板演再全体师生“点评”，从中爆发不同意见，强化认知冲突，最后统一意见化解冲突。这种互动式“点评”形式的教学非常有利于这种容易产生意见“分歧”的习题教学。

以上从三个方面谈了教师如何针对学生的学习实际来营造、捕捉学生的认知冲突。我们教师在教学过程中，要尽量创设平等、和谐、民主的学习环境，要善于激发学生的学习动机，要根据学生的知识结构、智力水平和教学内容，采用不同的教学策略，激发学生的认知冲突，培养学生自主学习的主动性和创造性，提高教学效率。这样的教学，教师才算是真正地以学生为主体了，教学的动态生成性也加强了，但这也给教师的备课带来了更高的难度，对教师的教学能力、水平提出了更高的要求。所以教师在教学过程中需要不断地总结和完善这方面的经验。

实验+体验=成效

陈多俊

一、积极创设情景，有效提问

课上准备三个能敲出声音的物体：木盒、老师喝水的茶杯和一个小鼓。用细棍棒敲击其中任意一个，看谁能分辨出来是什么物体发出的声音。学生会产生兴趣，觉得物理课好玩，同时也能体会物理在生活中的广泛应用，借此唤醒学生已有的知识，明确探究的方向。如：

（1）观察和实验是物理的基础，仔细观察老师的实验，把你观察到的现象记录下来。

实验	过程	现象	特征
1			
2			

（2）勤于动手是学好物理的重要方法之一。利用手中的器材，还能设计哪些实验来探究声音是怎样产生的？

实验	过程	现象	特征
1			
2			

评：从听音入手，唤醒学生已有的知识，提出要研究的问题，既符合学生实际，也符合认识事物的发展规律。普通的物理现象，普通的声音，最基

本的问题，道出了一个深刻的道理，效果明显，相信导入部分有质量。培养了学生思维的全面性和逆向思维的能力，教学的过程是师生互动的过程，是启发、引领的过程，也是教师不断反思的过程。关注并充实教学过程，能有效提高教师对教材的处理水平、情境设置能力，教学效果自然能得到长足的提高。

二、独立自主探究，获取新知识

请设计一个简易实验证明固体、液体、气体能够传声。请写出实验所需要的器材、实验步骤以及实验分析与结论。要求设计的实验有可行性，符合安全原则。

如：探究声音是怎样传播到远处的？

（1）你认为声音是靠什么传播的？把你设计的实验或知道的现象写在下面。

实验	过程或现象	结论
1		
2		
3		

（2）观察下面的实验，根据实验现象能推理出什么结果？

演示	现象	结论

评：巧用身边的器具、生活中的器材。首先，实验器材学生能找到、有亲近感，做物理实验不难；其次，物理实验就在身边，可以在玩中学，学中

玩，学生兴趣高。这不仅符合新课改思想，也符合学生的年龄特点和兴趣爱好。再通过情境的创设，为学生创造了自主探索的环境和条件，学生的思维变得积极主动，通过观察气体、液体、固体等传声实验，联系生活实际，轻松获得声音能在不同介质中传播的知识。在真空不能传播声音的教学中，一般情况下，利用钟罩的小实验证实声音不能在真空中传播，教师引导学生推理这个结论。由此联想，太空中宇航员在舱外的对话途径为利用电子通信设备、写字对话等；舱内有空气，宇航员可以直接对话。

三、独立自主猜想，拓展思维空间

关于固体传声，请同学们自己动手做实验。两位同学，一位敲击桌面，另一位将耳朵贴在桌面上听声音，在做这个实验时，学生热情高，他们忙于热闹，使劲敲击桌面，动手实验起到了调动差生主动参与课堂的积极性，说明物理教学过程中，需要尽可能地创造物理教学情景，面向全体学生。做此实验值得注意：抑制学生情绪，保持教室安静，不能误把空气传来的声音，当作桌面传来的声音。实验需要在教师的主导下，实现学生自主探究，接着老师拿一个事先做好的“土电话”，（两个一次性纸杯和一根棉线制成的“土电话”），介绍“土电话”的使用，学生个个跃跃欲试，课堂效果不难预测，并鼓励学生自制“土电话”，教师鼓励学生联系自己的生活经验大胆地进行猜想。

评：对于学生的大胆猜想，教师及时给予积极的评价，并公正地对待每一个孩子，着力营造一种祥和、民主、开放、活泼的教学氛围，使学生在心理上有安全感，使思维进入兴奋状态。

四、巧妙设计实验方案，一起研讨

猜想是要用实验来验证的。请同学们根据教室里的各种物品和实验桌上的材料，分小组自行设计实验方案，来验证自己的猜想，学生自主活动，讲述自己的实验设想。同学们兴趣很高，有的在教室里研讨，有的到教室外的楼道借助门、墙和护栏进行研讨，大家分工合作，像科学家进行科学探究那样认真、专注。

评：充分利用多种实验材料，为学生创造了自主探究的环境和条件，使学生能根据自己的兴趣选择探究方式，让学生在相互交流、补充的过程中，进一步完善实验方案，既发展了学生的思维能力，又培养了学生收集和处理信息的能力。

五、集体交流、讨论，共享成果

有小组同学用手机做了如下探究实验，向大家做一汇报，请帮他完成相关内容：

过程	现象	结论
（1）首先，把手机放在桌上，拨通手机；	听到手机铃声；	声音能在______中传播；
（2）找一个密封良好的玻璃瓶子，把手机放进瓶里，拨通手机；	还是能听到铃声；	声音能在______中传播；
（3）把上一个实验中的瓶子做好防水准备，然后把瓶子放到装满水的桶里，再拨通手机；	还是能听到铃声；	声音能在______中传播；
（4）把手机放进一个广口玻璃瓶里密封，拨通手机，然后把里面的空气徐徐抽出来。	铃声越来越小，最后听不到铃声了。	声音在______中无法传播。

评：同学们用大量实验证明，声音在液体、固体和气体中都能传播。这不是教师强加给学生的，而是学生通过实验、分析、综合、比较、概括等一系列思维活动总结得出的，凸显了学生的主体作用。通过交流和展示，使每个学生获取的信息量大大增加，拓宽了学生的知识面，达到了一箭多雕的目的。声音的传播方式是人们看不到也摸不着的，是学生理解的难点，教师先采用“击鼓引起小球振动”的演示实验，再利用课件展现声音的传播方式和方向，使抽象知识形象化，符合学生的认知规律，既突破了难点，又巩固和深化了声音的传播知识。

在授课过程中充分调动了学生的积极性，让学生动脑思考，亲自体验探究的过程，让学生充当课堂的主角，尤其体现在让学生探究声音除了可以在空气中传播，还可以在液体、固体等物质中传播。探究完声音的传播、介质，并讨论声音传播的快慢。充分利用集体优势，体现了物理学习方法中的合作交流环节，在教师的引导下，学生可以通过探究、讨论、合作交流等方式在理性和感性上掌握声音产生的原因、传播形式和传播条件以及声速等知识。

基于“人人课堂”背景下的课堂教学改进

——以《比较同种生物间的异同》教学实践为例

梁　媛

一、背景分析

随着课程改革的深入，我校的课堂也渐渐发生着变化。“人人课堂”是我校课堂教学改进诉求，是学校海洋文化建设的反映，是现代教育理念下的学校教学应然。“人人课堂”从关注人的发展出发，追求“平等、尊重、活力、创造”的课堂价值，强调以生为本，师生、生生高效合作、学生主动学习，强调课堂能够“人人参与、人人合作、人人发展”，唤醒和发现学生的认知，关注并促进每一个学生的成长。在“人人课堂”理念的指引下，我对本节课《比较同种生物间的异同》做了一定的教学改进。

二、案例描述

（一）导入

师：上节课，我们认识了很多不同种类的生物，请看，这几种生物认识吗？说说他们的名称。

生：鱼、青蛙、鸟、狗。

师：你是怎么判断的？

生：他们长得不一样。

师：看来同种类的生物各有特点，是存在差异的。如果是同种生物呢？

他们之间会有差异吗？

师：请看我这是一只斑马的复制粘贴吗？

生：不是，他们的花纹不一样。

师：我根据花纹能直接判断出这肯定是三只不同的小猫。你还能找到其他的差异吗？

生：耳朵尖的程度不一样、眼睛大小不一样……

师：看来同种生物间的差异还体现在多个方面。如果是非常像的双胞胎呢？他们会有不同的地方吗？

生：有，他们的肤色不一样、发型不一样……

师：看来，即使是非常相似的两个个体，也是存在差异的。所以我们得到的结论是：同种生物不同个体间存在差异。

（二）教学过程

1. 人体间的差异

学生活动：比较两个同学较为稳定的差异。

师：那么我们人体间有哪些差异呢？下面请两位同学上前来，我们一起观察一下。

生：肤色、眼皮、体重、身高……

师：在我们人体的这些差异中，有些差异比如是否是单、双眼皮，是否有耳垂，是否能卷舌，我们每一人只可能属于其中的任意一种情况，是可以用“是”“非”表达的，不妨试试看？

学生活动：观察同桌，记录差异。

师：请说说你的这三项差异。

生：×××同学____舌，____眼皮，____耳垂。

师：这类个体差异可以用什么清楚记录？

生：文字描述。

师：而有些差异，比如大家的身高、体重、脉搏、指距等，这类差异只是程度上不同而已，是不能用“是”“非”表达了，对这类差异该如何记录呢？

2. 认识直方图

师：下面请同学们看学习单中资料一的这种记录方式，先来回答下面几个问题。

学生活动：根据资料一中的记录回答问题。

师：谁来说一下答案。

……

师：下面我们来看资料二这种记录方式如何，同样地先来回答以下几个问题。

学生活动：根据资料二中的记录回答问题。

师：谁来说一下答案？

……

师：资料一和资料二，哪个做起来更快？

生：资料二。

师：为什么？

生：资料一需要一个一个找，资料二直接从图中可以读出。

师：很好，那么资料二这个图叫什么呢？

生：条形统计图。

师：很好，同学们还记得小学学过的条形统计图，但是，这个图和条形统计图是不一样的，它叫直方图，请看这两个图有什么区别？

生：直方图直条之间是没有间隔的……

师：很好，直方图就是我们今天要学习的一种新的记录方式。那么，同学们比较一下表格和直方图这两种记录方式各有什么优缺点呢？

生：表格清楚记录每一个同学的身高情况，直方图清楚记录了每一组体重范围分布的人数……

师：分析得很好，也就说，表格清楚记录个体差异情况，而直方图能直观记录群体差异情况。下面，我们一起再来认识一下直方图吧。请看，直方图包括什么？

生：横坐标、纵坐标……

师：横坐标代表什么？纵坐标代表什么？他们的单位分别是什么？

生：横坐标代表身高，单位是 cm；纵坐标代表人数，单位是个。

师：在这里直方图记录的是身高差异情况，那么在实际生活中直方图有用吗？

生：有用。

师：比如利用直方图可以看出同学们的考试情况怎么样，90～100 分有多少人？80～90 分有多少人？不同分数段有多少人都可以清楚地看出，而且不同分数段人数的差异情况也一目了然。还有呢，我们国家实施“二孩”政策，一方面的原因就是现在人口老龄化比较严重，那国家是怎么统计出 65 岁老年人口数在增多呢？工作人员可以通过我们今天学习的直方图分析不同年龄段人数的分布……

3. 制作直方图

学生活动：测量指距，制作直方图。

师：同学们已经会运用直方图，也了解到直方图在实际生活中有很大的用处，那么，我们一起回顾一下直方图是怎么制作的。我们已经有了身高和体重的差异情况，下面我们一起来了解一下我们的指距差异情况吧。

师：请看，指距指的是？

生：大拇指和小拇指之间的距离。

师：我们请一位上来演示一下。

……

师：好，五个手指要尽量张开。下面请开始测量，将结果记录在课本 50 页表格中。

……

师：你的指距是？

生：19 cm。

师：记录得对吗？请注意科学记录。

生：不对，应该是 19.0 cm。

师：很好，你的指距是？

……

师：看来我们的指距是有差异的，为了节省时间，我们课堂上就不一一搜集大家的数据了，老师已经准备好了指距数据，请看资料三。

师：下面请同学们统计这些数据，完成下面的表格。

……

学生完成直方图的制作，并进行课堂展示，及时发现问题。

（三）总结

（1）同种生物之间也有________。

（2）显示同种生物间差异的方法________。

（3）如何面对差异？

三、教学反思

“比较同种生物间的异同”是“生物的多样性”第2课时。学生之前已学过“生物的基本特征”并能认识一些动植物等，知道不同种类的生物各有特点，“生物的多样性”不仅体现在生物种类多样性上，还体现在同种生物的差异性上。因此，本节课是以人类为例，通过观察、比较和分析，认识同种生物不同个体间存在差异，并能够以正确的态度接受差异；学习利用直方图记录群体中不同个体间的某种差异，为下一节“生物的分类”作铺垫。

对于六年级学生来说，认识同种生物不同个体之间存在差异是他们比较感兴趣的内容，通过图片引入容易激发学生的兴趣；对于认识直方图，由于学生小学已经学过条形统计图，所以课堂中直接由学生识读直方图，并通过比较表格和直方图这两种记录方法，得出直方图在记录群体连续差异方面更直观，并将直方图与实际生活相联系，让学生进一步深入认识到直方图和生活紧密相联；制作直方图是本节课的重点也是难点，为节省时间，课堂上不现场搜集数据，而是提供学习单，让学生有更多的时间完成制作，教师则应注意及时发现问题并解决问题；最后引导学生正确面对差异。

课堂因人人探究而充满活力

——《电子表格的数据计算——函数计算初体验》课例研究

顾海英

一、背景与主题

本校正在开展基于“人人课堂”的创生性教学实践研究，“人人课堂”强调在课堂教学中以生为本，倡导师生、生生高效的合作，倡导学生自主、探究地学习，关注教师在课堂教学中适度引导，促使课堂“人人参与、人人合作、人人发展”，目的是让学生更主动、更有兴趣地去掌握基础知识、基本技能，强调过程与方法。在信息科技学科中，学生的自主探究和相互间的合作交流是必不可少的要素。基于“人人课堂”教学理念和闵行区推进中小学课堂教学改进“三年行动计划”，本人进行了信息技术课堂教学改进，实践“人人课堂”教学，提高学生学习兴趣和促进学生学习能力。

本课例研究《电子表格的数据计算》是华东师范大学出版社信息科技教材初中版第四单元第二节第二课时的内容。第四单元是针对数据处理的学习，从多方面学习用电子表格软件处理数据的基本方法。本节课要求学生初步掌握电子表格的公式计算和函数计算方法，为后面将要学习的数据分析统计做好铺垫。

教材中只是简单介绍了公式计算和函数计算。有些知识点还需要教师适当拓展，比如：讲解了求和的函数，那么其他的常用函数如何计算呢？公式计算和函数计算数据有什么区别呢？这些可以让学生在练习中，通过探究寻找答案。

根据多年的教学经验和体会，每当讲解到数据计算中公式和函数的使用这节课的时候，学生对于如何使用函数的方法以及公式和函数使用的区别这些问题有很大的困惑，因为六年级的学生对于函数的概念根本不了解，不懂什么叫函数，更加不会理解函数的运用。尽管老师演示教学了多次，还是有很多同学当时会做了，过个几天或是换个主题，马上就忘记了如何使用函数进行数据计算。

怎样才能让学生熟练掌握所学知识呢？在学习好利用公式进行数据计算之后，我想到是否可以通过新知识的探究方式，让学生自己来研究函数的使用，进而在不断研究和学习的过程中了解函数是什么、函数运算一般应用在哪些数据运算中，等等，让同学们通过自主探究、小组合作的方式来完成对新知识、新技能的学习和探究。

二、课题设计

（一）课题名称

《电子表格的数据计算——函数计算初体验》

（二）教学目标

1. 知识与技能

学习电子表格软件的数据计算的一种：函数计算。

探究几个常见函数（SUM、AVERAGE、MIN、MAX、COUNT）的计算。

简单了解公式计算和函数计算的区别。

2. 过程与方法

学生通过探究学习，学会使用函数进行数据计算。

学生能够通过讨论、思考，分析函数计算和公式计算的区别。

3. 情感态度与价值观

通过竞赛培养学生竞争意识，通过小组探究培养学生的团队精神。

通过相关练习，培养学生勤俭节约的习惯和倡导低碳生活的态度。

（三）教学重点与难点

重点：探究使用函数的方法来计算数据。

难点：分析公式计算和函数计算的区别。

（四）教学资源

多媒体计算机教室；课堂作业；课堂学习评价表。

（五）教学过程和内容

步骤	教师活动	学生活动	设计意图
复习引入	问题式复习： “公式计算的几个特征”。	认真思考、主动回答。	回顾上一节公式计算过程的注意点，让学生巩固知识。
师生擂台	布置并参与“师生擂台赛”（老师给出电子表格，师生同时进行表格中的数据计算，看看谁先完成），通过函数计算的方法快速完成数据计算。	积极参与“师生擂台赛”，通过上节课所学到的公式计算的方法完成电子表格中数据的计算； 思考老师是如何快速完成数据计算的。	教师通过使用函数的方式能更加快速地完成数据计算，让学生切身感受到函数运算的优势，从而激发学生的学习兴趣； 同时，学生使用公式计算也是对上节课内容的复习。
探究学习	组织学生以小组为单位，进行探究学习，随时关注学生在探究过程中出现的问题，给予指导和帮助。	积极参与小组活动，探究平均值函数 AVERAGE 和最大值函数 MAX 及最小值函数 MIN 的计算； 有能力的同学继续探究选做题（COUNT 函数的使用）。	培养学生自主学习，探究学习的精神； 通过小组合作培养学生的团队精神和集体荣誉感； 通过必做题目和选择题目实现分层教学； 通过上海近两周的空气质量指数相关练习，倡导学生绿色环保，低碳生活。

续表

步骤	教师活动	学生活动	设计意图
展示交流	组织学生进行展示交流环节； 针对学生的收获交流，进行适当的补充。	探究成功的小组先展示函数计算的成果，介绍本小组在函数使用过程中遇到的问题、解决的方法以及探究过程中的收获。	培养学生乐于分享的好习惯，和伙伴们共同体会成功的乐趣； 培养学生善于探究，主动寻求解决问题的方法。
探究总结	根据同学的展示过程，指导学生归纳函数计算的步骤。	认真思考，仔细观察，归纳函数计算的一般步骤。	培养学生发现问题、分析问题的能力。
头脑风暴	提出几个问题，指导学生关注函数计算过程中的几个注意事项； 通过几个判断题，引导学生判断是选择使用公式计算还是函数计算； 总结归纳公式计算和函数计算的区别。	认真思考、主动回答、乐于交流； 思考并回答老师的问题，从中体会公式与函数的区别。	通过公式和函数的区别分析，引导学生在遇到实际问题时，如何正确选择计算方法。
课堂小结	引导学生总结本节课学习的内容。	回顾本节课的学习过程，总结所学知识和方法。	教会学生“学而时习之”，学会反思、学会总结。
评价与作业	引导学生认真完成课堂学习评价表； 布置作业：请同学完善课堂练习。思考题：函数计算中“复制柄”的使用。	实事求是，进行自评、互评； 完善课堂练习并思考老师布置的思考题。	提高学生评价能力； 培养学生将所学知识进行迁移的能力。

三、情境与描述

本节课是电子表格数据计算的第二课时，主要内容是如何使用函数计算数据以及函数计算与公式计算的区别。这节课是以学生未接触过的技能作为探究的知识点，将函数计算作为一个新技术，让学生在小组探究过程中了解到如何利用函数的计算方法来进行数据计算，因此我将它定位为一堂探究课，有关新技术的探究课。

1. 引入

学生在前面已经掌握公式计算的方法，所以我以一个小擂台赛的方式激发学生学习兴趣继而引入到新课。

2. 探究过程

函数计算的学习采用以小组为单位自主探究学习，小组通过展示交流自己的学习成果，并针对遇到的问题相互进行答疑解惑，老师补充说明，在此过程中学生的探究学习和交流分享的能力都得到了提高。在小组分工方面，我在探究练习中设计了必做题和选做题，同学们可以针对自己的能力判断是否探究选做题。

3. 思考与总结

通过总结经验和头脑风暴，引导学生总结函数计算的过程和一般注意事项；通过在线思考引出学生在计算方法上的选择，判断应该选择函数还是公式的方法进行数据计算，分析并归纳公式计算和函数计算的异同。

4. 展示与交流

通过学生在探究过程中的问题、解决方法、收获等，让学生将探究过程呈现出来，无论是成功的经验还是失败的教训，都是值得大家去体会和感受的，这种学习习惯的养成为学生的终身学习提供了有利的基础。

四、问题与讨论

这节课是探究课，需要放手让学生去探究，但探究最大的问题就是学生没有明确的方向，盲目地去找，因此这节课提出了3个重要的问题，目的就是让学生带着问题去思考、去学习。在展示交流过程中教师也提出了一些问题需要探讨。

在让学生探究利用函数进行数据运算的使用过程中，老师设计了这样三个问题：

1. 函数的插入方法有几种?（探索方法）

这个问题主要是让学生通过不同的尝试，找到最简便、最快捷的方法，这也是学习习惯的养成。

2. 如何快速找到需要的函数?（函数的搜索）

这个问题主要通过学生在寻找问题的答案过程中，是如何找到解决方法的，有些同学很快找到了答案，而有些同学是在同伴的帮助下，或者课本的帮助下找到答案的。学习的方法有很多种，看你有没有找到适合自己的那一个。所以设计了这个问题，提示同学们如何用最快的速度找到需要的函数。

3. 一般函数有哪些类型?（函数的类型）

这个问题的设计，主要是让同学们了解函数的种类，并不一定每个函数都认识、都会用，但是遇到问题的时候，你可能会思考，这个问题一般会在哪种类型函数中进行寻找，最后找到解决方案。

在展示和交流过程中老师再次设计三个问题，让小组同学讨论：

1. 你是如何完成探究活动的?

旨在让学生通过问题的谈论，回答他们是怎样进行探究学习的。再现学生学习的过程和探究的方法，让其他同学可以共同学习、交流。

2. 在探究活动中，你是否遇到了困难，是如何解决的?

探究学习，一定是有的人探究成功，有的人探究失败，或者说没有找到解决方案。因此，在学生回答自己遇到困难的时候，也可以反映出部分同学在学习过程中的误区、错误操作或者是错误方法，等等，这样更加有利于同学们不再走进这些死角。

3. 在尝试的过程中有哪些收获?

尝试中不一定是解决问题了，找到答案了才是成功、才有收获，如果通过尝试失败知道自己走了弯路、走进了误区，这也是一种收获。帮助别人是收获、得到帮助当然也是收获，最重要的是自己去尝试了、去探究了，这个过程就是学生最大的收获。这是一种好的学习习惯的养成，是学生终身学习的一种不可缺少的品质的培养。

五、诠释与研究

“人人课堂”倡导学生自主探究、小组合作、交流互助，人人提高，学生是学习的“主人”，是课堂的主角，教师只是课堂的引导者，是教学舞台上的配角。在教学中力求体现以下几点：

1. 巧妙引入，激发兴趣

一堂课的引入是一个重要阶段，好的引入能激发学生的学习兴趣，使整堂课的教学有一个良好的开端。在这里，我设计了一个“师生擂台赛”环节，学生必然会使用已经学过的公式计算方法，而老师采用相对比较快捷的函数计算。这样，学生虽然没有老师做得快，但反而会很好奇，很想知道老师怎么会计算得这么快，从而激发学生的学习兴趣。同时，使用公式进行数据计算也是对上节课的一次复习。

2. 小组协作，探究学习

教学中，教师要把时间、课堂交给学生，引导学生通过探究学习获得成功的体验，从而产生原动力，乐于主动学习。因此，教学中，我采用探究学习的方式，只是加以引导、提示、补充。但由于学生个体差异的存在，并不是每个学生都能有探究的成果，所以我采用小组合作的方式，以团队的互助，弥补个体的差异，先探究成功的同学可以分享自己的成果，带动整个小组共同体验成功的喜悦。

3. 根据能力，分层练习

在探究练习的设计方面，我设计了必做题和选做题，对大部分的同学来说只要完成必做题，就说明探究成功了；而程度比较好的同学可以再研究一下选做题，当然选做题的难度有所增加，特别还加上了不是十分常用的条件统计函数 COUNTIF 的使用，对于同学们来说是一个很大的挑战，对于这类比较难的题目，其实学生是否找到答案探究出成果并不重要，重要的是他们在探究过程中的尝试和不断体验不同方式，这也是培养学生学习能力的一种方式。

4. 头脑风暴，勤于思考

在教学中我设计了很多思考题、问答题，都是想引导学生边思考、边学习。

不但“知其然”更要“知其所以然”。学生探究出函数计算的方法，但可能对于函数类型、函数搜索还并不了解，通过老师的层层提问、层层引导，让学生对函数计算有很深刻的理解，以便今后在实际问题上能更好地应用函数进行计算。

5. 注重总结，联系实际

学习了公式计算和函数计算两种方法之后，很多学生会遇到这样一个问题，在数据计算中究竟应该使用公式计算还是函数计算，使用公式计算和函数计算有什么区别，这是一定要解决的问题。我先请学生通过几个实例来感受函数与公式计算的不同，让学生们来主动思考、总结他们的观点，最后老师加以补充。这样学生就更加理解二者使用的异同。

本次教学案例研究是基于航华二中“人人课堂”的教学理念，把学生看作课堂的主人，教师只是引导者和“脚手架”的搭建者，遵循“先学后教，以学定教”的思想设计教学，并实践于课堂教学，学生的兴趣更加高涨，学习更加主动，学习能力有一定改进，学习的效果也更佳。

在信息科技学科中落实“人人课堂”的教学理念刚开始以为是一件容易的事，因为每个学生都有一台电脑，人人可以动手操练，但想要达到人人都有收获、人人都能往前迈一步也是一件不容易的事。信息技术是一门实践性、操作性较强的基础学科，它有一个理论联系实践的基本过程。课堂教学的设计，环节的策划、安排并不等于教师一人唱独角戏，教师要善于引导、组织学生自主、探究合作性学习，不但要引导学生把每节课的知识体系、脉络把握好，还要让学生在掌握理论知识的前提下，在实践操作中对理论知识加以实践、验证。教师只有精心地设计教学，仔细地进行课堂预设，周全地考虑到课堂中可能会发生的突变，并针对不同的教学内容恰当地选择利用教学策略，才能真正地在课堂中融入“人人课堂”理念。

学生学习的方式是理论联系实际的学习方式，科学设计、合理组织学习小组，在小组中形成“我教人人，人人教我”的良好合作学习风气，真正发挥小组以自主、探究合作学习的作用。同时也要根据学生的知识水平基础、学习能力、性别等进行小组人员的合理分配，使每个小组成员之间形成互补。教师要始终把学习的主动权交给学生，学习的过程可以有不同的想法，尽量让学生自己做主张，在小组学习中形成齐心协力对付困难的合作风气，对于学困生，引导他们从集体中寻求帮助。培养学生合作学习的好习惯，培养学生认真思考、大胆发言的良好习惯，为学生提供良好的创新空间，在促进学生自身发展的同时，自三、探究合作性的学习能力也会大大提高。

只有当每个学生学习的积极性和兴趣被调动起来时，课堂才能充满活力和能量。期盼“人人课堂”能给信息技术教学带来无限的生机和活力。相信在这样宽广自由的海洋文化氛围中，我们的孩子一定能遨游得更快、更远、更久！

这个声音“扰乱”了课堂

刘　佳

“吹口哨”是校园中部分男生（甚至少数女生）的小技巧。在传统观念或某些电影镜头的负面影响下，总给人以轻浮、油滑、流气的感觉，如果在课堂上出现，往往被加以制止。因此，上课不准吹口哨成了约定俗成的规定……

记得那天的音乐课上，同学们正在我的钢琴伴奏下练习《幽默曲》的口风琴吹奏。这时，在整齐的口风琴声中突然冒出了一串口哨声，顿时课堂一阵哄笑，继而又在我钢琴声的骤停下一片静寂。按常例，学生扰乱了正常的课堂秩序，打断了教学，我会很生气，接着就会一顿批评，然后再继续上课，学生也许就是在等着这一时刻的到来。我观察了一下，发现有的学生在朝班级中的一位同学看去，感觉在示意我就是他在犯错误，而这时的当事人低着头，脸憋得通红，整个儿“等待发落”的样子。看到他的神情我突然意识到，此时我的一句话、一个举动会对之后整堂课都有着举足轻重的影响，必须正确对待、因势利导…… 我在安静中咳嗽了一声，用一种轻松的口气说：“我也曾经试着吹口哨，但从没吹响过，吹口哨还真是一件不容易的事情，同学们你们知道吗？其实口技是杂技项目之一，能够很好地表现它是非常需要技巧的。这个时候很多学生已经开始表现出兴趣，而刚才的始作俑者也抬起头注意起我的讲话。看到自己的叙述有所反应，我继续说道：“刚才的口哨声挺好听的，是哪一位同学吹的呀？”学生们纷纷踊跃地告诉我他是谁！我开心地对他说：“哎呀！真是遗憾，刚才老师只听到一点点，能不能再吹给老师听听呀？”这位同学不好意思地站了起来。我趁热打铁：“那我就不客气了，我可要点首曲子了！”学生们轻松地笑了起来。“下面我请大家一起欣赏这位同学的口哨表演《幽默曲》，并请全班同学用口风琴为他轻声伴奏”，全班同学鼓掌表示愿意。在我眼神的鼓励下，他认真、准确、流畅地用口哨演绎了全曲，出乎我意料的是，全班同学的口风琴伴奏也同样精彩。我发自内心地鼓起掌来，同学们也热情地鼓起掌来，我看到当时因为发出口哨声而担心我批评的那个男生脸上露出了激动、兴奋的表情，一节课在一种轻松、快乐的氛围中继续并至结束。

课后，我与那位吹口哨的男生进行了一次谈话，在这个过程中，我了解到他是一个非常热爱音乐的孩子，平时在上学、放学的路上也会哼几首小曲。在一次电视节目中知道了用吹口哨也可以表现曲子所以非常感兴趣，今天上课的《幽默曲》他觉得很好听，本来只是想轻轻地试试能不能吹出来，没想到声音那么大，自己觉得扰乱了课堂，所以不敢承认。但是后来发现我并没有责怪他，反而在课堂上得到了我的认可，他觉得非常开心，心理的负罪感也随之消失了。

由以上的课堂事件我感悟到对于课堂突发事件，教师要有良好的心理素质，要及时调整心态。不随便发怒是课堂礼仪的要求，良好的心态是课堂教学成功的前提和保证。教师平时对教学策略和教学艺术要多做研究，可以用自身体验缩短与学生的心理距离，消除学生抵御防线，赢得学生信任，便于与学生进一步沟通，给点感情投资、来点小幽默、变换一下角色等都不失为巧妙的招数，会给你的课增色不少。学生只有在课堂上拥有了时间和空间，才能真正落实学生的主体地位，才有可能自主学习。另外，课堂教学要以学生为本，要站在学生的角度为他们着想，不能对有特殊表现的学生心存偏见。学生吹口哨可能不是故意的，而是兴致高所致，老师如果生气批评，会破坏情绪气氛，打击学生积极性。教师授业解惑固然重要，但更应掌握学生心理，给予正确引导，才能引导学生德智并进。在我校推行的“人人课堂”中课堂是一个舞台，人人自由，充分展示自我。教师起引领作用，改变传统教学模式，还课堂于学生，使学生在快乐中学习。有效课堂的实质应重点专注于学生能否在课堂教学中进行积极的、有效的学习。只要引导、指导得当，对提高学生积极性有利、对帮助纠正音准有利、对丰富课堂教学有利，何乐而不为？

巧妙运用分组教学为音乐课堂服务

翁蓓蕾

一、案例背景

我校提出“人人课堂”的教学理念，目的是希望教师能在教学中关注到每一个学生。放眼现在的音乐课堂，歌唱、器乐、创作活动是每个学生都要参与的。所以这个理念和我们的音乐课堂不谋而合。

我有幸参加了本学期“人人课堂”的教学公开课。研讨，评课的老师给予了很高的评价：分组合作学习效果显著，学生参与度很高，实现了“人人课堂”的理念。

所以在音乐教学过程中有效的分组教学、组内合作学习的方式，对充分发展学生的主体性，调动学生参与课堂的积极性，以及培养学生的创新能力起着巨大作用。现在几乎每节音乐课，我们都能看到分组教学的影子。但是在音乐课堂教学中我通过观察和研究发现，不同的分组会产生不同的效果。

二、情景描述

在上“人人课堂”公开课之前我先试上了一个班级，随着组织教学、欣赏环节的结束，我们进入了最有挑战性的环节——分组创作活动“学跳秧歌舞”。当PPT上亮出题目时，全班一阵喧哗，有的很激动，有的不停摇头，有的左顾右盼，我心想这项活动估计有点困难。但是我有准备，我播放了一段由大班小朋友所跳的“秧歌舞”视频，同学一下子都乐了，于是我就鼓励学生：我们大朋友要加油哦，可不能让小朋友比下去哦！那就跟着我一起从简单的十字步开始学吧！看到了同学的认真我很欣慰，接下来说要分组练习时，大家又开始一阵喧哗，有的同学提出我们可不可以自由组合？我说可以试试，当我说完，同学们立刻进入了“抢人”模式，整个课堂一下子乱了，我为了课堂纪律立马否定自由组合的方式，并且按照我的初衷意愿分成了男生组和女生组。这时看到学生的脸上有稍许不快，但也无可奈何地开始练习起来。最后的展示环节，女生组腼腆地跳完，男生组却没人愿意跳，这节课随着铃声响起而草草结束了。

课后我进行了反思，由于分组的不恰当导致了这个活动没有很好地开展，于是在第二次试讲的时候，在分组上我动了一点脑筋：人数控制在 6 人左右，并且有男有女，而且要求每组要有一个人负责，进行合理分配使得每个组员都要有任务。布置完分组，我看到同学们都开始排练起来，有模有样地选出了小组长，并且有条理地安排着任务：有的跳舞，实在不会跳舞的就敲打乐器，在排练过程中我看到了欣喜的画面：男生很认真地跟着女生学跳，时不时地听到：“这里是这样跳的，手要往右边举”“你这个节奏打得不对，这里要打两下”。每个组员都非常认真地一遍又一遍地练习着，小组长的魄力在组内发挥得淋漓尽致！

三、案例分析

通过以上的案例我们能清楚地发现小组合作学习不能只有其“形”而无其“实”。如果没有起到分组的真正效果，也就不能按时完成教学目标，这样的分组学习不利于提高学生合作学习音乐的兴趣。所以分组学习的前提就是要进行有效分组。

1. 根据学生的特长进行分组教学

教师在分组的时候，应做到心中有数，要考虑学生的音乐能力、创作能力、男女性别等因素，便于学生在合作时展开争议，相互影响带动，同时每一小组中要选出“小组长”，小组长的职责是“领导”其组员开展小组合作学习，负责小组成员的合理分工。

在后来的公开课中我遵循“兼顾个体差异，能力互补”的原则，在分组时考虑到每组学生中都要有擅长歌曲演唱、舞蹈表演、器乐演奏的；有男生有女生；有活泼好动的，也有文静不出声的……经过这样的分组后，我发现在这次的创作活动中，同学们都能有各自的分工，不论是跳秧歌的同学，还是敲锣打鼓的同学，每个人都实现了自己在组内的价值，同时也达到了我的一个教学目的，那就是让学生可以切身感受一下过元宵节时热烈欢腾的气氛。所以说小组成员的良好合作对每个成员产生了多方面的“增值效应”，因为具有不同智慧水平、知识结构、思维方式、认知风格的成员各有自己的特长和优势，在合作性的小组群体中，他们取长补短，实现思维和智慧上的碰撞，从而产生新的思想，创造性地完成学习任务。

2. 根据学习的内容进行分组教学

在音乐课堂日常教学中，有些内容只需两三人讨论交流的合作，有些需要4～6人的小组合作，而有些则需要更多同学的合作才能很好地完成。这时，我们可以根据教学内容的需要来确定合作学习的形式，是小小组合作、小组合作还是大组合作，是采用生生合作还是师生合作。在具体操作过程中，我是这样做的：在音乐教学中欣赏交流聆听音乐的感受等一些单项问题时，可以一排3人面对面地交流即可，这样既省时又有效；但如果碰到音乐表现、创造表演的一部分内容如创编歌曲表演、创编歌词等就需要小组合作；但如果合作内容较多，可以把一项学习任务分割成几个部分，让承担相同部分的学生共同学习或教师进行小组教学使学生学会所负责的内容，然后再回到原来合作的小组教给组内其他成员，从而全面掌握全部的学习任务，例如：器乐教学中器乐合奏时，把一首乐曲分成若干个乐句，每个乐句交给各学习小组的各个组员，相同任务的学生在一起自学或学会后进行分析、处理，再回到自己的小组，相互学习、交流。这种方式可以促进小组成员之间互帮互教，充分发挥学生的主体性。

3. 根据分组学习表现进行多元化的评价

教师对学生音乐课中分组学习的表现一定要做出评价，要充分发挥评价的激励功能，努力探寻激励、鼓舞学生的最有效手段，力求构建多元化、情感化、科学化的评价机制。

大多数的音乐课堂中，主要的评价形式是“师评”“生评”，其中以“师评”居多。因此教师在教学评价的具体实施过程中，应注意评价的组织形式要体现出教学民主化的思想，促使学生自由地发展，使评价不仅成为中学音乐教学质量的反馈、教学调控的依据，更应充分发挥其激励和导向功能，促使学生积极提高和发展。此外对学生的评价不仅仅是教师的责任，从一定意义上讲，学生自己应该成为评价的主人，所以在课堂中，我会让学生进行自我评价和相互评价。实践证明，“生评”不但可以激发同学们的兴趣，同时能充分调动他们的学习积极性。目前我校“人人课堂”引进了小组积分制的评价机制，这是一种全新的评价方式，以小组在课堂中的表现进行考核评价。在七年级学生的课堂实践中证明，经过有效分组学习中的学生在自我评价与相互评价的活动中，能逐渐学会用自我批评的态度去对待自己，这样更能正确认识自己。

总之，音乐课堂教学中通过有效分组合作学习为学生创设一个平等、和谐、自由、愉快的教学情景，让学生在轻松的环境中畅所欲言，展示自我，学生音乐创造灵感的火花才会自由绽放。

中国画，山水情

——“人人课堂”理念下的美术课堂教学案例

周晓凤

最近一年的时间，学校一直在做“人人课堂”的研讨课。“人人课堂”定位为“人人参与，人人合作，人人发展”。美术本就是一门“人人参与”的课程，可有时上完课，学生竟没有想参与的欲望，更不要说发展了。原因终于找到——教研员说：“你的课里设置的知识点太多，这可以上好几节课了。可你把这些都放在一节课里，一个问题没有解决好，接下来，也是最关键的问题——不管学生搞没搞懂、做没做好，就进行到下一个环节。学生没搞懂，就不知道究竟该做什么，不知道该做什么的时候他们就会乱讲话了啊，课就没法进行了。”作为教师，本应传道、授业、解惑，却把学生弄晕了，想想都觉得惭愧。回顾踏入教育岗位的这些年，有一半的课是这样的。印象最深的是一节国画课。

记得刚踏上工作岗位一年后，我开了一节区公开课，因为教学经验的不足以及自身职业修养的缺陷，那节课至今让我耿耿于怀。

记得那堂课是《中国山水画简赏》。在开课之前的几天，我就准备好了详尽的教案，做好了一切上课能够演示的准备，提前两天跟学生布置好上课需要带的风景照片，我认为做好了充分的准备，那节课会尽善尽美。

然而，事与愿违。

从上课前一小时，状况便不断地出现：

(1) 发现学生没有带图片。4 个小组有 2 个小组长找到我说没准备好风景照片。我急了，急匆匆跑到打印室打印图片，否则我没法按预设的情景导入。

（2）在讲山水画的审美时，学生听得两眼发直。我说中国画的布局是散点透视，学生问“什么是散点透视”；我说中国山水画讲究“天人合一”，学生又问“什么是天人合一”。因为这两点我没有预设过，所以又另作解释。

（3）讲的时间太长，导致演示时间缩短，不能够给学生看明白整个绘画过程，学生在体验时不知如何下笔。

（4）我在学生体验时发现大部分学生不会拿毛笔，有的学生因为不会拿毛笔就东张西望地只看别人画。

当时我很紧张，甚至到最后没了声音。我不相信，我认为最好的班级会出现这样的情况。我觉得这个班级的学生无论是美术知识还是绘画技法都是高于其他班级的。

课一上完，我就开始反思，查找原因。

首先，从上课的内容上开始反思。就如教研员所说：知识点太多，内容只追求形式上的丰富。

在这节课中，我把山水画的历史和名家名作，从古代起源到现代发展全部罗列了出来，全部都是知识点。这种情况下就很难找出重点。学生搞不清这节课要干什么，只是茫然地被动接受知识并看着老师一张接一张地播放着幻灯片。（其实，这节课的每个知识点都够讲上一节课。）

其次，忽略了学生的认知。在没有了解学生认知水平的前提下就贸然上这种内容的课，显然学生也无法进入状态，师生无法进行顺畅交流，那么也就无法在课堂上建立良好的师生关系，更无法引起学生的学习兴趣。

我开始反思我上初中的时候的美术认知。我那时候了解山水画吗？——不了解。课后调查，学生确确实实不了解。有学生甚至说：“我第一次接触中国画，不太懂，我听得快睡着了。”虽然现代信息技术如此发达，书刊和网络内容众多，但筛选出来后，中国画并不是学生感兴趣的，所以他们不会自主去了解山水画。“散点透视”“天人合一”真是离他们太遥远了。

最后，只追求了结果，而没有关注过程。

我找听课老师了解情况，认真听取了其他听课老师的意见。我意识到了，备课不是为了教案文字的完美，而是要做好课堂预设，以便学生能够和老师更好地建立课堂联系；上课不是教师的个人表现和展演，作为教师首先想到的是学生，学生是否在课堂上有所收获；课堂中的示范不能只是流于形式，要精致到位才能感染学生，引起兴趣；作品评价不能只是虚夸，更要指出问题研究方法；知识点不在于多，而在于简，学生能够接受才行。只追求结果而忽略过程的课注定不是好课。

于是，我要想办法让学生上国画课时“睡不着”，我要让学生们喜欢上国画课。

再上山水课时，我做了很大的调整。题目定为：《中国画，山水情》。在导入环节，根据学生的兴趣，引入了水墨动画片《山水情》，给学生展示了不一样的动画形式，学生一下子就被吸引住了；接下来就带领学生画一画动画里的山水，初步了解“水墨”，然后研究“白山黑水”跟水墨的关系和实物风景跟山水画的关系并学习使用毛笔。整堂课学生是在画中学，在学中画，课堂气氛很活跃。这节课没有人睡觉，大部分学生还期盼着以后的国画课。

现在，学校在做“人人课堂”的教学研讨。听了很多节课之后，对于“人人课堂”，我的理解是：“人人课堂”就是要人人参与——学生人人参与，教师参与人人之中，就美术课来说，美术的专业性较强，但是不符合学生现阶段的认知，上好美术课就要在符合学生认知的情况下，多给学生操作的时间，要在实践中让学生感受到学科的乐趣，以达到人人参与的热情，这样才能够“人人发展”。

美术学科有其独特点，因此，备课时一定要考虑学生的知识接受程度和实践操作能力；在课堂上，给学生一个讨论点，大胆放给学生大量的时间，让孩子们围绕着教学中心，通过实践遇到这样那样的问题，才会有激情、有目的地去思考并解决问题，才会达到主动学习的目的，才会受益匪浅。

虽然每门学科都有其自身特点，但在授课的结果上应该有相通点：应该更能使学生放松，体现学生自身成就感，并给学生带来乐趣。

通过每次的教学研讨，我觉得“人人课堂”就要人人动、人人懂。把灌输式教育变为能动式教育，使教育走向对话，使课堂走向合作和实践，才能不断提高课堂教学水平，打造高效课堂。

课堂是个“传道、授业、解惑”的场所。作为教师，要不断进行课堂和课后的反思，要具备课堂应变的能力。一节成功的课应该是学生都能听得懂，能够自主参与的，而不是老师为了上课而上课。

中学体育游戏教学案例的教学实践探索

臧 坤

一、案例背景

在体育教学中，有些课的内容是非常枯燥乏味的，对学生而言，需要付出的太多、太多。如果我们在上课的过程中尝试一些游戏项目，用于提高学生兴趣，发展学生的各种身体素质，发挥游戏本身的趣味性、团队的组合以及个人在集体中价值的体现等方面的作用。体育游戏不仅能全面发展学生的体能和基本活动能力，同时也是运动技术教学不可以缺少的教学环节和手段，更重要的是，通过游戏教学激发少年学生的体育兴趣，体验运动的乐趣，促进学生智力与个性发展。

游戏，对于每个人的成长都有着积极的作用。体育游戏是一种全面锻炼身体的有效手段，体育游戏的内容丰富、形式多样，具有情节和目的，趣味浓，新颖活泼，能满足学生的求新、求动、求趣的心理需求；激发学生的运动兴趣，充分发挥学生的主体作用，促使学生真正养成良好的体育锻炼习惯。

在我刚刚踏入工作岗位的第一年，有一节课是六年级的立定跳远。刚开始时我采用了传统的集体练习模式，可还练不到三组，就有学生反映："臧老师，太累了……，很没劲的……"还有的说："太单调了……"听到这些话，我立刻想到：对呀！这又不是运动队训练，应该改变一下方法。随即我就对学生说："那么，我们改变一下方法好吗?"听到我的话，绝大多数学生都表示赞成。之后，我就把学生分成了五组（不分水平高低），每组安排水平较高的学生任组长，而且要求各小组在组长的带领下通过各种跳跃游戏，再采用"思考—尝试—练习"的教学模式，发展学生的跳跃能力，同时培养学生的小组团结协作的精神。通过练习，效果确实不同，气氛很热烈，有许多原来成绩较差的学生最后都能有 8 ~ 15cm 不同层次的提高。而且，技术水平也有了明显提高。课后，还有学生问我："臧老师，下次课我们还可以这样上吗？……"

接下来的体育课，索性把大家全部按兴趣分组，每组自己选出组长，然后我根据上课的主要内容，提示各个小组学习的重难点，由小组长带头思考然后尝试练习方法。大家一听，像油锅里注入了一杯水，各自找自己的方案去了。在练习过程中大家在各个小组长的带领下，开展各种方式、各种花样的游戏，真是使出了浑身解数。我被感动了，因为在课的准备过程，我从没有把课完整地思考一遍。所以他们的玩法令我入迷。自始至终，大家的脸上都洋溢着快乐的笑容。

二、教学反思

本节课后，我看到了学生的积极性有很大提高，我也充满了力量，带着希望尝试了自己所教的其他的班级也包括高年级的班级，第一个班的效果就非常好，而且还是高年级的班级，开始我还担心高年级会觉得无聊。于是，我进一步对课的内容和结构进行优化，利用几节课的时间，内容大部分以小组为单位，结合趣味性和竞技性，这样不仅完成了教学任务，还激发了学生的学习兴趣。学生的创造力被激发出来了，学生自己又有意愿，这让我喜出望外。

课堂是最应该具有生命活力的地方，课堂同时也可能是最缺少生命活力的地方。只有充分地"放"才意味着有活力、有创造，才意味着充满生机、充满潜力，才可能构建最具有旺盛生命力的课堂教学。一切运动皆来源于生活，来源于游戏，用游戏的方法上课是返璞归真。对大多数同学来说，运动是有趣的、好玩的。没有乐趣，没有发自内心的冲动，迫于压力的运动不会长久。只有充分调动了学生自主学习的积极性，让学生能够自主练习，这样比教师单纯讲解、示范、反复练习的教学效果有了明显的提高。好的体育课有四个条件：1. 充分的身体活动；2. 技能的切实提高；3. 有认识上的新发现；4. 同伴间的和睦相处。《体育与健康》课程标准要求我们给学生空间，让学生探究式地学习，其实只要我们老师肯动脑、肯钻研，思想不僵化，再枯燥的内容都可以讲好。

三、案例分析

(一) 改革学习方式，在教学中要以创新精神和实践能力的培养为重点，建立新的教学方式，促进学习方式的变革

1. 自主学习

通过让学生自主自愿地参加适合自己的体育活动，促使学生充分体验运动的乐趣和意义，培养学生对体育运动的兴趣。同时，还通过让学生掌握从事终身体育活动所需要的体育知识和技能，促进学生提高自我锻炼的能力，形成终身体育的态度和习惯。

2. 合作学习

新课程提倡改革传统的课堂教学组织形式，尽可能地组织学生运用合作、小组学习等方式，培养学生合作与交流能力、责任感和相互信任的良好品质，调动每一个学生的参与意识和学习积极性。因此，体育教师在课堂教学中，要尽可能地创设合作学习的平台，利用小组学习的课堂教学组织形式，让学生自我表现，努力创新，从而在课堂教学中，不但培养学生的实践能力，还培养学生的创新意识，使每个学生都能学会，都有所得。

(二) 培养学生的创新精神

“创新是一个民族进步的灵魂，是一个国家兴旺发达的不竭动力。”新课程强调的教学过程是师生交往、共同发展的互动过程。在课堂上学生学习的过程是一个学生亲自参与丰富、生动的思维活动，经历一个实践和创新的过程，教学中可以让学生参与设计教学内容、练习形式等教学活动，让学生主动参与到教学设计过程中，促进学生的发展。

Part 04

教学设计选粹

课题：敬业与乐业

班级 九（1） 学科 语文 执教人 钱志民 执教时间 2015 年 12 月 1 日

一、教学目标

1. 识记理解文中的生字、新词，积累文中经典语句和格言；

2. 区分议论文的观点和材料，厘清作者的论证层次，理解本文运用举例、引用等论证方法阐述观点的方法；

3. 认识敬业与乐业的重要性，懂得在勤学中体验乐趣。

二、教学重点和难点

1. 教学重点：梳理作者的论证层次，理解本文运用举例、引用等论证方法阐述观点的方法。

2. 教学难点：区分议论文的观点和材料，厘清作者的论证层次。

三、教学过程

教学环节	教学内容	教师活动	学生活动	设计意图（技术支持）
导入	1. 了解作者概况。 2. 了解课文背景(PPT)。	师述：今天我们一起来探讨课文《敬业和乐业》，作者梁启超，请大家来简单介绍一下。谁来先说？ 在学生交流的基础上补充课文背景资料。 出示 PPT 投影：走近作者。	用一句话选一个角度介绍梁启超。 聆听梁启超此番演讲的背景。	检查课前预习： 1. 利用网络查阅作者资料，以拉近学生与文本的距离。

续表

教学环节	教学内容	教师活动	学生活动	设计意图（技术支持）
导入	3. 检查预习情况，识记理解文中的生字、新词（PPT）。	梁启超（1873—1929），字卓如，号任公，又号饮冰室主人。广东新会人，中国近代维新派代表人物，学者。“戊戌变法”领袖之一，是中国资产阶级启蒙思想家、政治活动家、教育家、学术大师，是爱国主义者、世界名人。他名成于政治，功成于教育与学术，而学术则成于饮冰室书斋内。 梁启超自幼受过良好教育，比较系统地学习了中国古代典籍。勤奋好学加之天资聪颖使他十二岁考中秀才，十七岁考中举人，享有“神童”美誉。他兴趣广泛，学识渊博，在文学、史学、哲学、佛学等诸多领域，都有较深的造诣。他一生著述宏富，所遗《饮冰室合集》计148卷，1000余万字。 提问：现在我们来看看同学们在字词预习上做得怎么样？ 纠正学生读音。 字词预习不错，现在我们来共同学习课文。	朗读PPT出示的生字新词。	2. 阅读课文，自学生字新词，扫除文字障碍。 此环节意在培养学生学习自读课文的方法和习惯，先学后教。
呈现	整体理解课文（把握中心论点，厘清文章结构）。	提问： 1. 我们阅读一篇议论文首先要关注什么？ 2. 题目“敬业和乐业”中的“业”指什么？ 小结：这是一篇讲演稿，尽管讲的是职业，实际上凡是正当的事，都适合，包括我们学生的学业。 3. “敬业和乐业”这个题目属于论点式还是论题式？为什么？ （“论题”在形式上一般是一个词语或短语而“论点”是完整的判断句） 预设追问：那么，这样的判断句你找到了么？在哪里找的？（把握中心论点） 出示投影： “敬业乐业”四个字，是人类生活的不二法门。 4. 围绕这个中心论点，作者先后谈论了哪些问题？	快速阅读课文，圈画文中的关键句；在全班的交流互动中，理解文章论题中的关键词“业”；通过解析文章题目，明确文章论题并进一步把握文章中心论点；厘清文章宏观结构。	以课题为抓手，利用议论文文体知识，整体把握文章内容，厘清文章总体结构。

续表

教学环节	教学内容	教师活动	学生活动	设计意图（技术支持）
呈现	整体理解课文（把握中心论点，厘清文章结构）。	预设提示：这篇文章只谈了“敬业和乐业”吗？ 预设追问：为什么要谈“有业”？从哪里开始到哪里结束？ 指导梳理文章结构，板书： 有业（2～5节）—敬业（6～7节）—乐业（8节）		
精读文本	探寻论证思路（区分议论文的观点和材料，厘清作者的论证层次）。	1. 研读2～5节 师述：我们先来看看，作者怎么来证明“有业之必要”。 抽生朗读课文（3～5节）。 师述：大家是否能从3～5节的内容上，看出作者的论证思路？ 提示：请大家注意识别这个语段的中心句。 预设追问：写3、4两段目的是什么？ 答案：征引儒门、佛门这两段话，不外证明人人都要有正当职业，人人都要不断地劳作（语段中心句）。 小结：作者引用孔子的话和百丈禅师的故事，得出人人都要有正当职业，人人都要不断地劳作的结论，强调有业是做人之本。 2. 研读6～7节 现在我们来探讨作者怎么来证明“要敬业”。 （1）要求学生默读圈画课文6～7节。 （2）师述：这一层是作者的论证重点，思路比较复杂，我们分小组一起来展开研究，看看哪个组梳理得最明白、最清晰。 提示：这一段证明的材料和观点胶着在一起，比较难梳理，没关系，老师告诉大家一个方法，大家来试一试。请大家阅读时，在心里对“要敬业”问一个为什么，“为什么要敬业？”然后把能直接回答“为什么要敬业”的句子画出来，这样的句子往往是支撑论点的重要观点，从而把握住作者的论证思路。 在各小组讨论的基础上组织全班交流，出示PPT：	1. 默读圈画，全班读读议议。 2. 先默读圈画，然后不同小组进行互动交流；再全班讨论；学生朗读庄子、孔子言论的注释，并熟读成诵。	运用朗读、默读和圈画，小组交流，全班汇总，教师点拨和归纳总结等方式，按“扶—半扶半放—放”的策略，组织学生探究、合作，落实重点，突破难点。

续表

教学环节	教学内容	教师活动	学生活动	设计意图（技术支持）
精读文本	探寻论证思路（区分议论文的观点和材料，厘清作者的论证层次）。	凡职业没有不是神圣的，所以凡职业没有不是可敬的。 所以敬业主义，于人生最为必要，又于人生最为有利。 （3）师述：除了上述观点以及对观点的阐释之外，作者举总统、拉黄包车的例子和挑粪工、军人的例子以及《庄子》记佝偻丈人承蜩的故事和庄子、孔子的言论都属于议论文论证的“材料”。它们共同为证明各自的观点服务。要求学生朗读庄子、孔子言论的注释，并熟读成诵。 小结：能直接回答“为什么要敬业”的句子就是支撑分论点“要敬业”的观点；要细心识别哪些是说理阐释，哪些是用来证明观点的材料（引用名言列举事例），这样才能把握作者的论证思路。 3. 研读第 8 节 （1）要求学生默读圈画课文第 8 节。 师述：现在请大家阅读“要乐业”，运用刚才学到的辨识观点和材料的方法，阅读第 8 段，在心里对“要乐业”发问，“为什么要乐业?”然后把能直接回答“为什么要乐业”的句子圈画出来。 在个人研读思考的基础上，全班交流，出示 PPT： 凡职业都是有趣味的，只要你肯继续做下去，趣味自然会发生。 预设追问：支持这一观点的理由是什么? （四个快乐） 人生能从自己职业中领略出趣味，生活才有价值。 预设追问：支持这一观点的理由是什么? （孔子自述生平的言论：“其为人也，发愤忘食，乐以忘忧，不知老之将至云尔。”） 总结：“要敬业”“要乐业”两段的论证思路：作者都是先论证“业”本身值得敬、值得乐，再论证“敬业”“乐业”所带来的意义。这两个方面，严谨周密、丝丝入扣。 4. 研读第 9 节 现在，我们来看看作者怎样结束文章的。	3. 先默读圈画，再小组交流互动，全班探讨。 学生朗读孔子言论的注释，并熟读成诵。	运用朗读、默读和圈画，小组交流，全班汇总，教师点拨和归纳总结等方式，按“扶一半扶半放一放”的策略，组织学生探究、合作，落实重点，突破难点。

续表

教学环节	教学内容	教师活动	学生活动	设计意图（技术支持）
精读文本	探寻论证思路（区分议论文的观点和材料，厘清作者的论证层次）。	齐读课文第9节。 提问（1）：一篇结构完整的议论文，通常在最后阶段会写什么？ 答：总结全文，回答怎么办的问题。 预设追问：作者哪一句话总结了全文？ 答：今天所讲，敬业即责任心，乐业即是趣味。 提问（2）：作者告诉我们，怎样才能敬业和乐业了吗？ 答：人类合理的生活总该如此。 预设追问："人类合理的生活总该如此"，你认为这里的"如此"指什么？ 答：做事须尽责，做事还须寻求趣味；用"趣味"和"责任"；提高责任心，努力寻求趣味等。	4. 读读议议，聆听教师归纳总结。	运用朗读、默读和圈画，小组交流，全班汇总，教师点拨和归纳总结等方式，按"扶—半扶半放—放"的策略，组织学生探究、合作，落实重点，突破难点。
评价	梳理全文思路，归纳文章主旨。	在学生交流的基础上教师总结文章思路和主旨： 文章开宗明义地提出了"敬业乐业"的主旨，接着分别谈论了"有业""敬业"和"乐业"三个问题，最后用"责任心"和"趣味"总结精神旨意。 全文深入论述了敬业与乐业的重要性，殷切地希望大家发扬敬业与乐业精神，去过人类合理的生活。	思考和交流。	从局部深究再回归整体，加深对文章内容和形式的理解。
作业	质疑探究。	作者说："我信得过我当木匠的做成一张好桌子，和你们当政治家的建设成一个共和国家同一价值；我信得过我当挑粪的把马桶收拾干净，和你们当军人的打胜一支压境的敌军同一价值。"联系你自身的社会体验，你同意作者的这个观点吗？ 把你的想法有理有据地写出来。 指导写法，出示PPT。 如何表达阅读感受： （1）内容上的要求：以理解文章内容和主旨为基础，结合自身经验，表达自我的感受（对文本稍加拓展）； （2）写法上的要求：感点集于一点，层次清晰（引用感点—表达感受—概括总结），语句通顺连贯。	学生深入思考，质疑，写出自己的看法，然后全班交流。	让学生对课文的内容和表达发表自己的看法，培养独立思考和质疑精神；训练阅读感受的表达能力。

板书框架设计

敬业与乐业

梁启超

总论点	提出问题	（1）揭示全文论述的中心—— “敬业乐业”四个字，是人类生活的不二法门。
	分析问题	（2~8）论述有业、敬业、乐业的重要性。
	解决问题	（9）总结：敬业即责任心，乐业即趣味，勉励学生敬业、乐业，合理生活。

教学设计说明

《敬业与乐业》是沪教版九年级语文上册第五单元“讲坛回响”中的一篇自读课文，选自近代思想家梁启超的《饮冰室合集》，是一篇宣讲人生与事业关系的演讲词。

文章思路和主旨

文章开宗明义地提出了“敬业乐业”的主旨，接着分别谈论了“有业”“敬业”和“乐业”三个问题，最后用“责任心”和“趣味”总结精神旨意。

全文深入论述了敬业与乐业的重要性，殷切地希望大家发扬敬业与乐业精神，去过人类合理的生活。

《新课程标准》对于阅读议论文有这样的要求：“阅读简单的议论文，区分观点和材料，发现观点与材料之间的联系，并通过自己的思考，作出判断。”可见，“区分观点和材料，发现观点与材料之间的联系”，进而厘清作者的论证思路是九年级学生应该达到的课程要求。

本届学生在八年级下学期进行过议论文单元的专项训练，初步具备了议论文的基础知识。但是，由于学生基础薄弱，议论文阅读技能尚不巩固，核心问题是不能熟练区分议论文的观点和材料，进而有效地梳理作者的议论思路，从而把握文章观点，理解文章的表达特征。因此，加强议论文阅读的整体理解方面的训练，使之形成能力，是当前最迫切需要解决的问题。据此，制订本课的教学目标、教学重点和难点。

教学过程设计

根据“人人课堂”的教学理念，在教学方法上注重发挥学生自主探究的积极性，编制导学案，引导学生自学，先学后教，以学定教；在教学上注重“师生互动，生生互动”，在互动合作中生成并形成学习能力。

教学环节设计意图（见表格）

教研员点评：

1. 教学设计具体详尽，反映了教师对文本的深入理解和对课堂的充分预设；

2. 正确把握文本的教学价值，教学目标、内容、方法具有内在的一致性；

3. 关注学生的学习经历，遵循学生阅读议论文的路径和方法。

课题：爸爸的花儿落了

班级 八（1） 学科 语文 执教人 黄莺 执教时间 2016 年 3 月 18 日

一、教学目标

1. 知识与能力：整体把握文章内容，学习用自己的话概述相关内容；体会到文章在叙事中的抒情；明确文章叙事线索以及认识插叙的作用。

2. 过程与方法：创设情境，用关键提问引导学生进行思考、探讨、交流。

3. 情感态度与价值观：理解两代人之间的真挚情感，感受亲情的分量和成长的轨迹。

二、教学重点和难点

1. 教学重点：在有感情地自读课文的基础上，整体感知课文内容，用简洁的语言概述相关内容。

思考问题，讨论交流，理解并体会文中浓浓的亲情。

2. 教学难点：明确文章叙事线索，认识插叙在文中的作用；学习在叙事中抒情的写作手法。

三、课时安排

两课时

第一课时：1. 熟读课文，熟悉课文内容，划分文章的结构层次；

2. 介绍作者和背景；

3. 根据课文内容提出质疑，并讨论交流，解决基本问题。

说明：本教学设计为第二课时内容

四、教学过程

教学环节	教学内容	教师活动	学生活动	设计意图（技术支持）
导入	朗读优美的诗句和满怀情感的小说片段，激发学生的情绪，创设情境，营造课文学习的情感氛围。	PPT 出示汪静之的诗句及其在《城南旧事》一书中的部分自序。	朗读 PPT 上出示的汪静之的诗歌，以及摘取的《城南旧事》的片段，感受作者的写作意图，进入阅读文本的氛围当中。	这篇课文是林海音代表作《城南旧事》的节选，语言朴实优美，感情动人，蕴含着浓浓的怀旧情绪。营造一个有情的课堂氛围有助于学生对课文的把握，有利于推进课堂教学内容，拉近学生与课文内容的关系。
精读文本	在初读文本，学生提出质疑并解决了部分问题的基础上，精读文本，老师提出几个关键问题，学生思考问题、回答问题，达到帮助学生理解文章内容、体会文章所表达的情感的目的。	提出环环相扣的几个思考问题： 1. 本文标题是“爸爸的花儿落了”，那么文中有哪些地方提到“花”，这些花在文中都有些什么作用？ 2. 文章写了父亲的哪几件事，并判断哪件事在文中是插叙，说说这些插叙的内容在文章中有什么作用？	学生在文中找到相应内容，用自己的话概括并交流。 学生在文中找到写到“花儿”的语句，理解这些花都跟爸爸有什么关系，并思考文章结尾两句话为什么分成两段来写，有什么内涵。 回答第二个问题时要注意事件发生的顺序，判断出插叙内容的明确理由，明确插叙的特点。整篇文章基本是围绕“毕业典礼”展开的，采用的是插叙的手法，因爸爸的话引起的对往事的回忆属于插叙的内容。	对文本的理解、概括、探讨、交流是这堂课的主要环节。 这个问题是为了让学生明确文章的线索，从整体上把握文章内容和感情基调。 整体感知课文，学习用自己的语言概括内容。并且能够分析理解插叙的作用。

续表

教学环节	教学内容	教师活动	学生活动	设计意图（技术支持）
精读文本		3. 这几件事对“我”的成长所起的重要作用。 4. 说说你觉得父亲是一个怎样的人？	回答第三问题时要能够在文中找到父亲对我成长的重要影响的关键语句。 说出自己对文中父亲的感受、看法，进一步深人课文内容。	学生学会找到文章的关键句子，让学生体会到父亲对我的成长的影响是重大的，对我的成长起着至关重要的作用，以及作者在叙事中蕴含的深厚的情感。 更加完整地感受父亲的形象，体会到父爱的深沉与伟大，对孩子成长起到什么重要影响。
小结	主要对文章的脉络、行文线索和插叙的作用进行归纳总结。	明确：文章以“花”为线索，一方面实指花儿的败落，另一方面象征天性爱花的爸爸离开人世。而对爸爸的回忆则让我们感受到“我”在爸爸的爱与教育中的成长过程。	同学们通过讨论交流，自己归纳出文章的线索和插叙在文中的作用。	强化学生对小说的线索和叙述方法这两个知识点的认识和掌握。
拓展	1. 播放《骊歌》； 2. 语言训练； 3. 点评，激发学生的思考和情感。	1. 播放《骊歌》。 2. 请你用最真挚的感情、最优美的语言来表达父亲对你的深深的爱。 3. 每个人在成长过程中都离不开亲人的关爱与支持，虽然都要经历这样那样后来看来都是错误的事，但回忆起自己的成长历程，往往又都深怀着依依不舍与留念，尤其是与至亲至爱的人有关的那些往事，让我们珍爱自己拥有的一切，用心聆听他们对自己的教诲，坚实地走自己的路，不辜负亲人们对自己的付出与关爱。	1. 静静听歌，然后能够用语言表达自己对这首歌的感受、理解。 2. 语言表达训练： 用父爱如________，我____________。造句，借助句式表达自己对父爱的理解。 例句：父爱如山，我领略了他的深沉与厚重。	用音乐加深学生对文章的直观感受，并以此强化文章给学生的情感体验。 语言训练强化学生对文章的理解，并能够联系到自己的生活实际，学习表达。

续表

教学环节	教学内容	教师活动	学生活动	设计意图（技术支持）
作业布置	1. 练笔：在爸爸的______中长大； 2. 课外阅读《城南旧事》。	出示PPT。	学生课外完成。	1. 引导学生多读书，读适合自己的书。 2. 通过练笔学习感受生活，懂得感恩。

板书框架设计
爸爸的花儿落了 林海音 爸爸：既严厉又慈爱　　“花儿”落了：夹竹桃败落了 爱花的爸爸离开人世 我长大了 酷爱养花 注重感情 善于教育孩子

教学设计说明

本教学设计内容是在完成第一课时基础上的第二课时。

教材说明

《爸爸的花儿落了》是本学期教材中第二单元的一篇课内讲读篇目。本单元的主题是“两代人的心灵沟通”。这篇文章以抒情的笔调叙写了严厉的父亲和成长中的女儿的故事，表达了作者失去父亲的痛楚与无奈，以及童年对父亲的深深眷念之情。所以在教学时想要引导学生对文章进行整体的阅读与品析，通过设计关键问题，通过讨论与交流使学生把握文章记叙中蕴含的丰富的情感，体会到亲情的分量，感受成长的轨迹。这是一个重要的知识点。

这篇文章在写作上还涉及另一个知识点，那就是插叙。要让学生区别三种记叙的顺序，并认识到插叙的作用。

这篇课文较长，用两个课时完成，第一课时是在老师的指导下自读，主要解决生字词，熟悉课文内容，大致了解文章结构，为第二课时作准备。

学情说明

初一年级下学期的语文教学应该是由引导学生从朗读与积累逐步过渡到培养整体阅读和品味赏析的能力。我所带的两个班级学生语文基础参差不齐，绝大多数学生语文基础与基本功较差，表达与理解能力都不好，课堂上学习的积极性和主动性都不够。针对这种情况，我希望通过找到合适和恰当的切入点去调动学生的参与意识，教学中配合他们相当的学习能力和水平来设计问题，有效开发课程资源，创设情境，利用多种教学渠道，不求面面俱到，只求学生在课堂上确实学有所得。

教法与学法说明

教学方法说明：

1. 创设教学情境，引导学生进入文本，理解文章的思想感情。
2. 在初读的基础上，用问题引导学生整体把握文本，并用自己的话概括相关内容。
3. 在思考问题时，通过讨论交流厘清文章写作思路，感受亲情的分量和成长的轨迹。

学法指导说明：

1. 鼓励并指导学生用语言概括文章内容，提高学生整体把握文章以及语言表达的能力。
2. 指导学生在整体阅读文本的基础上，有效抓住文章的重要语句，以此为契机领会文章中蕴含的思想感情。
3. 在学习文本的基础上，联系学生的实际感受，进行语言表达的小练习，培养学生语言表达能力。

教研员点评：

1. 抓住文本情意真挚、结构独特的特点，准确确立教学目标和内容；
2. 注重文本的整体把握，引导学生把握叙事文阅读的正确路径和方法；
3. 注重营造学习特定文本的课堂氛围，加强学生的情感体验。

课题：扇形的面积

班级 六（1）、六（2） 学科 数学 执教人 王雅琴 执教时间 2015 年 12 月 7 日

一、教学目标

1. 理解扇形的概念；

2. 掌握扇形的面积公式，会用公式进行有关面积计算；

3. 在扇形的面积公式的导出过程中，体验将未知问题转化为已经学过问题的过程。

二、教学重点和难点

会应用扇形面积公式进行相关计算。

三、教学过程

教学环节	教学内容	教师活动	学生活动	设计意图（技术支持）
智慧启航	回顾。	弧长公式，及其变形后的等式。	$\frac{l}{C_{圆}}=\frac{n}{360}$ $\Rightarrow\begin{cases} l=\frac{n}{360}\times C_{圆} \\ C_{圆}=\frac{360}{n}\times l \\ n=\frac{l}{C_{圆}}\times 360 \end{cases}$	为扇形面积公式的推导作铺垫。

续表

教学环节	教学内容	教师活动	学生活动	设计意图（技术支持）
智慧启航	扇形概念。	（1）提问：下列图形中哪个阴影部分是扇形？ 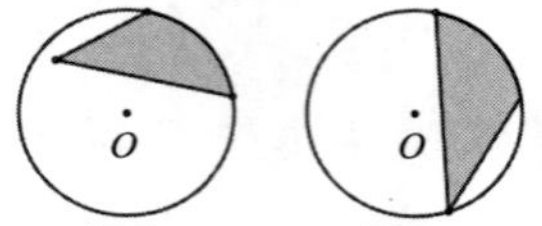 图①　图② 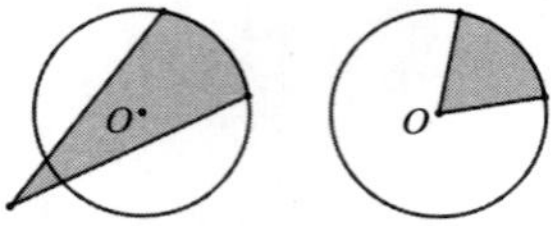 图③　图④	扇形概念：由组成圆心角的两条半径和圆心角所对的弧围成的图形，叫做扇形。	通过辨析，强调圆心角和半径。
		（2）板书：下列图形中阴影部分记作“扇形 *AOB*” 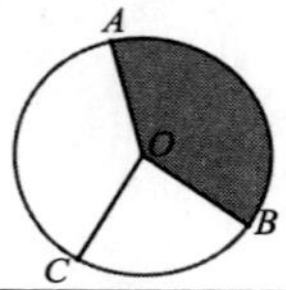	会记作图中其他扇形部分。	知道扇形的数学表示形式。
智慧续航	探究扇形面积公式。	（1）提问：圆心角所对的扇形面积与圆面积的比值是多少？ 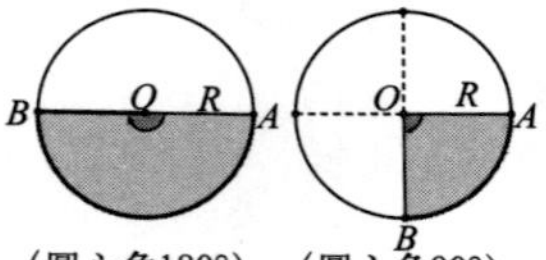 （圆心角180°）　（圆心角90°） 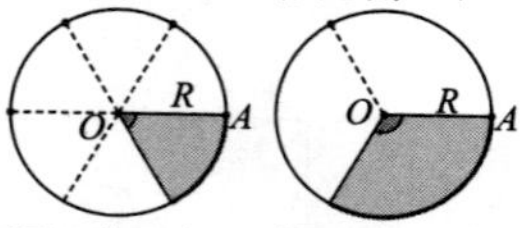 （圆心角60°）　（圆心角120°）	$\frac{扇形面积}{圆面积}=\frac{180}{360}=\frac{1}{2}$ $\frac{扇形面积}{圆面积}=\frac{90}{360}=\frac{1}{4}$ $\frac{扇形面积}{圆面积}=\frac{60}{360}=6$ $\frac{扇形面积}{圆面积}=\frac{120}{360}=\frac{1}{3}$	（1）由特殊到一般是数学的基本思维策略； （2）在弧长公式的推导过程中已接触过类似图形，有利于学生类比。
		（2）提问：扇形的面积与它所在圆的什么有关？有怎样的关系式？ 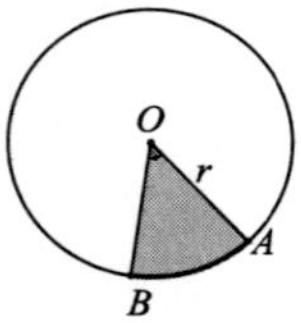	得出关系式： $\frac{S_{扇形}}{S_{圆}}=\frac{n}{360}$	（1）借助几何画板，理解当半径固定时，扇形面积随圆心角的变化而变化； （2）类比弧长公式的推导，得出比例式。

续表

教学环节	教学内容	教师活动	学生活动	设计意图（技术支持）
智慧续航	探究扇形面积公式。	（3）提问：请把比例式转化。	学生独立完成后，组内交流 $\Rightarrow\begin{cases}S_{扇形}=\frac{n}{360}\times S_{圆}\\S_{圆}=\frac{360}{n}\times S_{扇形}\\n=\frac{S_{扇形}}{S_{圆}}\times 360\end{cases}$	类比弧长公式的转化原理，理解：在同圆或等圆中，扇形面积是圆面积的一部分，圆心角是圆周角的一部分，圆面积是扇形面积的倍数。
	扇形面积公式的简单应用。	（1）如果圆的面积是45平方厘米，那么80°的圆心角所对的扇形面积是多少？ （2）如果40°的圆心角所对的扇形面积是30平方米，那么这个圆的面积是多少？ （3）如果面积为100平方米的圆内一扇形的面积是60平方米，那么此扇形的圆心角是多少？	类比弧长公式的应用，学生独立完成。	练习，巩固公式。
智慧远航	扇形面积公式的简单应用。	（1）如果圆的半径是6厘米，那么80°的圆心角所对的扇形面积是多少？ （2）如果周长是62.8米的圆内圆心角为36°，那么圆心角所对的扇形面积是多少？ （3）在一个半径为28米的圆内，40米的弧长所对的扇形面积是多少？ （4）在一个半径为30米的圆内，80米的弧长所对的扇形面积是多少？	（1）、（2）独立思考、小组交流、独立完成； （3）独立思考、合作探究： $S_{扇形}=\frac{n}{360}\times S_{圆}$ $=\frac{n}{360}\times\pi r^2$ $=\frac{n}{360}\times\left(2\pi r\times\frac{1}{2}r\right)$ $=\frac{1}{2}lr$ （4）在（3）之后的独立练习。	（1）、（2）感悟由于半径对圆面积的确定性从而影响扇形面积； （3）不同条件下，探究公式的再推导； （4）巩固练习。

续表

教学环节	教学内容	教师活动	学生活动	设计意图（技术支持）
智慧航路	布置作业。	（1）如果圆的面积是80平方厘米，那么90°的圆心角所对的扇形面积是多少？ （2）如果30°的圆心角所对的扇形面积是96平方米，那么这个圆的面积是多少？ （3）如果面积为300平方米的圆内一扇形的面积是90平方米，那么此扇形的圆心角是多少？ （4）一个圆形时钟的时针长8厘米，从上午8点整到上午11点整，时针所扫过的面积是多少？ （5）如果圆的半径是7厘米，那么72°的圆心角所对的扇形面积是多少？ （6）如果周长是157米的圆内圆心角为45°，那么它所对的扇形面积是多少？ （7）如果半径为31米的圆内，59米的弧长所对的扇形面积是多少？	学生独立完成。	审题过程中，通过对条件的收集分析，确立解题策略。

板书框架设计
$C_{圆} = \pi d = 2\pi r \Rightarrow r = \dfrac{C_{圆}}{2\pi}$　　　$S_{圆} = \pi r^2$ $\dfrac{l}{C_{圆}} = \dfrac{n}{360} \Rightarrow l = \dfrac{n}{360} \times C_{圆}$　　　$\dfrac{S_{扇形}}{S_{圆}} = \dfrac{n}{360} \Rightarrow S_{扇形} = \dfrac{n}{360} \times S_{圆}$ $= \dfrac{n}{360} \times \pi r^2$ $= \dfrac{n}{360} \times (2\pi r) \times \dfrac{1}{2} r$ $= \dfrac{1}{2} lr$

教学设计说明

教材的分析

1. 教材的地位和作用

本节课是沪教版六年级数学第一学期第四章《圆和扇形》中的内容，这一章是建立在小学直观认识圆的基础上，学习圆的有关概念及其周长和面积的计算，再从整体到部分，研究学习圆弧和扇形。这部分内容既是前面所学直观地认识几何形体特征以及有关计算的延续和发展，又为今后由实验几何阶段逐步转入论证几何阶段作好渗透和准备。

本节课经历由特殊到一般探索扇形面积的计算方法，并运用公式解决一些具体问题，为培养和发展学生的逻辑思维能力、观察分析能力、演绎归纳能力打下基础，对学生以后用动态解决数学问题的学习起到铺垫作用。

2. 教学目标

（1）理解扇形的概念；

（2）掌握扇形的面积公式，会用公式进行有关面积计算；

（3）在扇形的面积公式的导出过程中，体验将未知问题转化为已经学过问题的过程。

3. 教学的重、难点

会应用扇形面积公式进行相关计算。

学情分析

1. 这节课之前学生已经掌握了圆的面积公式，已经经历了弧长公式的推导从而理解了弧长与圆周长之间的联系，知道了部分与整体的关系；

2. 学生的学习习惯尚可，但是学习能力欠缺，探究过程的思维灵敏度可能相对较弱，特别是对公式的进一步探究的过程需要老师引导；

3. 学生在解题过程中有“依样画瓢”的能力，但是对知识点的变通应用能力有待培养，所以课内需要设置相对较大的练习度。

教法和学法的分析

教法：

1. 根据学生的学情，我把教参上原本一课时的《扇形面积（1）》设计为两课时，本节课为第一课时，第二课时的教学内容为扇形面积公式的实际应用；

2. 借助多媒体，通过发现动态形成扇形的经过，理解扇形概念，知道部分与整体的关系；

3. 提问法——启发诱导、逐渐深入；讨论法——积极参与、求同化异；练习法——学生实践、巩固提高。

学法：

1. 通过类比，启迪思维，经历独立思考，探究扇形面积的公式及其推导；

2. 体验“从特殊到一般，再由一般到特殊”的辩证思想；

3. 通过对条件分析，提升审题能力，确立解题策略，提高对知识点的应用能力。

教学设计的分析

（一）智慧启航：此环节内容是扇形的概念。

1. 利用学生的生活经验，通过图形辨析，掌握扇形概念，知道扇形的数学表达形式；

2. 辨析所用图形，是学生在之前的弧长一课中学习圆心角的概念与辨析时所用，这里借用之前学习中的图形，学生熟悉，且为探究圆心角对扇形面积的影响作铺垫。

（二）智慧续航：此环节内容是探究扇形面积公式及简单应用，主要采用类比法。

1. 探究所用图形，是学生在之前的弧长一课中探究弧长公式时所用，这里借用之前学习中的图形，学生熟悉，学生在探究扇形面积公式时可以借鉴并类比。

2. 借助几何画板，温故弧长是圆周长的一部分，知道扇形面积是圆面积的一部分，并通过类比理解部分占整体的多少由圆心角的大小决定。

3. 对比例式的转化，由于在之前的弧长一课中已经掌握方法，学生可以类比并有能力独立转化，初步渗透变量之间存在关系的函数思想。

4. 根据学生的学情，这里对每一个公式的使用都设计了相应的题型。由于在之前的学习中学生已经熟悉了解题的格式与规范性，所以教师在这里不再加入例题，绝大多数学生可以类比之前的解题格式独立完成解题。教师在该过程中通过巡视，关注学困生并指导。

（三）智慧远航：此环节内容是扇形面积公式的再推导，主要采用合作学习法。

1. （1）、（2）两题先给出：扇形是其所在圆的一部分，当圆的面积变化时必然会影响扇形面积的变化，而决定圆面积的因素是半径，学生通过独立思考分析题干中的条件并感悟；通过小组交流给出解决策略，特别是第（2）题中要利用已学知识先确定圆的半径后再利用公式解题；这种“转化思想”为后续学习中的探究作铺垫。

2. 给出（3），学生独立尝试，预估学生的策略是利用 $n=\frac{l}{C_{圆}}\times 360$，先把 n 求出来，然后代入主公式，此方法由于除不尽出现了计算太繁杂的困难，此时教师可以引导学生把公式联立，通过学生合作探究得出 $S_{扇形}=\frac{n}{360}\times\pi r^2=\left(\frac{l}{2\pi r}\times 360\right)\times\frac{1}{360}\times\pi r^2=\frac{1}{2}lr$；教师可以引导学生对主公式上进行转化，通过学生合作探究得出 $S_{扇形}=\frac{n}{360}\times\pi r^2=\frac{n}{360}\times\left(2\pi r\times\frac{1}{2}r\right)=\frac{1}{2}lr$。此环节给予学生充足的时间独立思考、合作探究，让学生感悟数学的奥秘，体验数学的乐趣，感知成功的喜悦。

3. 给出（4），学生独立尝试，巩固公式 $S_{扇形}=\frac{1}{2}lr$。

（四）智慧航路：此环节内容是作业题。

1. 由于我把教参上原本一课时的《扇形面积（1）》设计为两课时，导致练习册上的题型没有完全匹配本节课的公式，所以我另设计了这些题作为作业；

2. 希望学生在审题的过程中根据条件，正确确立解题策略、准确运用公式；

3. 第（4）题的设计，在实际应用背景下，也许多数学生是先求出圆心角再求扇形面积的，但是只要有学生利用 $\frac{n}{12}$（n 是小时）求解，那么就为第二节课埋下伏笔，并可以把题干改成“分针”作类比分析、解题，让学生进一步感知部分与整体的关系。

教研员点评：

1. 本教案的教学设计是从问题引入的，激发了学生的“愤悱”情绪，而且教案从学生已会的知识引出新授的知识，让学生掌握了知识迁移的特征，提高了学生自主学习的能力；

2. 本教案的设计关注了教学环节的安排，对课堂教学进行了面面俱到的预设，给各种不确定性的因素留下足够空间，便于教师调控，有利于课堂动态的生成，且每个教学环节后也有教学设计说明，有利于备课组内分享；

3. 本教案的设计既尊重了教材（主要例题、习题都来自于课本），也关注了学生的个体差异（习题的梯度安排考虑到了学生实际掌握知识的情况，尽可能地关注到每一个学生，让他们能通过教学获得成就感）；

4. 本教案的设计关注了“以学生发展为本”的教育思想。教案设计促进了学生的全面发展，也体现了教师的个性特色和创新精神。

课题：有理数的乘方

班级 六（4） 学科 数学 执教人 翁宁蓁 执教时间 2016 年 3 月 2 日

一、教学目标

1. 通过思考归纳，得出有理数的乘方法则；
2. 理解幂等相关概念，能说出幂中的底数、指数；
3. 掌握有理数的乘方法则，会运用法则进行计算。

二、教学重点和难点

1. 教学重点：掌握有理数的乘方法则，会进行简单的有理数的乘方法则应用。
2. 教学难点：正确判断正数、负数任意次幂的符号。

三、教学过程

教学环节	教学内容	教师活动	学生活动	设计意图（技术支持）
智慧启航	1. 珠穆朗玛峰是世界最高峰，海拔 8844.43 米，把一张足够大的厚度为 0.1 毫米的纸，连续对折 30 次的厚度能够超过珠穆朗玛峰。这是真的吗？ 2. 想一想：把一张纸对折，对折 1 次有几层？对折 2 次有几层？对折 3 次有几层？对折 4 次有几层？……对折 10 次有几层？ 对折 10 次有 $2\times2\times2\times\cdots\cdots2\times2$ 层，即 10 个 2 相乘，那么如何能够简洁地表示这个算式呢？$2\times2\times2\times\cdots\cdots2\times2=2^{10}$。	提出问题，引导学生思考；帮助学生完成折纸的操作。	产生兴趣之后，亲身折纸进行操作，得出对折纸的次数和纸的层数间的关系。	1. 通过纸的薄和珠穆朗玛峰的高度的对比，引发学生思考的兴趣。 2. 让学生事先准备好纸，进行折纸的实践操作，加深学生对折纸的次数和纸的层数间关系的印象。

续表

教学环节	教学内容	教师活动	学生活动	设计意图（技术支持）
智慧远航	有理数的乘方法则：求 n 个相同因数的积的运算，叫做乘方。乘方的结果叫做幂。在 a^n 中，a 叫做底数，n 叫做指数。a^n 读作 a 的 n 次方。a^n 看作是 a 的 n 次方的结果，读作 a 的 n 次幂。	引入有关乘方的概念。	学习乘方的有关概念。	在初步引入概念的环节，通过抽象的概念讲解、具体的概念辨析练习，加深学生对概念的理解，然后进行乘方的计算板演。
	口答： 1. 在 10^4 中，10 是____数，4 是____数，读作____。 2. $\left(-\frac{1}{2}\right)^3$ 的底数是____，指数是____，读作____。 3. -10^4 的底数是____，指数是____，读作____。 4. $1^n=$____； $0^n=$____。	在辨析练习中强调有关指数、底数、幂、乘方的含义。	在初步学习概念后进行训练。	
	例题： 1. 计算：10^4。 2. 计算：$\left(-\frac{1}{2}\right)^3$。	进行例题板演。	通过思考例题了解乘方的计算应用。	
	课堂练习： 1. 计算：$(-3)^4$。 2. 计算：$(-\frac{2}{3})^3$。 3. 计算：$-(-0.1)^2$。	请学生根据例题板演进行乘方计算练习，并自主批改。	根据例题板演进行模仿练习，并批改讲解。	让学生根据例题板演，自己模仿完成练习。
	判断 1. $-4^2=-4\times4=-16$（ ）； 2. $-2^2=(-2)\times(-2)=4$（ ）； 3. $-(-3)^2=3\times3=9$（ ）； 4. $\left(\frac{1}{3}\right)^3=\frac{1^3}{3}=\frac{1}{3}$（ ）。	在学生练习之后，对预设的常见错误进行判断。	对常见的计算错误进行判断、修改。	通过常见错误的判断让学生理解错误原因，进而避免再次犯错。
	智慧航标： 1. 找底数可以找幂中离指数最接近的部分，如果是数字则此数字为底数，例如 -4^2 中底数为4；如果是括号则此括号中内容为底数，例如 $-(-3)^2$ 中底数为 -3。 2. 在计算幂的相反数时，不要漏写表示相反数的负号。	组织学生小结。	自主小结。	

续表

教学环节	教学内容	教师活动	学生活动	设计意图（技术支持）
智慧续航	判断下列各数的符号，你能得到什么结论？ 1. 2^2，2^3，2^4，2^5…… 2. $(-1)^2$，$(-1)^3$，$(-1)^4$，$(-1)^5$…… 3. $(-2)^2$，$(-2)^3$，$(-2)^4$，$(-2)^5$……	引导学生思考规律，得出结论。	直接说出各个幂的符号，并讨论自主得出结论。	通过学生自己判断符号、讨论规律，加深学生对于规律的印象，降低遗忘率。
	智慧航标： 正数的任何次幂都是正数；负数的奇数次幂是负数；负数的偶数次幂是正数。	总结规律，为接下来学生的简单运用做铺垫。	自主讨论规律。	
	口答： 1. 已知$\left(\frac{1}{2}\right)^5=\frac{1}{32}$， 那么$\left(-\frac{1}{2}\right)^5=$______。 2. 已知$(1.5)^3=3.375$， 那么$(-1.5)^3=$______。 3. $-1^2=$____，$-1^3=$____， $-(-1)^2=$______，$-(-1)^3=$______。	通过简单的口答训练让学生运用规律。	直接运用规律，简单进行计算。	设计简单的口答练习，使学生在初步知道规律的基础上进行运用。
	例题： 1. 计算$\left(-\frac{1}{2}\right)^3$。 2. $-\left(-\frac{2}{3}\right)^4$。 课堂练习： 1. 计算$(-1)^{2015}$。 2. 计算$-\left(-1\frac{1}{2}\right)^4$。	板演例题，强调要点。 请学生根据例题板演进行乘方计算练习，并自主批改。	通过模仿例题，在练习中运用规律的解题方法。	通过学生的模仿练习，加深学生对于规律的理解。
	智慧航标： 幂中指数较大时（指数大于等于3），可以先判断幂的符号再计算。	组织学生小结。	自主小结。	

续表

教学环节	教学内容	教师活动	学生活动	设计意图（技术支持）
智慧续航	回顾引入问题： 珠穆朗玛峰是世界最高峰，海拔8844.43米，把一张足够大的厚度为0.1毫米的纸，连续对折30次的厚度能够超过珠穆朗玛峰。这是真的吗？ 解：$2^{30}\times 0.1$ $=1073741824\times 0.1$ $=107374182.4$（毫米） ≈ 107374（米） 因为107374（米）$>$8844.43米 所以是真的。	回顾引入的问题，引导学生自主讨论，帮助学生一起解决问题。	思考本节课开始的问题，通过小组讨论交流解题思路。	回顾课堂开始的课题背景，保持学生的学习兴趣，让学生在小组讨论中启发思路。
	智慧航标（小结）： 1. 乘方运算关键在于先明确底数。 2. 找底数可以找幂中离指数最接近的部分，如果是数字，则此数字为底数；如果是括号，则此括号中内容为底数。 3. 在计算幂的相反数时，不要漏写表示相反数的负号。 4. 幂中指数较大时（指数大于等于3），可以先判断幂的符号再计算。	组织并帮助学生小结。	自主小结。	
智慧航路	练习册5.8。			

板书框架设计

5.8 有理数的乘方

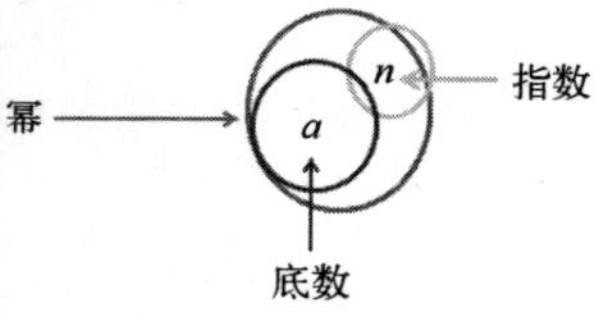

正数的任何次幂都是正数 2^2，2^3，2^4，2^5……

负数的奇数次幂是负数 $(-1)^3$，$(-2)^3$，$(-1)^5$，$(-2)^5$……

负数的偶数次幂是正数 $(-1)^2$，$(-2)^2$，$(-1)^4$，$(-2)^4$……

底数为10

例1. 10^4

底数为 $-\frac{1}{2}$

例2. $\left(-\frac{1}{2}\right)^3$

底数为 $-\frac{2}{3}$

例3. $-\left(-\frac{2}{3}\right)^4$

教学设计说明

教材的分析

本节课的内容是在学生学习了有理数的加减乘除运算的基础上进行教学的。乘方的概念学生在小学当中已经有所了解，当时只是简单地知道 2^2 表示两个 2 相乘，但是，事实上学生对于乘方在计算过程中产生的数量级变化并不了解，加上教材中要求学生会用计算器计算乘方，因此，也处于激发学生学习兴趣的目的，本人选择以一张纸的对折厚度和珠穆朗玛峰的厚度作对比，引出了乘方的概念。

学情分析

1. 六年级 4 班的学生情况，本地生较多，外地生较少，学生总体比较腼腆，不愿意举手回答问题；

2. 学生的基础主要集中于中后段，缺少上层学生，思维喜欢跟着老师走，但是缺少独立思考的能力；

3. 学生反应相对较慢，很少学生能够主动学习，对于作业中简单的基础题完成情况较好，但是中等难度以上的题目就完成得有困难。

教法和学法的分析

根据学情分析，我利用学生们喜欢跟随老师的习惯，在整堂课中设计了一个大问题来引发学生的兴趣，剩余主要的时间通过关于乘方问题的逐渐深入，希望采用学生讨论和教师讲解相结合的教学方法，引导学生产生思维碰撞的火花，使人人都能够参与到课堂中来。

教学设计的分析

（一）智慧启航

本环节中，通过激发学生兴趣，引出乘方的相关概念。

1. 教师先通过一张纸的厚度和珠穆朗玛峰的高度的对比，激发学生的兴趣，顺势引出下面折纸的动手操作；

2. 通过学生自己动手折纸并且数折纸的次数和层数之间的关系，讨论得到每次将纸对折一次，纸的层数就是乘以 2 的结论，得到算式；

3. 教师通过以上算式的数学不变和引导学生回忆小学中有关 2^2 的意义，引出乘方的概念。

（二）智慧远航

本环节中的问题，主要通过学生先思考例题，结合学生自主练习，后组内或者组间互相批改完成，达到“人人参与、人人合作、人人发展”的目标。

1. 在初步讲解乘方的概念之后，通过一组简单的辨析题直接让学生回答，让学生通过这组题中对于不同底数的判断，深化对底数、指数的理解。

2. 接下来通过板演两道例题，详细讲解关于乘方的运算法则。然后让学生模仿例题解题格式和过程，完成三道相似练习。这三道题目，均由小组代表，借助投影仪向其他同学讲解完成。

（三）智慧续航

1. 在经过初步的模仿练习之后，让学生进行一组判断题的训练，内容是预设的学生在乘方的运算过程中容易出现的一系列错误，希望通过提前的判断题练习能够帮助学生降低一定的错误率。

2. 通过一组幂的符号的判断，引导学生观察幂的符号和幂的底数、指数之间的关系；通过引导组织学生在小组间讨论，引导学生自己归纳得到“正数的任何次幂都是正数；负数的奇数次幂是负数；负数的偶数次幂是正数”。接下来，分别给出两组练习：第一组直接判断符号，结合已知条件说出答案；第二组通过在原来例题$\left(-\frac{1}{2}\right)^3$上的解法二，讲解新例题，使学生结合题目进行模仿练习，这三道题目，均由小组代表，借助投影仪向其他同学讲解完成，这也正是体现了人人合作的过程。

3. 回顾本节课开始的有关折纸厚度和珠穆朗玛峰的问题，鼓励学生以小组的形式讨论，尝试自己解题得到答案。在实际教学当中，发现如果能在智慧启航环节做好铺垫，班级当中的中上层学生都可以独立列出算式，并用计算器进行计算。即使基础较差的学生不能够列出算式，但是在小组讨论算式和利用计算器进行计算中，他们仍然可以参与，这也充分体现了“人人课堂”中人人参与的理念。

（四）智慧航路

教师所布置的作业应该具有课堂教学的巩固性和延续性等特点。本节课配套的作业在练习册中主要注重有关乘方的计算训练，和本节课的内容相似，同时也有简单的实际应用题，可以让学生体会数学在现实生活中的应用价值。

教研员点评：

1. 创设情境，通过纸的薄和珠穆朗玛峰的高度的对比，激发学生学习兴趣；

2. 注重概念教学，侧重于概念的形成和应用，提高学生的学习能力。教师通过设计配套习题，层层递进，引导学生进一步掌握概念，培养学生的学习能力和兴趣；

3. 教案设计能关注学生的个体差异，促使每个学生都得到进步和收获。教师在备课、上课、作业设计等方面都尽可能地关注到每一个学生，让他们学有所成；

4. 教案的设计体现教师的教学风格与个性特征，体现了教师的创新精神。

课题：A birthday plan

班级 七（1） 学科 英文 执教人 施慧丽 执教时间 2015 年 11 月 11 日

一、教学目标

By the end of the lesson, the students are expected to:

1. Get the general idea of the passage;

2. Find out specific information, infer and summarize through the reading material;

3. Know the different ways to celebrate birthdays in foreign countries and respect their cultures.

二、教学重点和难点

1. Guide students to infer and summarize through the reading material;

2. Guide students to use what they have learnt in reality.

三、教学过程

教学环节	教学内容	学习活动	教学目标	媒体功能 应用及分析
Pre－task	A song.	1. Sing a song: Happy birthday.	To lead in the topic and arouse students' interest.	

续表

<table>
<tr><th>教学环节</th><th>教学内容</th><th>学习活动</th><th>教学目标</th><th>媒体功能
应用及分析</th></tr>
<tr><td>Pre－task</td><td>Students' homework about 'A birthday plan for his best friend'.</td><td>2. Check the homework together.</td><td>To review what the students learnt during the last period and lead in the topic.</td><td>平板电脑：
1. 课前：让学生为一位中国小朋友设计一次生日活动，上传共享，互学互评。
老师将学生们提到的活动进行整理，分为共性和特性两组。
2. 课中：对作业中出现特别的、有新意的活动提出表扬和肯定，同时复习已学过的活动，发现学生学习中的问题。</td></tr>
<tr><td rowspan="7">While－task</td><td rowspan="2">The whole passage.</td><td>1. Read the passage and underline the topic sentence.</td><td rowspan="3">1. To help students find out specific information, infer and summarize through the reading material.</td><td rowspan="3">借助电子教材，学生自我控制学习节奏，朗读理解文本。</td></tr>
<tr><td>2. Read the passage and match the countries with the pictures.</td></tr>
<tr><td>The paragraph about Denmark.</td><td>3. Read paragraph 2 and answer some questions.</td></tr>
<tr><td>The paragraph about India.</td><td>4. Read paragraph 3 and choose and answer.</td><td rowspan="2">2. To encourage students to further understand the passage.</td><td rowspan="2">学生借助电子书包中的热点功能阅读文本，自主学习单词与文本。</td></tr>
<tr><td>The paragraph about America.</td><td>5. Read paragraph 4 and fill in the table.</td></tr>
<tr><td>The paragraph about Holland.</td><td>6. Read paragraph 5 and answer some questions.</td><td rowspan="2">3. To arouse students' awareness of respecting other countries' customs.</td><td rowspan="2">通过推送练习，检测学生对文本的掌握情况。</td></tr>
<tr><td>The whole passage.</td><td>7. Choose the favourite country's ways of celebrating birthdays and tell why.</td></tr>
</table>

续表

教学环节	教学内容	学习活动	教学目标	媒体功能 应用及分析
Post – task	The whole passage and the students book p. 75&76.	1. Make a birthday plan for a foreign friend and fill in the table. 2. Make comments and choose the best two plans. 3. Report the best two plans orally in groups.	To guide students to use what they have learnt.	利用平板完成小组研讨，进行互相学习并点评。
Assignment		1. Write down your group's plan for the foreign friend. 2. Search for more information about the birthday customs of other countries on the Internet.	To make students consolidate what they learned in class.	自主修改，上传分享，及时评价。

板书框架设计	
A birthday plan（贴字条）	
Put a flying flag outside a window	Prepare a special birthday meal
Place the presents around the bed	Receives an especially large present
Wear colored clothes	Puts flowers on the birthday child's chair
Give out chocolate	
Invite their friends to their birthday parties	
Play games	
Decorate the house	

教学设计说明

在设计课程时我主要是围绕选材、环节设计和情感渗透三个方面来贯彻“人人课堂”和电子书包有机结合、相辅相成的教学理念，从而达成“以人为本，人人参与”交互式学习的目标。自从我校“人人课堂”理念提出后，全校老师都在不断地学习、理解和实践着。“人人课堂”强调人人的参与，学生主动地学习。它倡导四个教学状态——“开放、合作、开拓和自主”。所以在选材时，我特意选择了学生们比较感兴趣的生日活动话题，而且是在结合课本内容上的一篇拓展阅读，这样的课题来源于我们的日常生活，比较能引起这个年龄段学生的兴趣，大家都能积极参与。

在教学环节的设计中，这次三要采用了“人人课堂”四个教学策略中数字化环境下的交互式学习，也就是电子书包的使用。开始作业点评环节就充分地利用电子书包让学生们自主完成作业，同时又能够很直接地查看到其他同学的作业，实现了生生之间的互助学习。教学过程中的任务推送功能，实现了评价的及时性，也很直观地让老师关注到每个学生的完成情况。最后环节中采用的拍照上传功能，是传统方式和现代技术的有效结合，节省了时间又能够完成学生们的互助学习，人人都能够很直观地接受到更多的信息，这是传统课堂所不能实现的。

情感渗透方面我觉得课件主要是以丹麦、印度、美国和荷兰这四个国家为例介绍不同国家有着不同的庆祝生日的方式，让学生们的思考多元化，拓展学习的内容。通过课程的推演能了解并尊重各种不同的文化。努力引导学生建立“包容”“尊重”“交融”等能为我校海洋文化价值特色的人文情怀。

教研员点评：

本案例目标明确，重难点把握准确，知识主线提炼精确。教学设计体现了“阅读课”的教学模式，从复习热身、感知体验、强化巩固到语言应用，设计的思路清晰，步骤明确，体现了“层层递进”的教学原则。设计的流程遵循了学生的认知规律，由感知体验到语言应用，注重了知识获取，能力形成的学习过程。本教学案例的亮点在于教师在设计这个案例时能够结合学校提出的“人人课堂”的教学理念，关注每个学生在课堂上的发展。同时，她能够利用高科技手段电子书包来辅助教学，更加直观，提高了教学效率。

建议：教学重难点的分析需要针对教的重点和学的难点进行分析，有的是教的重点未必是学的难点，所以教师需要对教材和学生仔细分析来确定重难点。

课题：Nobody wins（1）

班级 八（2） 学科 英文 执教人 吕明辉 执教时间 2015 年 12 月 18 日

一、教学目标

1. Learn to read science fictions by focusing on the three important elements, such as Setting, Character and Plot;

2. Learn to understand the text by scanning, skimming, inferring, predicting and summarizing;

3. Learn to deal with trouble wisely and face the challenges with a smile.

二、教学重点和难点

本课 Nobody wins 选自牛津英语 8A Unit 6，是一篇科幻小说的前半部分。本课教学主题是帮助学生了解 Captain King 及其同伴在无名星球上的历险经历，激发学生了解宇宙的兴趣并引导学生面对困难时要保持冷静，机智应对。考虑到这篇文章难度较大，人物众多，因此利用各种阅读技能把握故事情节，同时引导学生通过朗读人物对话分析人物性格。

三、教学过程

教学环节	教学内容	教师活动	学生活动	设计意图（技术支持）
Pre – reading	Look and find.	Show the picture of the story.	Look at the picture and find information.	To arouse student's interest. To guide students to get useful information from the picture/title and the introduction by skimming. To prepare for the while – reading.

续表

教学环节	教学内容	教师活动	学生活动	设计意图（技术支持）
Pre – reading	While reading.	Ask students to skim Page 93 and find the title and the introduction.	Skim and find more information by reading the title and the introduction.	To help students to understand the text.
While – reading	Ask and think.	Help students to know the three elements of a fiction.	Learn the way to read a fiction.	To help students find the way to read a fiction.
	Scan and answer.	Ask students to scan Part 1.	Answer some questions after scanning Part 1.	To develop students' ability of catching specific information by scanning.
	Read and fill.	Ask students to read Paragraph 1 and 2.	Read Paragraph 1 and 2 and fill in the form of Exercise 1.	To develop student's ability for detailed information.
	Read and answer.	Ask students to read Paragraph 4 – 7.	Read Paragraph 4 – 7 and answer questions.	To introduce Part 2.
	Discuss and guess.	Show some dialog boxer in Part 1 and ask students to guess 'who said them'.	Have a group discussion to guess 'who said it' and finish Exercise 2.	To get some general content of Part 2.
	Read and check.	Ask students to read Part 2.	Check the answers of Exercise 2 and answer some questions after reading Part 2.	To guide students focus on the dialogues among the characters.
	Read and describe.	Ask students to read Paragraph 10 and try to describe how Gork caught them.	Read Paragraph 10 and try to describe how Gork caught them To.	To develop students' ability of reading for details.
	Think and infer.	Guide students to think about Gork's personality.	Think about Gork's personality and tell why.	To develop student's reading ability of inferring.
	Read in roles.	Encourage students to read in roles.	Read the whole text and try to summarize the story by finishing Exercise 3.	To develop students' speaking ability.

续表

教学环节	教学内容	教师活动	学生活动	设计意图（技术支持）
While－reading	Read and summarize.	Ask students to read Part 1 and Part 2.	Read the whole text and try to summarize the story by finishing Exercise 3.	To develop students' reading ability of summarizing.
Post－reading	Retell the story.	Encourage students to retell the story in groups.	Talk in groups and try to retell the story.	To develop student's speaking ability.
	Think and predict.	Encourage students to predict the story.	Predict the story by thinking about what might happen afterwards.	To develop students' ability of predicting.
Assignment	1. Listen to the tape and read the text fluently； 2. Translate the given sentences into Chinese（Work Sheet）.			To help students consolidate what they have learned.

板书框架设计

观察和记录

setting
- Time：In the evening
- Place：in a cave on an unexplored planet

Character
- Main characters：King Gork
- Minor characters：Lam Peters kangaroos

Plot
- …ran out of…
- …landed on …
- …decided to …
- …were caught… ← (…pressed the button / …sprang…closed… / …were trapped in a cage / …pulled the guns)
- …tried to make friends with…
- …failed…
- …had a plan…

教学设计说明

1. 尽可能让学生在自然的语言环境中从旧知识到新知识循序渐进地学习。

2. 让学生了解一些英语语言的知识和重点的词组，培养学生的阅读能力。掌握一些在考试中常出现的重要句型和过去时态。

3. 进一步提高学生听、说、读、写的能力。

4. 培养学生学习英语的兴趣。

本课设计从我校的“人人课堂”的理念出发遵循人人参与的课堂，激发学生的积极性，通过“人人课堂”的开展，可以使教师在教学中体现了新课程的要求，体现了自主、合作、探究的学习方式。

1. 通过任务型教学，让学生学会自主学习，归纳总结，进一步培养学生学习英语的兴趣和主动学习英语的能力。因为本课涉及了孩子们喜欢的寓言故事的经典篇目，培养学生阅读能力，这个故事中的两个主人公对比鲜明，有利于学生在阅读后提炼文本的主题思想，达到育人的目标。

2. 在教学方法上我采用：

（1）创设教学情境，引导学生进入新课；

（2）任务型教学法、工作单练习以及课堂讨论等。

教研员点评：

亮点：1. 教学目标明确，教学重点、难点突出，设计意图明了；

2. 思维活跃，过程缜密；

3. 有板书设计、教学说明，结合学校要求的“人人课堂”理念，是一份较好的教学设计案例。

课题：适应社会　完善自我

班级 八（3） 学科 政治 执教人 徐佳佳 执教时间 2016 年 4 月 20 日

一、教学目标

1. 知识与技能：了解适应社会和完善自我的关系，理解完善自我必须做到积极的自我期待，做情绪的主人，正确对待顺境和逆境，逐步学会主动适应社会的多方面能力；

2. 过程与方法：通过案例分析、心理自测、情境创设、小组交流讨论等一系列活动，初步掌握适应社会、完善自我的一些基础知识和方法；

3. 情感、态度与价值观：激发学生培养社会适应能力的自觉意识，帮助学生树立适应社会的积极人生态度。

二、教学重点和难点

1. 教学重点：青少年应该如何适应社会、完善自我。

2. 教学难点：树立适应社会的积极人生态度。

三、教学过程

教学环节	教学内容	教师活动	学生活动	设计意图（技术支持）
新课导入	适应社会，完善自我。	导入课题。	猜猜它是谁？ ＊它有一个梦想。 ＊它从小和父母失散了。 ＊它的“爸爸”是一只鹅。	从学生喜闻乐见的动画人物——功夫熊猫阿宝入手，以阿宝的故事引发学生思考，调动学生学习的兴趣，为后面学生更好地体验教学创设氛围。

续表

<table>
<tr><th>教学环节</th><th>教学内容</th><th>教师活动</th><th>学生活动</th><th>设计意图（技术支持）</th></tr>
<tr><td rowspan="2">心灵茶室</td><td rowspan="2">积极的自我期待：
1. 确定目标；
2. 适时调整。</td><td>组织学生根据材料填写表格。</td><td>填写表格——<table><tr><th>生活环境</th><th>生活现状</th><th>生活目标</th><th>调整策略</th></tr><tr><td>家里(面条店)</td><td></td><td></td><td></td></tr><tr><td>学校(翡翠宫)</td><td></td><td></td><td></td></tr><tr><td>社会(和平谷)</td><td></td><td></td><td></td></tr></table></td><td rowspan="2">通过阿宝的成长经历，分析它的生活现状、生活目标，以及为达成目标进行的策略调整。

引导学生畅谈分享，从而归纳分析，适应社会需要积极的自我期待，要根据自己的个性特点并结合社会的需要，确定目标并学会及时调整。</td></tr>
<tr><td>引导学生充分展开讨论。</td><td>【阅读与思考】
1. 我的生活目标（20 岁、30 岁）分别是什么？为什么我会为自己确定这样的目标？
2. 在实现目标的过程中，可能会遇到哪些困难？
3. 如果遇到困难，应该怎么办？
4. 如果发现自己的能力确实不足以实现既定目标，应该怎么办？</td></tr>
<tr><td rowspan="2">心扉钥匙</td><td rowspan="2">做情绪的主人。
主动调适，理智控制。</td><td>组织学生结合班级情况表演小品，并引导学生体会自己在日常生活中的情绪波动。</td><td>【情绪我来读】小品表演思考并完成表格——<table><tr><td>事情</td><td>数学测验成绩不理想</td></tr><tr><td>情绪</td><td></td></tr><tr><td>行为</td><td></td></tr><tr><td>后果</td><td></td></tr></table>【情绪我体会】我的情绪如何处理<table><tr><th>事件</th><th>情绪</th><th>处理方式</th><th>当时的想法</th></tr><tr><td>早晨起床晚了</td><td>着急</td><td>冲着妈妈大叫</td><td>都是妈妈叫得晚了，迟到了肯定被老师骂</td></tr><tr><td></td><td></td><td></td><td></td></tr><tr><td></td><td></td><td></td><td></td></tr></table></td><td>以学生表演的小品，引发学生思考，体验情绪给人带来的影响，查找自己生活中受到情绪影响的事件以及自己当时的应对态度。</td></tr>
<tr><td>引导学生充分展开交流讨论。</td><td>【情绪我分享】小组交流讨论：
1. 当你落入不良情绪或情绪过分波动的深渊时，是用什么办法来缓解和消除不良情绪的？
2. 分享你在学习、交往或生活中难以克服的不良情绪或情绪过分波动，请其他同学帮助。</td><td>在小组中分享自己在学习、交往或生活中难以克服的不良情绪或情绪过分波动，寻求同伴的智慧，分享调节控制情绪的一些方法。从而归纳，适应社会需要做情绪的主人，要善于主动调整、理智控制自己的情绪。</td></tr>
</table>

续表

教学环节	教学内容	教师活动	学生活动	设计意图（技术支持）
心灵透视	正确对待顺境和逆境。 用积极的生活态度看待顺境和逆境。	引导学生通过事例展开思考。	猜猜她是谁？ ＊她的身高是 1.55m ＊她曾获得过 18 次世界冠军，并连续在两届奥运会上获得 4 枚金牌。 ＊她改变了世界乒乓球坛只在高个子中选拔运动员的传统观念。 【阅读与思考】p. 55 冠军之路 1. 在省队集训落选后，她是怎样表现的？ 2. 邓亚萍是怎么对待顺境和逆境的？ 【测一测】有趣的心理测视图：你的心情怎么样？	通过邓亚萍的事例，引导学生懂得社会生活的多样性，个人生活或是社会生活环境都可能带给青少年成长过程中的顺境和逆境。 通过一幅心理测试图，看到积极的生活态度会给人驱散生活的阴霾。
		创设情境，引导学生思考并体会积极的心态对生活的影响。	【试一试】换换“眼镜”，找到梅雨时节的阳光。 ＊早晨，要挤上人满为患的公交车，乘 20 ~ 30 分钟到学校。 ⊙⊙可以观察乘车“众生相”，哈哈！ ＊练习卷好多张，而且有些是以前做过的题目。 ⊙⊙______________ ＊放学后，那几个人又凑在一起嘀嘀咕咕，商量着去哪里玩，却没有带上我。 ⊙⊙______________ ＊这次考试，又是第 5 名。老是第 5 名！ ⊙⊙______________ ＊老师迎面向我走来。看起来老师的脸色并不好，是对我有什么意见吗？ ⊙⊙______________	通过创设一系列情境，引导学生要学会自己调适心态，营造“好心情”。由此归纳分析，适应社会需要正确对待顺境和逆境，用积极的生活态度看待顺境和逆境。
拨动心弦	适应社会，完善自我。	引导学生充分思考，并进行交流分享。	【知识窗】成为社会需要的 3Q 人才。 1. 你知道什么是 IQ、EQ、AQ 吗？ 2. 请你结合实际说说社会为什么需要 AQ 高的人才？	通过分析讨论“顺境要 EQ，逆境需 AQ”，引导学生分析得出要树立适应社会的积极人生态度，要在适应社会的过程中逐步完善自我，完善自我才能更好地适应社会。

续表

教学环节	教学内容	教师活动	学生活动	设计意图（技术支持）
课堂总结	青少年应该学会如何适应社会、完善自我。希望同学们面对生活能主动调整自我期待和个人情绪，用乐观积极的心态对待顺境和逆境。			

板书框架设计
第七课　适应社会　完善自我 **一、积极的自我期待** 1. 确定目标 2. 适时调整 **二、做情绪的主人** 主动调适，理智控制 **三、正确对待顺境和逆境** 用积极的生活态度看待顺境和逆境

教学设计说明

教材分析说明

八年级的思想品德课程的主线是社会生活，第七课的主题是“融入社会 发展自我”，本课是承上启下的第二框内容。

本课教学内容围绕一个中心主旨——青少年应该如何在适应社会的过程中不断地完善自我，这是本课的教学重点。本课从三个方面展开：第一方面，积极的自我期待，根据自己的个性特点，结合社会的需要确定目标并学会及时调整；第二方面，做情绪的主人，要学会主动调试、理智控制情绪；第三方面，正确对待顺境和逆境，用积极的生活态度看待顺境和逆境。

学情分析说明

本课的授课对象是八年级学生，他们处于成长发展的转折期，正是世界观、人生观、价值观初步形成的时期。学生想法很多，但有时不能很好地表达自己；容易出现盲目追求不切实际的目标；情绪两极波动；为人处世消极或盲目乐观；自我意识高度膨胀；闭锁性和社会性相碰撞等现象。

教学理念和教学模式说明

在《国家中长期教育改革和发展规划纲要（2010—2020年）》《上海市中长期教育改革和发展规划纲要（2010—2020年）》中“育人为本”“为每一个学生的终身发展”核心理念指导下，中学思想品德学科育人价值在于“树理想信念，育公民品德”，应关注学生的学习经历与多样化的学习体验，注重思维品质的培养。

根据我校“人人课堂”教学理念，追求关注学生自主学习、合作学习和人的健康发展的“人人课堂”。从关注人的发展出发，追求“平等、尊重、活力、创造”的课堂价值，强调以生为本，师生、生生高效合作，学生主动学习，强调课堂能够“人人参与、人人合作、人人发展”，唤醒和发现学生的认知，关注并促进每一个学生的成长。

本课希望主要通过知识联动的学习、任务驱动的合作式学习等方法来进行教学。利用与学生已有的知识联动，紧密联系学生的经验世界和现实生活，使课堂变得鲜活和有亲和力，符合最近发展区原理。设计恰当的情境和问题，激发学生进行积极的思维活动，并通过师生互动、生生互动使有意义的内容生成，使学生学习的空间得到拓展，学习的内容更加丰富，学习的方式更加多元。

教学设计说明

为了更好地体现思品学科育人价值，关注学生的学习经历与多样化的学习体验，注重思想品质的培养，为了能有效达成教学目标，在本课设计中，主要从四个以学生合作学习、交流分享的活动入手，教学思路如下：

在新课导入部分，由“猜猜它是谁”，从学生喜闻乐见的动画人物——功夫熊猫阿宝入手，以阿宝的故事引发学生思考，调动学生学习兴趣，为后面学生更好地体验教学创设氛围。

为落实教学重点，我首先设计了活动一“心灵茶室”，通过阿宝的成长经历，分析它的生活现状、生活目标，以及为达成目标而进行的策略调整。随后通过一系列问题的思考，引导学生畅谈自己20岁、30岁时的目标，确定目标的原因，可能遇到的困难，如何解决困难，以及如何应对能力不足而无法实现目标。从这样的交流分享中，师生共同归纳分析，适应社会需要积极地自我期待，要根据自己的个性特点和结合社会的需要，确定目标并学会及时调整。

接下来，我在活动二“心扉钥匙”中，以学生表演的小品，看到主人公小方因为数学测验成绩不理想，陷入情绪的深渊，导致一系列不合适的行为，甚至导致严重后果。从而引发学生思考，体验情绪给人带来的影响，查找自己生活中受到情绪影响的事件以及自己当时的应对态度，然后在小组中分享自己在学习、交往或生活中难以克服的不良情绪或情绪过分波动，寻求同伴的智慧，分享调节情绪的一些方法。从这样的活动中，归纳分析得出，适应社会需要做情绪的主人，要善于主动调整、理智控制自己的情绪。

然后，我设计了活动三“心灵透视”，先从“猜猜她是谁”引出课本p.55“阅读与思考”的人物邓亚萍，引导学生懂得社会生活的多样性，个人生活或是社会生活环境都可能带给青少年成长过程中的顺境和逆境。随后以一幅心理测试图，看到积极的生活态度会驱散人生活中的阴霾。通过创设一系列情境，引导学生要学会自己调适心态，营造“好心情”。由此归纳分析，适应社会需要正确对待顺境和逆境，用积极的生活态度看待顺境和逆境。

最后，在活动四“拨动心弦”中，通过话题讨论“成为社会需要的3Q人才”，即IQ智商、EQ情商、AQ逆商（逆境商数），“社会为什么需要AQ高的人才”，引导学生分析得出要树立适应社会的积极人生态度，要在适应社会的过程中逐步完善自我，完善自我才能更好地适应社会。

在整个教学设计中，我设计了一些情境和活动，并利用小组合作学习的方法，让学生通过知识联动的学习、任务驱动的合作式学习，关注学生的学习经历，提供给学生多样化的学习体验，注重学生思维品质的培养。我希望运用形式多样的教学手段，引导学生尽可能参加到课堂活动中去，最大限度地激发学生的学习积极性；同时也希望能在课堂教学中充分发挥学生的主体作用，提高学生的自主学习能力，深化道德和情感认知，强化情感体验，理论联系实际，在课堂教学引导的基础上落实实践行动，显现思想品德学科的育人价值。

教研员点评：

1. 整个教学设计中，合理有效设计了各种情境和学生活动，利用小组合作学习的方法，学生进行知识联动的学习、任务驱动的合作式学习，能关注学生的学习经历，提供给学生多样化的学习体验，注重学生思维品质的培养；

2. 教学设计中，能运用形式多样的教学手段，引导学生尽可能参加到课堂活动中去，最大限度地激发学生的学习积极性，提高学生的自主学习能力，深化道德和情感认知，强化情感体验，理论联系实际，在课堂教学引导的基础上落实实践行动，显现思想品德学科的育人价值。

课题：气候与人类活动

班级 六年级 学科 地理 执教人 罗珺 执教时间 2015 年 4 月 27 日

一、教学目标

知识与技能：

1. 能举例说明气候影响人类生活、生产活动；
2. 了解由于人类活动而产生的一些气候问题；
3. 能通过地理现象感悟气候变化与人类发展之间的依存关系。

过程与方法：

通过小组探究生活中的实际经验，体会全球增温变暖对人类经济活动和生存环境带来的深刻影响。

情感、态度与价值观：

了解当今全球增温变暖的趋势，关注人类生存的环境和环境的变化，培养社会责任心和使命感，培养人文精神。

二、教学重点和难点

1. 教学重点

（1）明确人类活动对气候产生的影响；

（2）正确理解气候与人类活动之间的相互关系，使学生树立环保意识，并了解改善气候的一些方法。

2. 教学难点

气候与人类活动间的相互作用与反作用。

三、教学过程

教学环节	教学内容	教师活动	学生活动	设计意图（技术支持）
导入	填图游戏： 尝试在中国地图上，将民居和农作物填在地图上相应的位置，民居和农作物的分布受到了什么因素的影响？	在中国地图上，给出窑洞、竹楼等民居图；给出芒果、苹果等农作物图，通过填图归纳帮助学生发现气候影响人类活动，引导出本节课的课题：气候与人类活动。	复习： 1. 民居 在____的人住窑洞； 在____的人住竹楼。 2. 农作物 芒果可以种植在____； 苹果可以种植在____。	不同气候条件下的民居在上学期有过提及，符合学生的认知范畴，也体现了气候对人类生活产生的影响。而选择中国地图减少了学生的思考范围，降低了学习难度。
气候影响着人类活动	气候影响人类活动，气候对人们在农业、工业、交通运输业、商业、旅游业……有什么影响？	采用同桌两人探究的形式： 在学生探究时，给出一定的图片作为导学提示。 如：南方水田； 大雾天的高速公路； 夏季空调热卖； 手机加工厂的工人在组装手机。 学生可以互动讨论充分发掘生活中所见所闻的气候对上述产业的影响，也可以看图说话诠释图片。	深刻体会气候影响着人类生活、生产的各个方面： 农业：____； 工业：____； 交通运输业：____； 商业：____； 旅游业：____； 其他产业：____。	根据我校“人人课堂”的思想，为了增加学生的参与度，探究一采用看图说话方式，准备了与探究目的一致的典型或近期发生的气候与人类活动图片，引导学生开拓思路也不局限于学生定向思维，用最近发生的事例引导学生更深刻地体会到气候与人类之间相互影响的关系。
过渡	看图片： 2010 年 7 月在日本富士山拍摄的照片。 我们在学习日本的时候讲到，终年积雪的富士山被日本人称为圣岳，而现在，在夏季还能看到山顶美丽的积雪吗？	通过图片我们发现，气候影响了那里旅游业的发展，人们到那里看不到原本的美丽景致。	学生得出，气候是在变化的。 近百年来，全球气候是在如何变化的呢？ ____（变冷/变暖）	用贴近学生生活的图片展示出曾经的美景不在给旅游业带来的冲击，学生发现全球气候是在变暖的。

续表

<table>
<tr><th>教学环节</th><th>教学内容</th><th>教师活动</th><th>学生活动</th><th>设计意图
（技术支持）</th></tr>
<tr><td rowspan="5">人类活动对气候的影响</td><td>人类活动影响气候：
1. 人类活动影响全球变暖。
全球变暖导致了哪些后果？举例说明。</td><td>采用同桌两人探究的形式：
给出一定的图片作为导学提示，如：
马尔代夫；
日本年初雪灾；
加拿大陆地上的北极熊；
菜叶上的蚜虫。</td><td>深刻体会由于人类活动而产生的全球变暖问题：
后果1：全球气候变暖，地球两极冰雪______，导致全球海平面______，如果不加控制和防范，许多人口密集、城镇众多的沿海地区将______。
后果2：______。
……</td><td rowspan="5">根据“人人课堂”理论，采用同桌或相近的两人为一组的方式，使每个学生主动参与到讨论中去，不能滥竽充数，更利于参与的全面性和每个学生的进步。

强化了学生对人类影响导致气候出现问题的强烈情感与责任心，使学生对我们可做哪些措施改善气候问题更有话可说，更能关注人类生存的环境和环境的变化，培养社会责任心和使命感，培养人文精神。</td></tr>
<tr><td>全球气候变暖的原因有哪些？</td><td>在学生探究时，着重探究“人为原因”，同时也给出图片提示，
如：温室气体排放；城市过度工业化；森林大规模破坏。</td><td>深刻体会人类平日的生产生活对气候的影响巨大：
自然原因：
人为原因：
1. ________；
2. ________；
3. ________。
……</td></tr>
<tr><td>读书自学：
书本 p. 66，温室效应小实验。</td><td>过渡：在讲到全球变暖的原因时，我们说到了一个重要的人为原因是温室气体排放，温室气体的排放会形成温室效应。</td><td>人类活动对气候有着关系复杂多重的影响：
温室效应____了全球变暖。</td></tr>
<tr><td>讨论：
针对上述原因，遏制全球变暖，你有什么好建议？</td><td>从全球变暖的原因可见，我们每个人都能为改善全球变暖现状作出贡献，你有什么好的建议呢？</td><td>树立环保意识，改善全球气候的好方法：
1. ________；
2. ________；
3. ________。
……</td></tr>
<tr><td>读书自学：
人类活动影响气候的其他表现有哪些？</td><td>学生自学后可在书本中找到臭氧层破坏、酸雨、城市热岛等人类活动影响气候的表现。</td><td>人类活动影响气候的表现还有：
1. ________；
2. ________。
……</td></tr>
</table>

续表

教学环节	教学内容	教师活动	学生活动	设计意图（技术支持）
课堂小结	气候影响着人类活动 人类活动对气候的影响 } 相互依存→人类应该采取的措施。			
作业与评价	画一幅反映“气候与人类活动”相关内容的漫画。 要求：A4 纸大小；题目自拟；紧扣本节课“气候与人类活动”的某一个具体问题。			

板书框架设计
气候与人类活动
气候影响着人类活动 人类活动对气候的影响 } 相互依存→人类应该采取的措施。

教学设计说明

教材：

本节课是六年级地理第二学期第三章的最后一个课时，是本章知识点与能力培养的一个小结，课题主要分为两部分内容，一是气候影响着人类生活，二是人类活动对气候的影响，而侧重点是气候演变与人类活动之间相互联系与影响，是将气候与实际生活相联系的一个重要内容，体现出二期课改“学习生活中的地理”的理念。

在教学中，既然是学习和学生生活密切相关的地理，我希望本节课的教学更加贴近学生，体现“以学生为主导”的教学理念，进而引发学生的学习兴趣。所以，我采用了以探究学习为主的课堂模式，给予学生课堂探究的引导，帮助学生更好地探究气候与人类活动的关系。

学生：

作为六年级第二学期，学生已经学习了一个多学期的地理，对地理学科的思维方式和学习方法有了一定的认知；从另一方面来说，学生在日常生活中对和我们人类密切相关的气候问题有较多的实际经验和所见所闻；再者，本单元已经展开了 5 课时关于“天气与气候”内容的教学，这些都为本节课学生更好地学习打下了坚实的基础。

学生虽然对地理现象有所见闻，但可能并没有深切感受到人类现在所面临的气候危机，也不能将自己放入人类与气候变化的因果关系的意识中，所以需要教师引导学生产生关注人类生存的环境和环境变化的意识，培养社会责任心和使命感，培养人文精神。

教学：

在具体操作中，首先我制作了一个导学案，期望帮助学生在教师的提示引导下探究五个问题：“探究一：气候对人们在农业、工业、交通运输业、商业、旅游业、能源利用等行业中各有什么影响？探究二：全球变暖产生了哪些后果？举例说明。探究三：全球气候变暖的原因有哪些？探究四：遏制全球变暖，你有什么好建议？探究五：阅读书本自学后回答：人类活动影响气候的其他表现有哪些？可以给我们介绍其中的一两个吗？”在这 5 个探究问题中，重点难点是探究二、三、四，通过这三个探究，循序渐进、层层深入地了解人类活动影响着气候，产生了严重的后果使地球面临严峻的问题，我们可以做哪些事情来改善这个现状，帮助学生从小树立环保理念。

在导入新课上，作为本章节的最后一课，选用了世界气候类型中的一些典型作物来复习它们的分布，起到了温故而知新的作用。而不同气候条件下形态各异的民居则在六年级第一学期“认识地理景观”有过提及，符合学生的认知范畴，也体现了气候对人类生活产生的影响。在地图选用上，选择中国地图相对来说减少了学生的思考范围，降低了学习难度。

在教学方法上，根据我校“人人课堂”主题，主要以探究法和讨论法为主，有探究目的的小组讨论学习有利于学生地理视野的拓宽，相互取长补短，共同进步。在设计时，考虑到座位、讨论的有效性等因素，采用的是同桌或相近的两人为一组的方式，这样使每个学生都参与到讨论中去，不能滥竽充数，更有利于每个学生参与和进步。

在降低学生探究难度的问题上，采用了看图说话的方式，准备了与探究目的一致的典型或近期发生的气候与人类活动图片，引导学生开拓思路也不局限于学生定向思维，用最近发生的事例引导学生更深刻地体会到气候与人类之间相互影响的关系。如春节大热的海南游说明气候对旅游业的影响；东欧、日本的大雪引出了不同天气状况下人们对能源的需求；俄罗斯的北极熊因为浮冰减少而深入大陆觅食；马尔代夫的部长们为了呼吁全球遏制温室气体的排放保护他们的国家而在水下开会等，使学生深切感受到气候与人类活动之间的密切关系，而且这种关系离我们并不遥远，就在我们身边。

在气候与人类活动的转折承接上，也采用了一张照片，这是本人 2010 年 7 月在日本富士山五合目拍摄的没有多少积雪的富士山图，也许有的学生也曾去过，用贴近学生生活的图片展示出曾经的美景不在给旅游业带来的冲击。而为什么高海拔的富士山顶基本没有积雪了呢？这则引出了人类活动影响气候的全球变暖问题。

而对于本节课的重点之一“正确理解气候与人类活动之间的相互关系，树立学生环保意识，了解改善气候的一些方法”，则因为有了前面这些探究的铺垫，强化了学生对人类影响导致气候出现问题的强烈情感与责任心，使学生对我们可做哪些措施改善气候问题更有话可说，更能关注人类生存的环境和环境的变化，培养社会责任心和使命感，培养人文精神。

作业：

除了练习册上的作业，本节课还布置了一个任务是完成一幅漫画，内容为“气候与人类活动”，标题自拟。现在的学生都喜欢看漫画，这个作业算是投其所好吧，并且这种开放性思维的题目有利于学生综合能力的培养，也给了学生本节课知识学好后的一个情感表达通道。

总之，通过这节课的教学，让每个学生都能从我做起，从自身做起，为减少温室气体排放尽自己的一份力，让气候和人类和谐相处。

教研员点评：

1. 教学设计以学生为本，充分考虑学生学情进行预设，符合学校“人人课堂”的要求；

2. 教学设计紧扣教学目标，通过小组探究问题的方式，结合日常生活经验，逐一落实知识点；

3. 作业设计有利于学生综合能力的培养，也给了学生课后情感表达通道。

课题：银屏飞出的旋律

班级 六（3） 学科 音乐 执教人 翁蓓蕾 执教时间 2015 年 12 月 8 日

一、教学目标

1. 通过欣赏、演唱，体验丰富多彩的影视歌曲，激发学生对影视歌曲的喜爱之情，进一步提升学生的审美情趣；

2. 了解影视音乐在影视作品中起的作用，并能尝试为默片配乐；

3. 在歌曲竞猜、表演交流、创编配乐等音乐实践活动中，培养学生良好的合作精神和音乐创作表演能力。

二、教学重点和难点

1. 教学重点：感受优秀影视音乐在影视作品中的重要作用。

2. 教学难点：培养学生的音乐表演能力和创作能力。

三、教学过程

教学环节	教学内容	教师活动	学生活动	设计意图（技术支持）
导入	听动画主题歌。	1. 播放一首动画片主题歌，让学生说出名称。 2. 引出本课课题。	学生伴随音乐进教室，哼唱歌曲。	由熟悉的动画片歌曲导入，激起学生的兴趣。
	影视歌曲擂台赛。	1. 老师宣布擂台赛的比赛规则。 2. 进行影视歌曲擂台赛，老师播放几首影视歌曲让学生猜出歌名。	学生听音乐，分组竞猜，说出歌名，并跟着音乐哼唱。	通过擂台竞猜调动学生参与的积极性，活跃课堂气氛。

续表

教学环节	教学内容	教师活动	学生活动	设计意图（技术支持）
新授	欣赏《宝莲灯》主题曲《想你的365天》。	1. 让学生讲述《宝莲灯》的故事情节。	学生讲出故事情节。	先了解故事情节，为下面的欣赏做铺垫。
		2. 播放主题曲《想你的365天》，让学生跟着音乐演唱，并提问：歌曲是在什么场景下播出的。	学生跟着MTV演唱歌曲。	通过讨论体会到歌曲在动画片中所起的刻画人物内心活动的作用。
		3. 小组讨论：歌曲塑造了怎样的艺术形象？歌曲在《宝莲灯》中起什么作用？	小组之间讨论问题。	
		4. 总结出影视歌曲的作用。	学生总结影视歌曲在影视中的作用。	
呈现	影视歌曲交流表演。	让学生用多种形式交流表演自己所喜爱的影视音乐。	学生表演交流。	让学生们互相分享美妙的影视音乐。
	创作与实践——为默片《夜斗》配音。	1. 想一想：影视音乐中除了主题歌，还有什么其他音乐形式？	学生思考。	让学生尝试为默片配乐培养学生的创作能力和团体合作能力。
		2. 看电影《卧虎藏龙》中“夜斗”片段（默片），觉得缺少了什么？感觉怎样？	观看默片。	
		3. 分组为默片配乐、配音、拟声。	分组合作用打击乐为默片配乐，配上声音。	
		4. 再次欣赏“夜斗”片段（有声），听听作曲家谭盾是如何为电影配音的。	欣赏获奥斯卡原创音乐大奖的原音配乐。	
总结	影视音乐是电影的灵魂，是影视艺术不可或缺的重要组成部分。电影音乐是20世纪新的音乐体裁，许多情感真挚的影视音乐曾打动了无数观众的心。热爱生活的我们就用心去品味影视音乐的无穷魅力吧！			

教学设计说明

本节课所教的是少年儿童出版社出版的九年制义务教育课本《音乐》六年级第一学期的第六课《银屏飞出的旋律》，本课共分三课时完成。总目标是通过欣赏、演唱、表演中外影视名曲，感受优秀影视音乐在影视作品中所起的重要作用，让学生参与课堂多种形式的活动，学会运用艺术的手法体现对影视音乐的理解与表现。本节误是第一课时，在本节课中，首先通过影视歌曲擂台赛的形式激发学生的兴趣，然后在经典歌曲欣赏体验中让学习体会到影视歌曲在影视中的作用。并让学生多形式表演分享自己喜爱的影视歌曲，给予学生展示自我的机会。在最后的环节中，让学生进行创作与实践，对默片《夜斗》配乐、配音，让学生既提高了创作能力，又感受到了影视音乐在影视片中的作用。

教研员点评：

1. 本课教学设计以教材为依据，教学目标明确，重难点把握得当。通过听、唱影视片中的歌、乐曲，使学生了解多彩的银屏世界，感受音乐在影视剧中的不同作用，通过各种有趣的音乐实践活动，培养学生对音乐的理解能力、创作能力和对音乐风格的把握能力。

2. 本教学案例的特点在于充分利用教材内容并且根据自身音乐艺术特长融入了独特的再创造，使教材内容更加生动、立体。结合学校“人人课堂”的理念，充分发挥学生的自主学习和小组合作能力。同时整堂教学设计老师是有想法的，采用了多种手段创设艺术氛围，通过对比教学大大提高了学生的学习兴趣，从而达到强化音乐审美体验并提高了学生对音乐的审美能力。

课题：三角形构图

班级 六（5） 学科 美术 执教人 周晓凤 执教时间 2016年3月25日

一、教学目标

1. 知道拉斐尔的三角形构图特点和三角形构图运用的普遍性，了解三角形构图的稳定性、活泼性，理解三角形构图的作用，掌握三角形构图的方法；

2. 在欣赏、体验、分析过程中，发现大师构图规律，学会使用三角形构图的方法；

3. 感受三角形构图的均衡之美。

二、教学重点和难点

1. 教学重点：多个静物三角形构图的排列方法。

2. 教学难点：实践中理解三角形构图的灵活性。

三、教学过程

教学环节	教学内容	教师活动	学生活动	设计意图（技术支持）
导入	（一）贴水果游戏：三个画框里分别贴1～3个水果。 构图简意：绘画时，把水果、人物或其他物品在画面中进行排列、组合。	（一）引导学生用水果摆出图形，引出本节课主题。	用水果摆出图形，体会摆放的乐趣，在图形的摆放中思考问题。	用彩色水果的摆放引起学生的学习兴趣，并说明什么是构图，继而引出三角形构图的主题；在水果的摆放和移动中，鼓励学生思考问题。

续表

教学环节	教学内容	教师活动	学生活动	设计意图（技术支持）
导入	（二）1. 点明学习的重点：同学给大家呈现出来的第 3 幅图——三角形构图。 2. 移动第 3 幅画中的水果，使它变成其他形状的三角形构图。在移动水果的过程中，发现三角形构图的特点（怎么移动都是三角形，稳定、灵活而富有变化）。 小结：三个东西的出现就可以解决一切绘画中构图的问题，它们可以使画面产生各种丰富的变化。	（二）请学生移动三个水果，得出三角形构图的特点。	用水果摆出图形，体会摆放的乐趣，在图形的摆放中思考问题。	用彩色水果的摆放引起学生的学习兴趣，并说明什么是构图，继而引出三角形构图的主题；在水果的摆放和移动中，鼓励学生思考问题。
新授	（一）说到三角形构图，想给大家介绍一位非常了不起的绘画大师。 1. 画家介绍：明确地采用三角形构图的第一人——拉斐尔。 2. 欣赏拉斐尔的作品，感受拉斐尔的三角形构图给我们带来的视觉美感。 3. 猜猜看：为何拉斐尔画中的人物不是一排放置，而要成三角形放置？	（一）1. 介绍拉斐尔及其作品。 2. 引导学生找出三角形构图凸显主题的好处。	1. 了解拉斐尔及其作品。	由 3 个水果逐步增多，引发学生对多个静物组合的思考；引导学生从大师的画中找到一些三角形构图和静物摆放的规律。
	（二）如果画中的东西不止 3 个怎么办？ 1. 在不改变三角形构图的前提下，一个一个地添加更多水果（在添加的过程中逐渐发现构图规律）。 2. 与绘画大师作品对比，发现更多的构图规律。	（二）1. 引导学生摆放多个静物。	2. 在摆放水果的过程中，思考问题，发现构图规律。	
	（三）看看绘画大师是怎么做的，观察大师用了什么样的摆放方法。 塞尚作品分析： 总结：1. 大的三角形构图的发现规律，小的三角形构图的发现规律。 2. 大的、小的、近的、远的、高的、低的，还有各种色彩的分类等组合在一起，使画面产生层次感。	2. 展示大师作品，引导学生发现三角形构图的层次感。	3. 与大师作品对比，发现更多构图规律。	

续表

教学环节	教学内容	教师活动	学生活动	设计意图（技术支持）
作业设计	向塞尚学习，摆放一组多个三角形组成的构图。	辅导	课堂活动	感受活动的乐趣，在活动中运用到三角形构图知识。
评价	自评、互评、师评。			鼓励学生介绍作品，巩固课堂知识。
总结	这节课我们一起了解了画面中的三角形构图，知道了三角形构图的灵活性和稳定性，也了解到了静物画的摆放规律。			

教学设计说明

课标分析

构图知识与技巧不仅是艺术家组织画面主题的重要基础，也是我们学生学习绘画的重要基础。构图运用得当，会使画面产生美妙效果。三角形构图在美术作品中较为常见，也是在写生中最易摆放的构图形式，符合六年级学生的认知水平。

学情分析

通过场景绘画、海报设计等作业的考察，发现六年级大部分学生的绘画还是处于儿童画阶段。他们的构图是“散点式”的，很少有学生会关注到画面中的层次感，如前后远近的关系、聚散的关系、重叠的关系等。学生的构图或多或少存在缺陷。

教法分析

在课堂教学中，采用情景设置、引导观察、启发思考、合作分析、检验评价等方法，每个环节步步紧扣、层层递进。

教学重点

多个静物组成三角形构图的方法。

教学难点

实践中理解三角形构图的灵活性。

教学环节设计

贴图游戏导入，引出课题—采用三角形构图画家及作品介绍—多个静物组合—名家静物画探究—向画家学习—自评、互评、师评—总结。

导入

以贴图游戏导入：通过贴水果的游戏，引发学生的学习兴趣，在一种轻松的氛围中了解“构图”和“三角形构图”；在移动3个水果的过程中，使三角形不断发生变化，引发学生探索的兴致，从而总结出三角形构图的特点。

新授

1. 画家及作品介绍：拉斐尔的作品是三角形构图的典型代表，使学生快速观察到三角形构图能够凸显主题的好处。

2. 大三角形中，多个水果的摆放，意在引导学生观察多个静物在画面中呈现的层次感，发现绘画中物品的重叠、大小、远近、高低等放置规律。

3. 与画家作品对比，学生发现自己摆放物品的规律与画家的有相同之处，会提升自豪感；同时也会发现画家在绘画中表现的高明之处（此处可以解决本节课的重点）。

4. 发现塞尚作品中的多个三角形的存在，并发现大大小小三角形的组成规律（此处可帮助理解三角形构图的重难点）。

作业设计——向画家学习（教师辅导）

根据总结的构图规律，练习多个静物组成的三角形构图，巩固课堂知识。

自评、互评、师评

以学生为评价主体，锻炼学生评价和总结能力，提升其成功的感觉，同时巩固课堂知识。

总结

教师总结本节课所学内容。

教研员点评：

1. 本课教学设计完整、详细、规范，抓住一个重点，由简入手，每个环节循序渐进；

2. 整个课程制订根据学生的认知程度进行，重在引导学生参与；

3. 合理渗入专业理论知识和作品，提升学生的专业审美水平。

Part 05

数字课例选粹

将听说读写训练装入电子书包

——以《白兔和月亮》教学为例

张绪文

听说读写四种技能是语文学习的基础，也是初中语文教学的重心。《上海市初级中学语文学科教学基本要求（试读本）》中关于初中语文课程总目标要求的概述是：认识并掌握语言运用的规范，具有独立阅读现代文的能力，养成观察生活、体验生活、思考生活的习惯，能及时记录自己的所见、所闻、所思、所感；能用规范的书面语正确表达自己的思想感情；能根据日常生活的需要，运用各种表达方式写作；能正确运用规范的语言进行口语交际；能在不同场合得体、清晰地表达自己的见解和思想感情。初中语文教学的重点在于培养学生正确理解和运用语言文字的能力，而这种能力的培养则需从听、说、读、写四个方面进行训练。如何在语文教学中，提升学生的听说读写能力，一直以来都是一线教师及教育研究者期待解决的难题。

随着信息技术的高速发展，电子书包作为一大新兴技术在教学领域中的应用实验与研究方兴未艾。作为一种新型的教学云平台的电子书包，具有资源丰富、交流便捷、交互及时等特点，在应对传统意义上的板书教学和幻灯片教学的课堂效果不理想、效率低，只重视文本分析，忘却听说读写技能的训练等弊端，具有较强的优势。

鉴于此，笔者以沪教版六年级语文第一册《白兔和月亮》一文教学为例，拟利用电子书包这一新平台，探索如何将初中语文课堂教学中对于学生听说读写技能的训练装入电子书包。

一、核心理念

任何一种技术的运用，都不能脱离语文课堂教学的本质，在探寻将语文听说读写技能训练装入电子书包的模式前，我们明确了以下指导理念。

1. 基于课程标准要求

义务教育语文新课程标准指出：语文课程致力于培养学生的语言文字运用能力，提升学生的综合素养；语文课程应正确把握语文教育的特点，着重培养学生语文实践能力，应特别关注汉语言文字的特点对学生识字写字、阅读、写作、口语交际和思维发展等方面的影响，在教学中尤其要重视培养良好的语感和整体把握的能力；语文课程积极倡导自主、合作、探究的学习方式，应注重听说读写的相互联系；语文课程努力建设开放而有活力的课程；等等。因此，电子书包的应用并不是单纯地用一个电脑替代学生的教材教辅，而是要利用电子书包丰富的学习资源、超强的交互能力、多种实践方式共生等优势，为学生听说读写能力训练提供交流与探索平台。

2. 基于“人人课堂”教学理念

我校近年来不断推进课堂教学改革，构建“人人课堂”教学模式，一切的“教”都是为了学生的“学”，倡导“人人参与、人人合作、人人发展”的理念。这不仅是一种理念，更是一种课堂生态。在语文课堂中，不应当是人人参与课堂问答，人人合作完成答案的课堂，而是创设契合学生特点的情境，激发自主探究热情，在听说读写各项技能充分调动的情况下，真正践行人人参与的课堂；是引导相互触发，激励情感，让学生在思想碰撞中实现听说读写训练，真正做到人人合作的课堂；是延伸拓展，融会贯通，鼓励学生自主实现技能拓展，真正实现人人发展的课堂。在电子书包环境下，师生交流互动更加便捷高效，可以更容易地实现“人人参与、人人合作、人人发展”的课堂生态。

二、基本流程

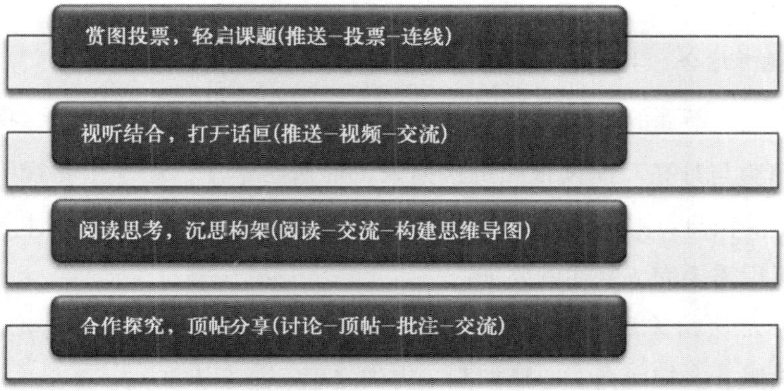

三、主要环节

1. 赏图投票，轻启课题

课堂导入部分，抛出问题："你心目中的白兔是什么样的？月亮呢？"将事先准备好的白兔和月亮的图片推送给学生，并将事先基于电子书包平台设计的投票功能，请学生在给出的有关白兔和月亮的关键词中选择自己认为最好的，同时鼓励学生自己给出能够形容白兔和月亮在自己心目中形象的词语，并进行投票。运用电子书包的投票统计功能，及时反馈。通过统计发现，学生在选择词语时，大部分偏重选择比较美好的词语。借此，设置问题导入："如此美好的白兔和月亮，他们之间会发生什么事情呢？"

这种看似无聊、耗费时间的课堂导入，其实，是在运用电子书包平台及时交互的功能，给予学生充分的视读时间。心理学研究表明，形象记忆可以通过视觉、听觉、嗅觉、味觉、触觉等形成。正常人的视觉记忆和听觉记忆通常发展得较好，在生活中起主要作用。通过推送图片，刺激学生已形成的视觉记忆，能较快地使学生将图片与视觉记忆联结，通过选择关键词及时调动学生的速读技能，既调动课堂气氛，又能让学生以最快的速度进入新课学习状态。实际的操作反馈发现，此导入环节的耗时仅2分钟，并未出现导入冗长的问题。

2. 视听结合，打开话匣

随之进入新课的整体感知环节，运用电子书包资源插入功能，将网络上课文《白兔与月亮》朗读视频链接插入，推送给学生，让学生在视听的过程中捕捉重要信息，并用自己的话复述故事情节。同时，运用多媒体教室资源投影视听后需要完成复述的要求：

（1）从所给关键词中选择至少四个词语（所给词语：皎洁、心旷神怡、风韵、慷慨、一扫而光、心痛如割、得失之患、慧心未泯）；

（2）交代清楚故事的起因、经过、结果。

悠扬的朗读配音，故事般的述说式朗读，生动精美的动画画面，让学生很快进入情境，从而打开视听后的话匣子。相较于传统的教学过程单一的齐读、学生个别朗读等方式，采用这种学生喜爱的方式，能使学生在营造气氛、感知文章情感方面等更加迅速。同时让学生能在视听后通过回忆的方式，在给定的关键词中选择词语复述课文，也能使学生在视听前有目标，进而更加投入。教育心理学家研究表明，人类接受知识主要是靠视觉和听觉。就其比例来说，视觉占83%，听觉占11%。在记忆方面，只听不看的，三天后留下的印象是15%；边听边看的，三天后留下的印象是75%。而通过视听再说的方式，对于学生的记忆有极大的加深作用。另外，多种感官的充分调动，也为课堂增加了活跃的气氛。

3. 阅读思考，沉思构架

作为阅读课，最主要的是让学生读。古人云："书读百遍，其义自见。"因此，语文教师要让学生多读，并且带着问题读，这样边阅读边思考，学生就会在不知不觉中进入到故事情节之中，并形成自己的故事情节构架，从而更好地理解作者所要表达的情感。

在阅读思考这一环节，我们安排学生再次自由阅读课文，可采用默读和朗读等方式。并在阅读后完成：

（1）文章中白兔和月亮的关系发生了几次变化？这些变化中月亮与白兔的关系是怎样的？

（2）在得月前后白兔的心情发生了怎样的变化？请找出关键句子和关键词语。

（3）为什么白兔的心情会发生变化？

（4）白兔悟到了什么，最终要求诸神之王撤销这个慷慨的决定？

（5）“和人类不同的是，我们的主人公毕竟慧心未泯，她终于去拜见诸神之王，请示他撤销那个慷慨的决定。”寓言中这样提到人类，含有什么意味？

在完成阅读与思考后，利用电子书包思维导图功能，让学生依据以上问题用所给定的示例格式，为本故事简化情节，架构思维导图。以下为最终形成的本课思维导图：

白兔
- 赏月——心旷神怡
- 得月——患得患失　有得必有失，懂得放手
- 还月——重拾快乐

在读的训练中，不仅要注意培养学生读懂文章的能力，重点还要让学生学会如何架构故事情节，如何提取关键信息。这样在以后的交流交谈中，会为学生的口语表达、书面表达增添有利砝码，丰富学生头脑中的知识。同时，使用电子书包，可以很好地将建构环节交给学生，教师只需在自己的 Pad 上查阅学生的上交情况，并有选择地展示部分学生作业，直观、快速地检验学生的课堂阅读思考。

4. 合作探究，顶帖分享

一堂好课总少不了给予学生充分的讨论时间。语文的学习并非简单的阅读理解，更需观点碰撞的火花。

基于电子书包的实时讨论设置功能，我们在教学的最后环节，向学生推送了一个基于课文的讨论题：

英国作家萧伯纳有句名言：“人生中有两大不幸，一是没有得到他心爱的

东西，二是得到他心爱的东西。”学完《白兔和月亮》这则寓言，你对这句话有了怎样的理解？

让学生利用电子书包的讨论功能，针对所给讨论话题进行讨论并发表自己的观点。待所有学生完成自己的观点展示后，要求学生对其他同学的观点进行跟帖回复。这种当代学生喜闻乐见的“顶帖盖楼”的新型交流方式，既让学生充分发表了自己的观点，锻炼了语言组织与表达能力，同时还分享了其他同学的意见。教师在讨论点评环节，还可以对学生的帖子进行圈画批注，并有选择地分类点评。这样学生可以清晰地看到教师、同伴对自己的评价。

在实际教学中，很多学生由于内向，不愿意在众人面前表现自己；也有的学生胆子小，害怕会说错，觉得不好意思，因此在回答老师问题的时候总不是很踊跃，这样就会造成师生间的交流困难，教师不能及时掌握学生理解知识的程度。对于那些信心不足的学生，可以锻炼他们先把要回答的问题和答案写在纸上，把想要说的话读出来，这样在不知不觉中就会增加他们说的机会，从而增强自信心。如此，不仅能提高学生参与课堂的积极性，也能提高学生独立发表自己观点的积极性。

四、实施效果

1. 学习方式的多种呈现

在信息化教学平台的支持下，各种学习方式，如自主学习、互助学习、合作学习、展示学习等，都能得到很好的开展。通过这些多样化的学习方式，可以调动所有学生参与课堂，更好地培养学生主动、积极的学习习惯。学生学习的自觉性与主动性，在课前预习的独立学习中得以培养；学生与学生的互动、交流，在互动学习、合作学习中得以体现；学生在课堂上的大方交流和展示，则通过展示学习得以展现。这些灵活多样的学习方式，真正体现了“人人课堂”“人人参与、人人合作、人人发展”这一教学理念。

2. 学习积极性大大提高

信息化教学平台，为原本单一的语文课堂教学提供了广阔的空间，大大提高了学生的课堂积极性。无论是课前的预习任务，课中的问答、互动交流，还是课后的作业，都立足学生，以学生为主体，极大地提高了学生的参与度、积极性、合作性及发展性。

五、后记

听是读的基础，写是说的促进。听说读写之间是相互依存、相互联系渗透的关系，必须全面训练，不能只重视一项，而忽视了其他项目的作用。利用电子书包可以很好地将听说读写四项技能装入其中，既能促进听说结合，读写一体，四项技能融合，又能让学生在进行听说读写的训练中感受到语文的乐趣，让他们懂得学习的方法，从而得到全面的促进和提高。

参考文献

1. 方彩霞. 浅谈初中语文教学中听说读写能力的培养［J］. 新一代. 2013（08）.
2. 宗永喜. 信息技术辅助初中语文教学有效性研究［R］. 上海：华东师范大学. 2011.

数字化学习模式在“人人课堂”教学中的应用课例

——二元一次方程组及其解法

龚淑君

一、核心思想

信息技术的发展改变了人们的学习方式、生活方式和工作方式，同时也给教学带来了新的平台和技术支持。数字化学习就是利用现代化信息技术手段，通过信息技术与学科课程的有效整合来实现一种理想的学习环境和全新的、能充分体现学生主体的学习方式。数字化学习倡导的是一种非中心的、多元化的、大众化的、民主化的文化取向。借由数字化工具及高速的数字化传播系统，学生可在更为开放的学习环境中学习，这个过程是动态的。我校在“以学定教，以教促学”的教学理念下，开展了“人人课堂”的教学实践。强调“人人参与、人人合作、人人发展”，强调学生的自主学习和合作学习，强调知识联动和问题驱动。利用电子书包的技术支持促进学生对知识的理解，帮助老师及时掌握学生的学习情况，即时反馈。

二、基本流程

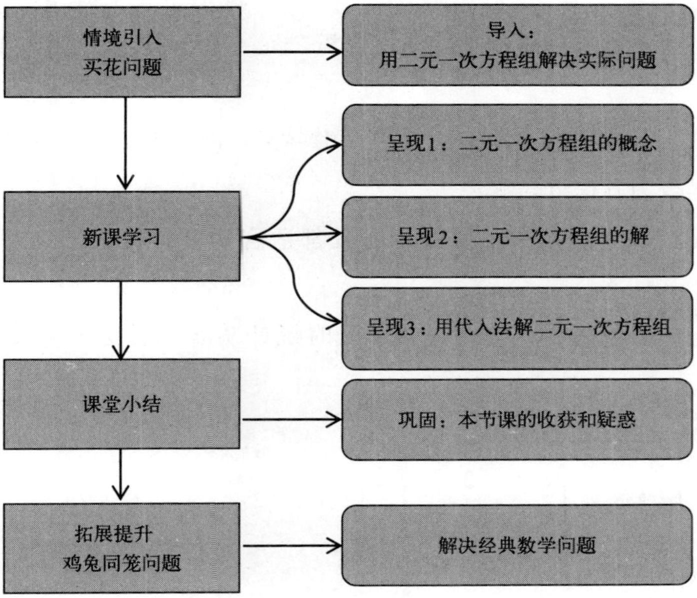

三、主要环节

1. 情境引入

问题：劳动节快到了，小丽准备用21元钱买一束鲜花送给妈妈，需要康乃馨比百合花多3支，康乃馨2元一支，百合花3元一支，那么需要买几支康乃馨、几支百合花？学生思考，采用不同方法解题。

运用已学过的一元一次方程引出新知二元一次方程组。对比方程和方程组，以旧引新。

2. 新课学习

（1）二元一次方程组的概念。由几个方程组成的一组方程叫做方程组。

如果方程组中含有两个未知数，且含未知数的项的次数都是一次，那么这样的方程组叫做二元一次方程组。

自读书本，理解二元一次方程组的概念，小组研讨，人人参与，生生互动。

利用电子书包的自动批阅功能，辨析二元一次方程组，并说出不符合条件的原因。

（2）二元一次方程组的解。将引入中一元一次方程的解代入方程组，验证这组解是否为方程组的解。

在二元一次方程组中，使每个方程都适合的解，叫做二元一次方程组的解。

利用电子书包选择题自动批阅和及时统计功能，激发学生的学习热情，即时反馈。

（3）解一元二次方程组。

例题：解方程组$\begin{cases} x - y = 3 \\ 2x + 3y = 21 \end{cases}$

教师板书解题过程。

学习用代入消元法解二元一次方程组，将未知的方程组问题转化为已学过的方程的问题，解题方法和规范的解题格式。

师生共同求解二元一次方程组，让学生学会用代入消元法时如何选择合适的未知数进行消元。

（4）总结用代入消元法解二元一次方程组的一般步骤。小组讨论并总结概括代入消元法的一般步骤。小组讨论并汇报，生生互动，先学会的带动后学会的。

（5）问题。这个方程组还有别的消元方法吗？尝试用不同方法将方程变形，并比较不同方法。小组讨论策略优选。培养学生善于观察方程组中未知数的系数特征，分析判断与消元的能力。

（6）课堂练习。

解方程组：

$$\begin{cases}8x-3y=9\\x-y=-2\end{cases}$$

独立作答后进行提交，在大组汇报时谈谈自己的想法。

利用电子书包的推送功能，及时了解学生整体与个别的情况，培养学生观察方程组的系数特征，进行代入消元法时如何选择合适的未知数进行消元。

3. 课堂小结

本节课你有哪些收获？

还有什么疑问吗？

学生们各抒己见。

4. 巩固提升

鸡兔同笼问题；

学生讨论思考解决办法。

5. 回家作业

练习册——习题6.9（1）。

四、要素设计

在研究“人人课堂”这个课题上，推进“人人参与、人人收获”，在本节课中设置了三个讨论环节：一是自读教材，小组交流二元一次方程组需要满足的条件，在课堂中强调教材的重要性，促进学生对文本的理解；二是在解一元二次方程组的过程中小组研讨，探究总结消元的最佳策略，渗透优选思想，为后面自己解方程组提供便利；三是教师板书完解方程组的规范过程后，让大家共同交流用消元法解二元一次方程组的一般步骤，为后面学生自己书写解题过程打下基础。

在电子书包功能的使用上，我们坚持“技术是为了课程服务”这一宗旨，主要使用了三个地方：一是利用电子书包的练习题功能，编写四个方程组的判断题推送给学生，让学生判断它们是否为二元一次方程组并思考原因；二是求二元一次方程组的解时，设置四组数据让学生选择哪一组数据是二元一次方程组的解，这两次都是利用电子书包的自动批阅和现场统计的功能，即时反馈，促进学生对概念的理解；三是推送一道解方程组的练习题给学生，让学生手写后提交教师批阅，督促学生规范书写解题格式和比较不同消元策略，进一步促进学生审题，选择最优办法。

五、事实实录

1. 思考问题

师：同学们，我们前面学习了一元一次方程，你能解决下面的问题吗？

劳动节快到了，小丽准备用 21 元钱买一束鲜花送给妈妈，需要康乃馨比百合花多 3 支，康乃馨 2 元一支，百合花 3 元一支，那么需要买几支康乃馨、几支百合花？

师：设康乃馨有 x 支，则百合花有__________支。

生：百合花有 $\underline{\quad(x-3)\quad}$ 支，可列方程 $2x+3(x-3)=21$。

求解得 $x=6$，所以买 6 支康乃馨，3 支百合花。

师：如果我设康乃馨有 x 支，百合花有 y 支。你能依据题意列出等量关系吗？

生：$x-y=3$

$2x+3y=21$

师：因为这两个方程都满足题意，所以我们给它加上一个大括号。

$$\begin{cases}x-y=3\\2x+3y=21\end{cases}$$

2. 新课学习

（1）二元一次方程组的概念。

师：这就是我们今天要学习的新课，请大家阅读书本第 69 页二元一次方程组和二元一次方程组的解的概念。小组研讨，圈画出二元一次方程组的条件。

由几个方程组成的一组方程叫做方程组。如果方程组中含有两个未知数，且含未知数的项的次数都是一次，那么这样的方程组叫做二元一次方程组。

生：自读书本第69页二元一次方程组和二元一次方程组的解的概念并小组研讨，圈画出二元一次方程组的条件。

生：圈划“两个未知数”“一次”“方程组”。重读圈画部分。

师：方程组中含有两个未知数；

含未知数的项的次数都是一次。

师：我在电子书包给大家发布了一个小练习，请大家查收完成。

练习：下列方程组中，哪些是二元一次方程组？

$$(1)\begin{cases}y-2x=1\\1+2y=3x\end{cases};(2)\begin{cases}5x+6y=21\\xy=-8\end{cases};(3)\begin{cases}x=1\\y=3\end{cases};(4)\begin{cases}y=2x-1\\3z-2y=1\end{cases}$$

生：完成小练习，电子书包的自动批阅功能。

师：同学们的作业中基本都判断出了（1）、（3）是二元一次方程组，（4）不是，为什么（4）不是呢？

生：方程组（4）含有三个未知数。

师：方程组（2）有分歧，说“不是”的同学来说说为什么呢？

生：因为 xy 是二次项。

（2）二元一次方程组的解。

师：将引入中一元一次方程的解代入方程组，验证这组解是否为方程组的解。

生：将一元一次方程求出的康乃馨和百合花的数目答案代入二元一次方程组，检验两个方程是否都成立。

概念：在二元一次方程组中，使每个方程都适合的解，叫做二元一次方程组的解。

师：发送练习

选择：方程组$\begin{cases}5x-y=9\\3x+4y=10\end{cases}$的解是（　）

A. $\begin{cases}x=1\\y=-4\end{cases}$　B. $\begin{cases}x=0\\y=2.5\end{cases}$　C. $\begin{cases}x=2\\y=1\end{cases}$　D. $\begin{cases}x=3\\y=4\end{cases}$

师：利用电子书包选择题自动批阅和及时统计功能，即时反馈。

（3）解一元二次方程组。

例题：解方程组$\begin{cases}x-y=3\\2x+3y=21\end{cases}$

教师板书解题过程。

学习用代入消元法解二元一次方程组，将未知的方程组问题转化为已学过的方程的问题、解题方法和规范的解题格式。

师生共同求解二元一次方程组，让学生理解代入消元法时如何选择合适的未知数进行消元。

师：总结用代入消元法解二元一次方程组的一般步骤。

生：小组讨论并总结概括代入消元法的一般步骤。小组讨论并将结果拍照上传至班级画廊，组间交流。

解题步骤：

变式→代入→求解→回代→结论

师：这个方程组还有别的消元方法吗？

生：尝试用不同方法将方程变形，并比较不同方法。小组讨论策略优选。

培养学生善于观察方程组中未知数的系数特征，分析判断与消元的能力

（4）课堂练习。

师：电子书包课堂提问，解方程组：

$$\begin{cases}8x-3y=9\\x-y=-2\end{cases}$$

生：独立作答后进行提交，在大组汇报时谈谈自己的想法。

师：巡视，选取不同解法的同学，进行展示、对比，让学生分析比较策略优选。利用电子书包的推送功能，及时了解学生整体与个别的情况，培养

学生观察方程组的系数特征，进行代入消元法时选择合适的未知数进行消元。

基本思路：

二元一次方程组 —消元→ 一元一次方程

3. 课堂小结

师：本节课你有哪些收获？还有什么疑问吗？

生：解二元一次方程组的思想：消元。

生：用代入法解二元一次方程组的步骤。

生：二元一次方程组的概念。

生：二元一次方程组的解法。

4. 巩固提升

学生讨论思考解决办法。

5. 回家作业

练习册——习题 6.9（1）。

电子书包在数学复习课中的教学模式

刘 雪

一、核心思想

“人人课堂”是我校提出的教学模式，以“人人参与、人人合作、人人发展”为要旨，以“以人为本”为中心思想。它遵循“先学后教，以学定教”等教学理念而构建的，重点在于以生为本，倡导师生、生生高效合作，倡导学生自主、探究地学习，促使在课堂上可以实现“人人参与、人人合作、人人发展”，唤醒和发现学生的认知，关注和促进学生的成长。

电子书包，一种新的信息技术被引领到教育教学中，它使教育越来越数据化，越来越信息化，越来越现代化。

例如，在传统的数学复习课上，教师组织学生练与算，比较枯燥无味，而在电子书包的辅助作用下，通过电子书包特有的功能和数学学科特点的有效结合，使课堂的教学表现形式更加多元化。在复习课前，通过电子书包练习题发布和批改功能，能快速获得学生们的反馈情况，更加有效和直观，在授课过程中，教师可以根据课堂的实际情况，有效挖掘学生们生成的资源，提高课堂的效率。

基于学校的“人人课堂”，借助电子书包的平台，结合班级的实际情况，本节课的宗旨在于，让学生在合作讨论中梳理知识，在合作交流中掌握解题策略。在教学方法上，采用问题形式，启发引导学生，在学法上，主要通过学生间的合作、交流、讨论达到本节课的教学目标。

二、基本流程

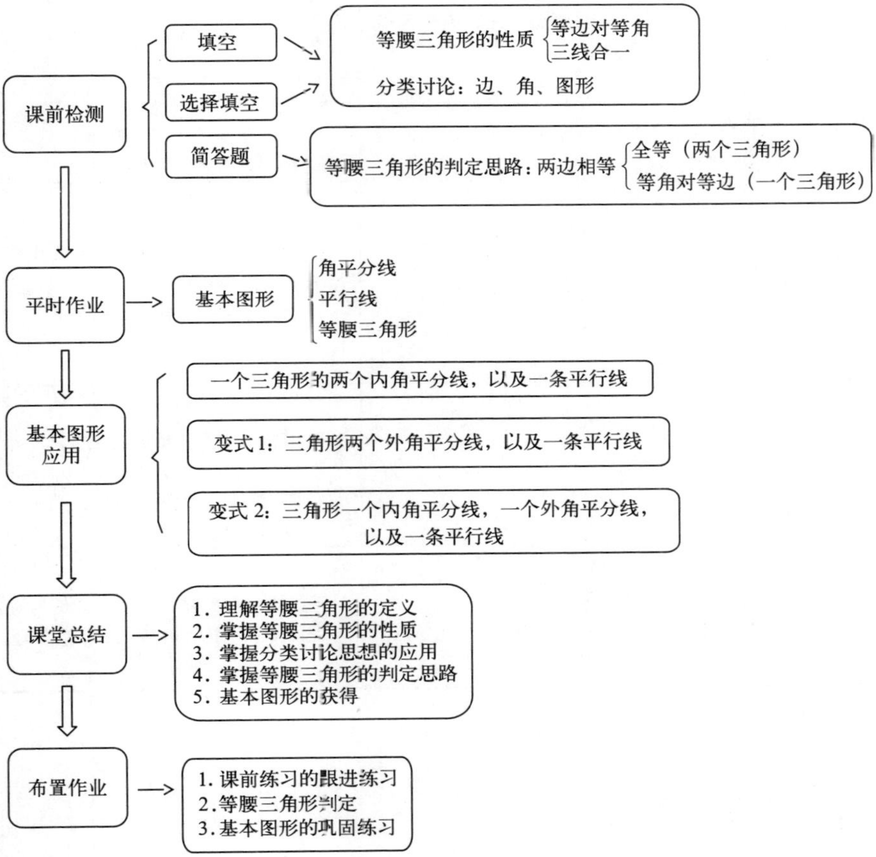

三、主要环节

本节课的教学过程分为王块内容，分别为智慧启航、智慧续航、智慧远航、课堂总结和布置作业，环节间紧紧相扣，教学内容层层递进。

教学环节	方式方法	预期效果
智慧启航	1. 小组间互相交流错的题目，分析错误原因； 2. 大组间交流等腰三角形的相关知识，梳理等腰三角形的知识结构； 3. “小老师”讲解解题思路，梳理等腰三角形的判定思路。	1. 小组间能够分析错的题目，掌握相关知识； 2. 梳理等腰三角形的性质和分类讨论思想在解题中的应用； 3. 掌握等腰三角形的判定思路。
智慧续航	呈现学生的平时作业。师生合作，教师通过提问的方式，启发引导学生，从而提炼出基本图形。	1. 提炼出基本图形； 2. 掌握基本图形的要素； 3. 能够理解基本图形的由来。
智慧远航	变式训练 1. 学生先独立思考，完成说理过程，并讲解解题方法和思路； 2. 大组间交流变式 1 的解题思路； 3. 小组间合作交流解题思路，再大组间交流解题结果。	1. 在复杂的图形中能够熟练找到基本图形，理解其原理； 2. 能够说明三个线段间的关系。
课堂总结	学生总结、交流、补充。	1. 理解等腰三角形的定义； 2. 掌握等腰三角形的性质； 3. 掌握分类讨论思想的应用； 4. 掌握等腰三角形的判定思路； 5. 基本图形的获得。
布置作业	电子书包作业推送： 1. 课前练习的跟进练习； 2. 等腰三角形判定的练习； 3. 基本图形的巩固练习。	通过本节课的复习，学生能够梳理本节课的知识结构，高效完成课后作业。

四、要素设计

1. 电子书包——生成试卷

本节课是一节复习课，所以利用电子书包的生成试卷功能，把准备好的试卷，导入电子书包中，就可以直接发送给学生，学生接收后，开始答卷。

2. 电子书包——自动批改

试卷中的填空题和选择题，由电子书包自动批改。学生一边做，教师在另一端就可以同步看到每一个学生每一题的正确与否。

3. 电子书包——结果反馈

当学生全部做完，系统会自动生成分数。学生做的时间长短，系统也会呈现出来，以此可以鼓励做得又准又快的同学，也激励其他同学继续努力。通过题目统计，还可以看到每一道题目的正确率，从而更有针对性地去复习知识点。

4. 电子书包——拍照上传

关于几何说理题目，书写的过程比较长，在电子书包上书写不够流畅，这时可以采用拍照上传功能，把书写好的过程，拍下照片，上传到教师指定的文件夹中，教师可以去浏览，每个同学也可以浏览到其他同学的书写过程，取长补短，帮助自己进步。

5. 电子书包——资源推送

当教师发现比较工整的作业时，可以选择资源推送，把这份作业推送给每一个同学，大家再来一起分析讲解。

6. 电子书包——画笔使用

在分析讲解题目的时候，可以选择画笔功能，一边讲解，一边做标记，更加直观。

7. 电子书包——几何画板

电子书包中也有几何画板功能，把它导入资源中，上课时可以切换到几何画板，对于本节课中的变式训练，更加有效、直观。

8. 电子书包——课堂提问

在变式 2 中，通过课堂提问功能，截屏推送给每一个学生，学生收到后，可以在 Pad 上用笔圈画，然后提交，教师这边就可以看到他们做的结果了。

9. 电子书包——作业

可以通过电子书包的作业功能，把课前练习的跟进练习发给学生们，课后他们就可以做作业了。

五、课堂实录

师：上课！

生：起立！

师：同学们好！

生：老师好！

师：同学们请坐。

全体同学端正坐好。

师：今天，我们进入几何专题复习中，等腰三角形的复习。这是第一课时。我们先来看一下课前练习情况。

电子书包—资源记录中心—点击试卷—打开

同学和老师同时可以看到试卷的反馈结果。

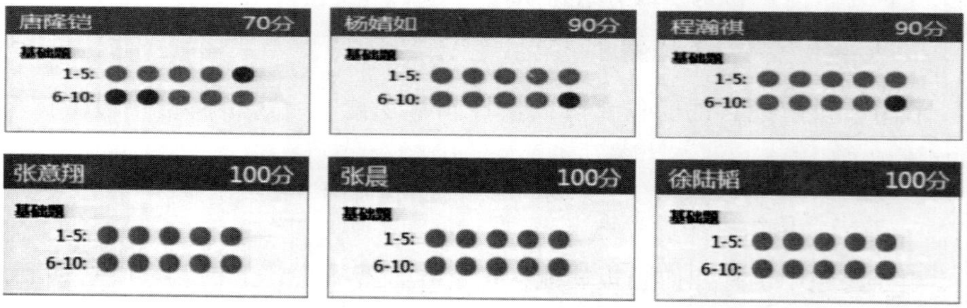

师：程瀚祺 90 分，不错，唐隆铠有进步，考了 70 分，这一排张晨、张意翔、徐陆韬都是满分，马丽莎还需要努力啊。

师：我们再来看一下各题的正确率情况。

电子书包—试题统计

师：第 10 题错的比较多，一会儿，我们具体分析一下。

师：现在，老师把这些题目发回给大家。注意，先不要着急订正，先以小组为单位，讨论一下你错的这些题目，分析一下错在哪里。

电子书包—错误题目—发回

学生收到题目，以小组为单位，讨论自己错了哪些题目，分析错误的原因。教师巡视，参与各个小组的讨论，了解他们的讨论情况。

师：讨论好的小组举手示意我一下。

各个小组举手，我点头示意已经知道他们讨论结束。

师：好，停，各个小组已经讨论好了。现在我们先一起来看一下第10题。杨博你能读一下题目吗？

杨博：等腰三角形中，一腰上的高与另一腰的夹角为20°，则其顶角为多少？

师：课前这道题做对了吗？

杨博：没有。

师：那你现在会做这道题目吗？

杨博：会。

师：到讲台前给大家讲一下吧。

切换几何画板中笔的功能，便于学生书写和描画。

杨博：这道题你要注意讨论两种情况，这个等腰三角形可以是锐角三角形，也可以是钝角三角形。如果是锐角三角形，这里是20°，这里是90°，这里就是70°；如果是钝角三角形，高在外面，这里是20°，这里是90°，利用外角知识，这里就是110°。

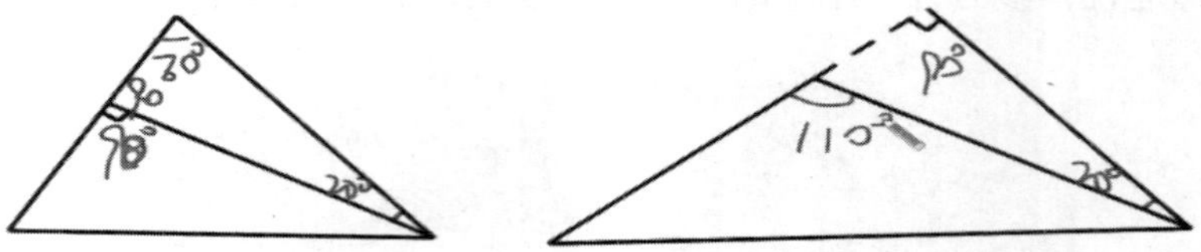

杨博同学边讲解边描画解体思路。

师：非常棒，和老师的想法是一样的。杨博请回。

师：如果遇到等腰三角形的这类题目，我们要注意分类讨论三角形的形状。

板书：分类讨论。

师：那么我们再来看第7题，这道题怎么做，谁来说一下？

学生们纷纷举手。

师：李珂。

李珂：这道题告诉你两条边分别是5和4，我可以讨论如果5是腰的话，周长就是5+5+4=14；如果4是腰的话，周长就是4+4+5=13。

师：非常好。请坐。简单说，这类题目我们要分类讨论边长。

教师同时板书，在分类讨论后面写上边长。

师：再来看第9题，告诉你一个等腰三角形的内角是30°，求底角度数。这道题怎么做？

学生们纷纷举手。

师：徐陆韬。

徐陆韬：告诉我的这个内角，要分类讨论是底角还是顶角。如果是底角，就直接可以得到30°；如果是顶角，那就用180°-30°=150°，再用150°÷2=75°。所以有两个答案。

师：非常棒。也就是我们要分类讨论角。

板书，在分类讨论后面再写上角。

师：好，我们总结一下，在做等腰三角形题目的时候，我们要注意分类讨论思想在其中的应用。

师：那我们再来看第5题，怎么做？

学生们纷纷举手。

师：张晨。

张晨：告诉我们 $AB=3$ 厘米，$AC=3$ 厘米，说明是等腰三角形，等腰三角形中，等边对等角，又告诉我们 $\angle A=108°$，$180°-108°=72°$，再用 $72°\div 2=36°$。

师：分析得特别到位。简单来讲，这道题目的知识点涉及等腰三角形的什么知识？

学生们：等边对等角。

师：非常好。

板书：等腰三角形性质等边对等角。

师：那么我们再来看第6题，这道题目又怎么做？

学生们纷纷举手。

师：程瀚棋。

程瀚棋：题目告诉我们 $AB=AC$，说明 $\triangle ABC$ 是等腰三角形，$AD\perp BC$，想到等腰三角形三线合一，所以 $\angle BAD=\frac{1}{2}\angle A$，已知 $\angle A=72°$，所以 $\angle BAD=36°$。

师：很棒，程瀚棋同学对这个知识掌握得很熟悉。那么我们简单说，这类题目就是等腰三角形的……

学生们：三线合一。

板书：等腰三角形的性质：三线合一。

师：课前练习的填空和选择部分，涉及的关于等腰三角形的知识都梳理在黑板上了。课后，老师会给大家发一个跟进的练习题目，注意查收。

师：那么我们再来看一下课前练习的几何说理部分。咱班同学做得都很好，用了四种方法来解答这道题目，接下来我们就请这四种方法的代表来讲解一下你的说理思路。

将我的电子书包投影在大屏幕上，同时打开作品库的731文件夹，去查看学生的作业。

师：先请肖樱楠同学来讲一下你的思路吧。

师：请先读一下题，再来说思路。

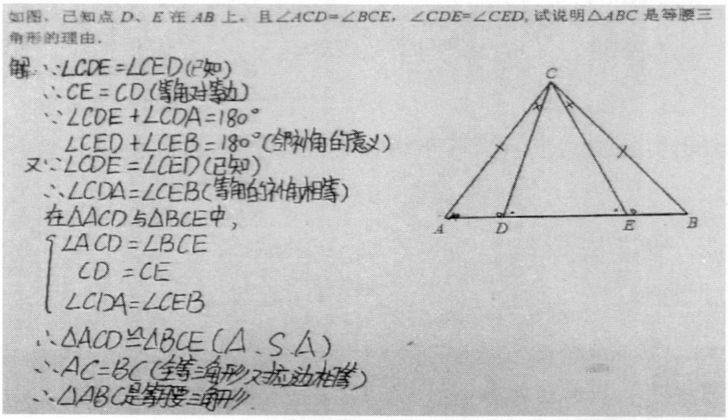
如图，已知点 D、E 在 AB 上，且∠ACD=∠BCE，∠CDE=∠CED，试说明△ABC 是等腰三角形的理由。

解：∵∠CDE=∠CED（已知）
∴CE=CD（等角对等边）
∵∠CDE+∠CDA=180°
∠CED+∠CEB=180°（邻补角的意义）
又∵∠CDE=∠CED（已知）
∴∠CDA=∠CEB（等角的补角相等）
在△ACD与△BCE中，
∠ACD=∠BCE
CD=CE
∠CDA=∠CEB
∴△ACD≌△BCE（A.S.A）
∴AC=BC（全等三角形对应边相等）
∴△ABC是等腰三角形

肖樱楠解题过程

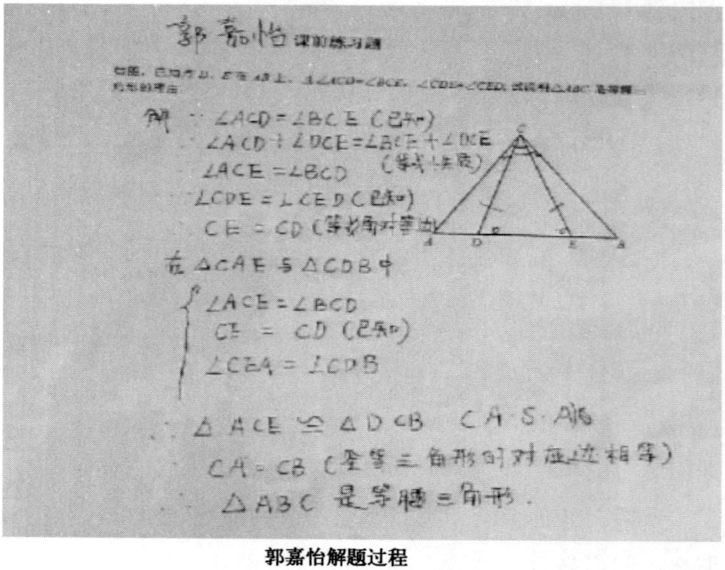
郭嘉怡 课前练习题

解：∵∠ACD=∠BCE（已知）
∴∠ACD+∠DCE=∠BCE+∠DCE（等式性质）
∠ACE=∠BCD
∵∠CDE=∠CED（已知）
∴CE=CD（等角对等边）
在△CAE与△CDB中
∠ACE=∠BCD
CE=CD（已知）
∠CEA=∠CDB
∴△ACE≌△DCB（A.S.A）
∴CA=CB（全等三角形的对应边相等）
∴△ABC是等腰三角形。

郭嘉怡解题过程

肖樱楠：如图，已知点 D、E 在 AB 上，且 $\angle ACD=\angle BCE$，$\angle CDE=\angle CED$，试说明 $\triangle ABC$ 是等腰三角形的理由。这道题目让我们说明 $\triangle ABC$ 是

等腰三角形，我用等腰三角形的定义，两条边相等的三角形是等腰三角形，如果能说明 $AC=BC$ 就好了，然后我想到用全等的方法来说明。通过已知条件，可以得到 $\triangle ADC\cong\triangle BCE$，用 ASA 得到的。

师：非常好，肖樱楠请回。这是肖樱楠的思路，你们明白了吗？我们再请郭嘉怡同学说说他的思路。

郭嘉怡：我的想法和肖樱楠差不多。让我们说明 $\triangle ABC$ 是等腰三角形，我就想如果 $AC=BC$ 就可以了，证明两个线段相等，我想到用全等的方法。通过题干中的信息，我可以得到 $\triangle CAE\cong\triangle CBD$，理由是 ASA。

师：好，非常了不起，郭嘉怡请回。这已经是第二种方法了。我们再来看第三种方法，钱瑞芸，你来说说你的思路。

钱瑞芸到讲台前。

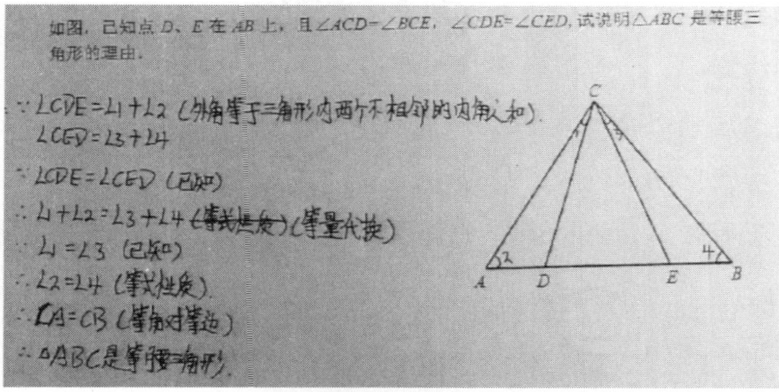

钱瑞芸解题过程

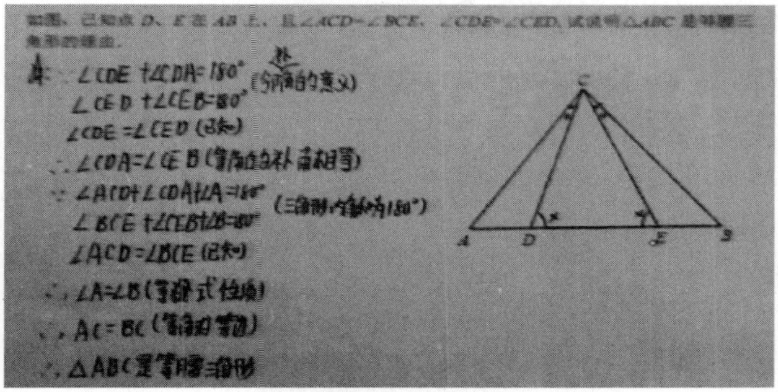

陈佳钰解题过程

钱瑞芸：让我们说明$\triangle ABC$是等腰三角形，$AC=BC$就可以了，我想到等角对等边，如果$\angle A=\angle B$就可以了。我通过已知条件，利用外角等于与它不相邻的两个内角之和，可以得到$\angle A=\angle B$。这样$AC=BC$，$\triangle ABC$就是等腰三角形了。

师：嗯，非常好，请回。再请第四种方法的代表——陈佳钰同学。

陈佳钰：要说明$\triangle ABC$是等腰三角形，只要说明$AC=BC$就可以了，我想到的也是等角对等边，利用已知条件，还有三角形内角和等于180°，可以得到$\angle A=\angle B$，这样$AC=BC$，所以$\triangle ABC$是等腰三角形。

师：非常棒。四种方法大家都听懂了吗？那我们现在来总结一下。如果你想说明一个三角形是等腰三角形，如何思考？

学生们有的回答说：只要说明两条边相等就可以。

师：那么我们说明两条边相等的方法有哪些？

学生们纷纷说：全等或者等角对等边。

师：大家总结得特别到位。

板书：等腰三角形的说理思路。

师：关于等腰三角形的判定思路我们总结完了，接下来我们看一下咱们平时的作业。

电子书包，作品库，作业文件夹，把照片推送给大家。将我的电子书包投影到大屏幕上。

师：这个作业中的图大家熟悉吗？

学生们：熟悉。

师：还记得在哪里吗？

学生们纷纷说：练习册，试卷上，数学书上。

师：对的，数学书上，第109页，把书打开。

师：我们一起把题目读一遍，预备，起。

学生们齐读：如图，已知在$\triangle ABC$中，BD平分$\angle ABC$，过点D作BC的平行线DE，交AB于E，试说明$DE=BE$的理由。

师：这道题目是让我们证明两条边等，思路有哪些？

学生们纷纷说：全等或者等角对等边。

师：那我们看题目中的已知条件，告诉我们 BD 平分 $\angle ABC$，我们能得到什么？

学生们：$\angle ABD=\angle DBC$

师：在这里老师想说一下，如果一个没有压线的角，我们可以用 $\angle 1$、$\angle 2$ 来表示。那这里老师把 $\angle ABD$ 标注为 $\angle 1$，$\angle DBC$ 标注为 $\angle 2$。这样 $\angle 1=\angle 2$。

题目里又告诉我们 $BC//BE$，我们能得到什么？

学生们：$\angle 2=\angle EDC$。

师：原因？

学生们：两直线平行，内错角相等。

师：老师把 $\angle EDC$ 标注成 $\angle 3$，这时，$\angle 1=\angle 3$，理由？

学生们：等量代换。

师：这时我们就能得到 $BE=DE$。理由？

学生们：等角对等边。

师：那么这时老师把问题改了，让你说明这个三角形是等腰三角形，咱们同学课后思考一下。

师：好。在这道题目里，我们可以总结出一个基本图形。大家来看。

板书。

师：一个角，如果有一个角平分线，得到什么？

学生们：两个角相等。

师：我再添加一条平行线，得到什么？

学生们：内错角相等。

师：这时候，有没有等腰三角形的存在？

学生们：有。

师：哪个三角形？

学生们：$\triangle BDE$。

师：好。我们再来思考一下基本图形的要素。

板书：基本图形

角平分线，平行线，等腰三角形

师：那么，我们来练习一下，看你能不能找到基本图形？

电子书包—资源库—打开—几何画板

如图，已知 BP、CP 分别是 $\triangle ABC$ 的内角 $\angle ABC$ 与 $\angle ACB$ 的角平分线，过点 P 作 $MN//BC$，交 AB 于 M，交 AC 于 N。

（1）找出图中的所有等腰三角形，试说明理由。

（2）猜想 BM、MN、CN 之间的数量关系，并对猜想结果进行说理。

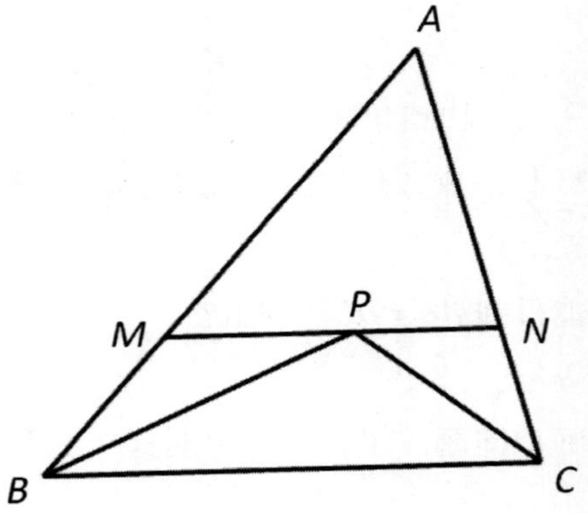

师：大家拿出导学案，把这条题目自己书写一下，只写第一问。

教师巡视，了解学生的掌握情况，帮助学困生。

师：第一问写好的同学，请拍照上传至732的文件夹中。

投影我的电子书包到大屏幕上，找同学来讲解一下。

师：张意翔，来说一下你的解法。

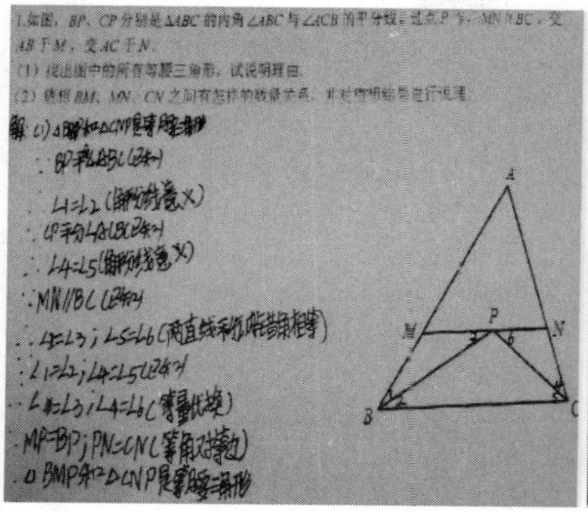

张意翔：因为 BP 平分 $\angle ABC$，所以 $\angle 1 = \angle 2$，因为 CP 平分 $\angle ACB$，所以 $\angle 4 = \angle 5$。因为 $MN//BC$，所以 $\angle 2 = \angle 3$，$\angle 5 = \angle 6$。因为 $\angle 1 = \angle 2$，$\angle 4 = \angle 5$，所以 $\angle 1 = \angle 3$，$\angle 4 = \angle 6$，所以 $MP = BP$，$PN = CN$。所以 $\triangle BMP$ 和 $\triangle CNP$ 是等腰三角形。

师：非常非常好。思路完全正确。这边的书写是不是特别烦琐？我们用四个字就可以概括。

学生们：同理可得。

师：因为两个等腰三角形的梳理思路一样的，我们用同理可得就可以了。

师：这道题目里有没有基本图形的存在？看到了哪些要素？

学生们：角平分线，平行线。

师：那么等腰三角形找到了，你能猜出 BM、MN、CN 之间的数量关系吗？

学生们：$MN = BM + CN$。

师：原因是什么？

学生们：等量代换。

师：同学们都很厉害。

师：那么我们来变式一下。还是这个三角形，现在我内角平分线变成了外角平分线，请看黑板。

几何画板呈现图形变化的过程

如图，已知 BP、CP 分别是 $\triangle ABC$ 的外角平分线，过点 P 作 $MN//BC$，交 AB 的延长线于 M，交 AC 的延长线于 N。

（1）找出图中的所有等腰三角形，试说明理由。

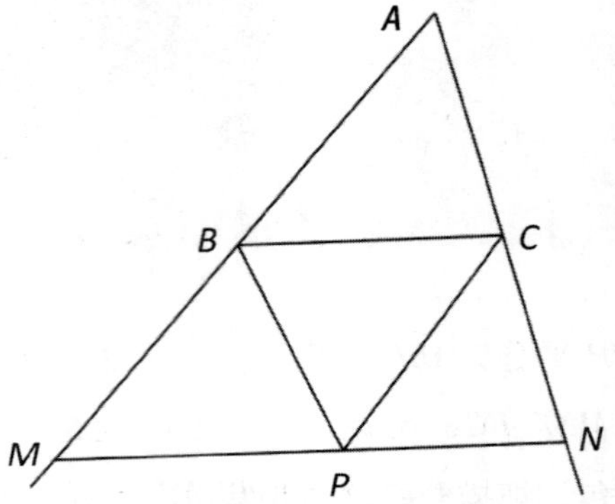

师：你如果找到等腰三角形了，请举手告诉我一下。

师：蒋圣杰，你到前面来讲一下吧。

切换电子书包笔的功能。学生边讲边画。

蒋圣杰：BP 平分 $\angle MBC$，得到 $\angle MBP=\angle PBC$，$MN//BC$，得 $\angle MPB=\angle CBP$，所以 $\angle MBP=\angle MPB$，所以 $MP=MB$，所以 $\triangle MBP$ 是等腰三角形，同理可得 $\triangle PCN$ 是等腰三角形。

师：蒋圣杰讲解得特别到位。那么 BM、MN、CN 之间的数量关系是什么？

蒋圣杰：$MN=BM+CN$。

师：那么老师还要变式，还是这个三角形，现在有一个内角平分线和一个外角平分线。

几何画板展示变式过程，电子书包课堂提问，发送给同学们。

如图，已知 BP、CP 分别是 $\triangle ABC$ 的一个内角的平分线与一个外角的平分线，过点 P 作 $MN//BC$，交 AB 于 M，交 AC 于 N。

（1）找出图中的所有等腰三角形，试说明理由。

（2）猜想 BM、MN、CN 之间的数量关系，并对猜想结果进行说理。

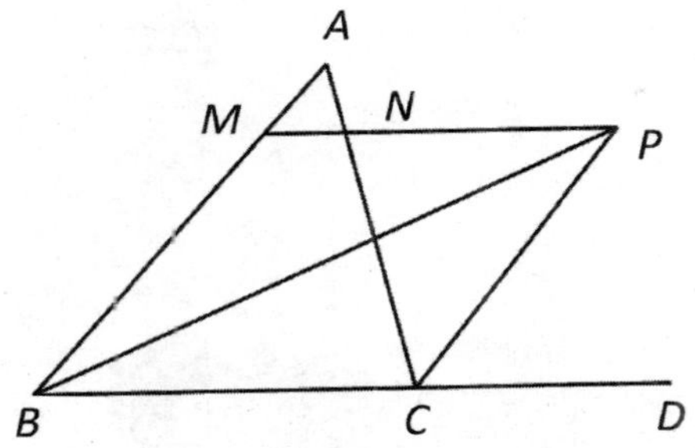

师：同学们，老师已经发送给你们了，现在以小组为单位，先找到等腰三角形，用阴影描出来。现在开始。

学生讨论，教师巡视，帮助有困难的小组，观察他们的掌握情况。

小组利用电子书包，把描绘好的图片发送给教师。

教师利用电子书包，展示不同小组的完成结果，并找同学讲解。

徐陆韬：因为 BP 平分 $\angle ABC$，所以 $\angle ABP=\angle PBC$，因为 $MP//BC$，所以 $\angle MPB=\angle PBC$，所以 $\angle ABP=\angle MPB$，所以 $MP=MB$，所以 $\triangle MBP$ 是等腰三角形，同理可得 $\triangle NCP$ 是等腰三角形。

师：完全正确。这个时候，你来观察，BM、MN、CN 之间有怎样的数量关系？

徐陆韬：$MN=BM-CN$。

师：嗯，完全正确。课后，大家把说理过程写完整，课代表收齐后交到我这里来。

切换到电子书包 PPT 页面。

师：这节课，我们来总结一下，我们都复习了哪些内容。

马丽莎：等腰三角形的性质，等边对等角，三线合一。

闫鹏：等腰三角形的说理思路，两条边相等就可以，两条边相等，我们想到等角对等边，我们还想到全等。

师：非常好，还有补充吗？

赵子杨：我们在做等腰三角形题目的时候，要特别注意分类讨论思想的应用。

唐隆铠：还有我们收获了基本图形。由角平分线和平行线，我们能得到一个等腰三角形。

师：非常好，大家总结得都很到位。那么，老师再给大家布置一个口头作业，课后，你们小组讨论一下，由这个基本图形，如果我告诉你一个等腰三角形，还有一条平行线，你能否得到角平分线？如果我告诉你一个等腰三角形和一个角平分线，你能得到一条平行线吗？

师：作业：（1）课前练习的跟进练习；（2）等腰三角形判定的练习；（3）基本图形的巩固练习。

师：好，这节课上到这里，下课。

全体起立。

师：同学们再见。

学生们：老师再见！

电子书包技术在“人人课堂”英语教学中的作用

——《A birthday plan》课例分析

施慧丽

一、背景说明

2014年我校在教学方面有两项重大举措：一是电子书包的实验运用；二是一种新的教学理念——“人人课堂”的提出和实践。

“电子书包”意即利用信息化设备进行教学的便携式终端，是一种致力于提高教育信息化、提高家庭和学校配合效率的技术，除了传统“家校通”包含的家校沟通功能外，电子书包还提供更加丰富的教育信息化功能，如数字化教育资源、学生成长史等，对其强大的功能的使用，我们老师也正处于探索阶段。

“人人课堂”教学理念是指课堂中的任何一个人都要积极参与到课程的进程中。它的提出是基于我校的实际情况。由于我校所处周边环境的特殊性，学困生多，学优生少，学生普遍存在学科知识基础较差、自主学习能力较弱、合作学习意识较淡、学习兴趣较低等现象，因此也造成教师在课堂上总体讲得太多，不敢使用合作学习，怕浪费时间且学习效率低下，大多仍采用传统的方式，整个课堂气氛沉闷、授课形式单一，学生始终处于被动的学习状态。因此，我校提出构建具有航华二中特色的“人人课堂”，它倡导在课堂中要“人人参与、人人合作、人人发展”，使课堂成为每一个孩子学习发展的学堂。

在实践探索的过程中，我觉得完全可以将电子书包技术和“人人课堂”

教学理念融合，借助电子书包功能使“人人课堂”的课堂模式更加有效，更能够关注到人人的发展。下面讲述的这个案例是以电子书包为教学手段而进行的“人人课堂”教学模式的一次尝试。

二、教学过程流程图

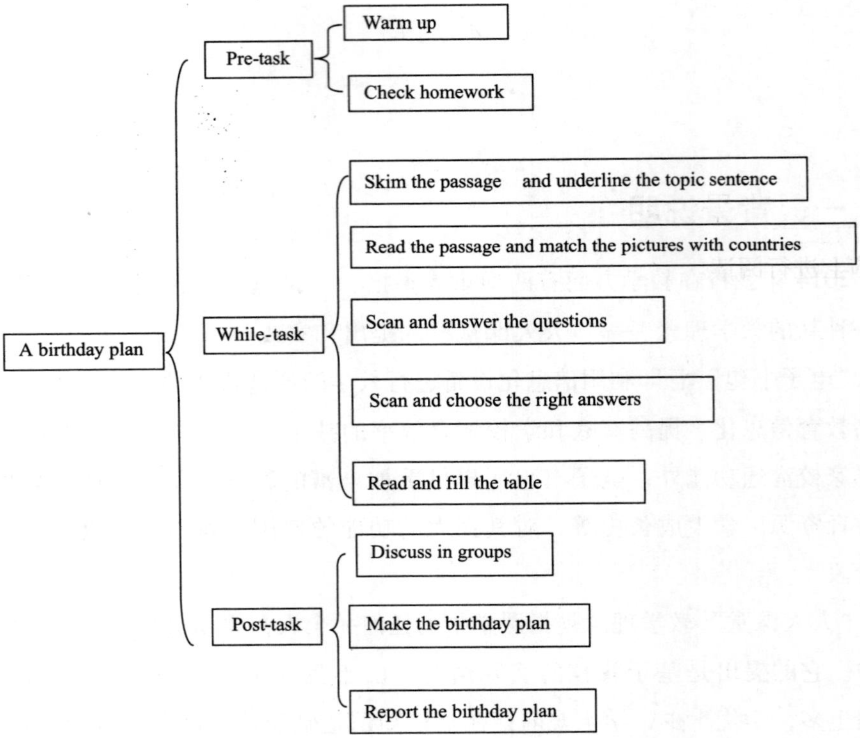

三、过程描述

1. Pre – task 环节

在这个环节中，我充分利用了电子书包中的作业功能。我在第一课时结束时让学生们为他们最好的朋友做一份生日计划，让他们充分利用课堂所学同时也可以有自己的创意部分，学生们利用平板电脑完成自己的计划，之后再去浏览其他同学的计划，在浏览过程中他们可以互相点评，最后学生们的作业会按照评价排序。所以，我利用这个功能和学生们一起欣赏最佳的几个计划，请了两位学生分享了他们的计划。这个过程同时也是对前一课知识的复习，学生们都清楚了如何为一位中国小朋友设计一个生日活动方案。在这个环节中，电子书包的运用实现了班级中的人人参与，这是传统教学手段所不能实现的。

2. While – task 环节

在 Pre – task 的基础上，我让学生们思考“Do people all over the world celebrate their birthdays in the same way”引出接下来学习的内容“Different birthday activities in different countries”。我选用了一篇有关四个不同国家 Denmark、India、America 和 Holland 的文本，并将它做成电子书，学生可以直接在平板电脑上进行阅读。

首先，带领学生进行文本的整体阅读，让他们了解文章的大意。学生们需要做的就是进行快速阅读，画出中心句，完成图片与国家的配对。学生们在阅读过程中可以直接在平板电脑上进行圈画，与此同时，我可以在我的电脑上查看到每个人的完成情况，大部分学生都能够准确地找到中心句“There are also different ways to celebrate birthdays”。图片与国家配对的任务我是运用了电子书包的任务推送功能把任务推送给学生，学生们可以在平板电脑上完成。我利用屏幕广播的形式让学生们能看到自己和其他同学的答案。大多数学生的完成情况都是不错的，所以这个环节很快就过去了。

然后，带领学生对文本进行细读。文本中分别简单介绍了丹麦、印度、美国和荷兰四个国家的人们是如何庆祝生日的。在细读中，需要对学生们的一些阅读技巧进行训练，例如查找具体信息、推测、概括等。所以，我设计了不同的任务供学生们在阅读时完成。在学习丹麦这个段落时，我主要采用了回答问题的形式，三个问题“What can people see outside the window when someone is having a birthday in Denmark”“When and where do parents put the presents”“Why”的解决，学生自然就了解了此段落。在讲解印度时，我采用了图片和问题相结合的形式，让学生知道“colored”这个生词的含义，同时也了解“What kind of clothes do Indian children wear on their birthdays”。在讲述美国时，学生们需要根据课文内容完成以下表格：

Family members	Activities
Children	
Parents	

学生们需要找出在美国家庭中，文中所叙述的孩子们和父母分别都在生日活动策划中做了哪些事情。他们最终要呈现的如下表：

Family members	Activities
Children	Invite some friends
	Play games
Parents	Decorate the house
	Prepare for a special meal

最后讲解的是荷兰，讲解过程中重点训练了学生们猜测词意的能力，他们需要根据上下文的理解猜测，选出“especially”的相同意义的词“very”。而且还要找出“What is the special way in Holland to celebrate the birthday”这个信息。大部分学生都能够找到答案“The family puts flowers on the birthday child's chair to make it beautiful”。

接下来，进行总结和个人情感的表达。学生们已经完成了对文本的理解，他们对四个国家的人们是如何过生日的有了初步了解，那么我就让他们来说说哪个国家的方式他们最喜欢，为什么。大部分学生能够表达他们的最爱，并表达出主要是因为喜欢那个国家的庆祝方式。在环节结束时，我又唤起学生们对不同国家的风俗习惯要予以充分的尊重。

3. Post – task 环节

这个环节是整节课的输出环节，就是让学生们将他们之前的学习内容运用到实际生活中，能够学有所用，这个环节我再一次用到了电子书包的功能。由于这节课的主要输入内容是四个不同国家的生日习俗，所以，我计划让学生们为一位外籍小朋友设计生日方案。在这个环节中，他们需要通过小组合作来完成任务，每位学生都要完成各自的任务，人人合作。他们可以自己决定这个小朋友来自哪个国家，并进行活动的设计，然后完成表格，之后他们需要用平板电脑拍照将他们的表格提交，接下来就是人人参与的环节了，每位学生都可以浏览每个小组的设计方案，并选出他们最喜欢的小组，让他们派代表来分享设计。

4. 总结环节

在课堂的最后，我鼓励学生们要将课堂所学的知识运用到现实生活中去，相信他们可以为自己的朋友哪怕是外籍朋友设计一次生日活动，充分享受和朋友们在一起的快乐时光。

四、总结反思

在设计《A birthday plan》这一课时，我充分考虑如何将电子书包更好地为英语教学服务，提高课堂效率。我力求让学生成为课堂教学的主人，教师的作用是引导，充分调动学生学习的积极性、创造性。摆正各自的位置和角色，充分发挥教学的民主性，把主动权交给学生。此次运用电子书包进行课堂研究的活动，我有以下几点感受：

（1）“人人课堂”的理念的提出和实践是非常及时和必要的。教学的主体是学生，只有让学生能真正地融入课堂，充分参与课程的进程才能实现我们真正的教学目标。以往我们一直在谈素质教育，谈主动学习，但在现实教学中又不免囿于传统的被动式教学。通过“人人课堂”的实践让我们看到了学生学习的主动性、参与的重要性，为我们以后更多的教学实践打开了一扇面向未来的大门。

（2）新技术的使用对教学是一次极大的辅助提升。电子书包的强大功能实现了传统课堂上所不能达到的很重要的一点就是反馈的全面性和及时性。这让老师可以关注到每个学生的学习情况，并给予适当的帮助。当然，电子书包还有许多功能都是非常高效的，对于我们的教学有着很大的辅助作用。当然任何一个新生事物在最初阶段总是不完美的，在实验过程中我们也关注到电子书包技术还有待进一步提高，同时我们也需要加强对不同课型的电子书包的研究，并非所有的课型都适合，所以新技术的使用要恰如其分，才能发挥它的优势，为我们的教学服务，为实现“人人课堂”效力。

（3）教师在教学中的引导作用非常重要。这节课我也是做了一次大胆的尝试，让七年级的学生来上一次阅读课，虽然文本的选择不是很难，但是学生们接触得还是比较少的。所以，老师在学生学习中的引导作用是必不可少的。例如在寻找主题句时就出现了一些困难，之后通过我的引导和提示，他们还是很快地解决了这个问题。所以说教师还要有较强的应变能力，在学生思维受阻时巧妙引导，思维活跃时适时激励，有了思维成果后适当奖励……要真正成为学生学习的促进者、组织者和指导者，关键是转变传统的教学观念和教学行为。

五、课堂实录

T：Good afternoon，boys and girls.

S：Good afternoon，Beata.

T：Today，we are going to learn something about birthday. Yesterday，I asked you to make a birthday plan for your best friend. And you should read others' plans and make some comments. Did you do them?

S：Yes.

T：Now，let's check together. Oh，you think Janny's plan is the best. Let's invite her to share her plan with us.

Janny: ...

T: Oh, you plan a lot of activities on her birthday. I believe it will be an exciting birthday party.

Next, let's welcome her to share her plan with us. We also like your plan very much.

Mary: ...

T: Thanks, Mary. Good job. I am looking forward the birthday party. I wish you will have a good time.

T: OK. Boys and girls, I also read your plans at home. Most of you have mentioned a lot of activities on birthday. I list some of them. Shall we read them together?

S: ... (Read together)

T: We have known a lot of activities what we can do on our birthdays.

Let's think about: Do people all over the world have the same way to celebrate birthdays?

S: No.

T: Of course no. Different countries have different ways to celebrate their birthdays. Today we will learn a passage about it. You can find the passage on the iPad.

T: First, let's read the passage from the beginning to the end quickly, and you should find the topic sentence and underline it.

S: ... (read)

T: Jack, could you tell us which sentence is the topic sentence?

Jack: There are also different ways to celebrate the birthdays.

T: Yes, you are right. You can find it in the paragragh one.

Everyone, according to the topic sentence, I think you can give the passage a title. Who wants to try?

Carol: Different ways to celcebrate birthdays in different countries.

T：Good job. Then let's read the passage again and do the match work. Match the pictures with the countries.

S：... (read)

T：Let's see Joy's answer, is she right?

S：Yes.

T：Let's do it together.

Next, let's learn the passage paragraph by paragraph. You will read the second paragraph about Denmark and you should answer some questions.

S：... (read)

T：Let's look at the questions and answer them.

S：... (answer the questions)

T：So much for the second paragraph. Let's learn the next paragraph about India. And try to know what Indians do on their birthday.

T：OK. let's look at the screen, "what colour is it?"

S：It's white.

T：And what about this one?

S：It's colored.

T：What kind of clothes do Indians wear on their birthday?

S：They wear colored clothes.

T：What do they usually wear?

S：They wear white clothes.

T：What else do Indians do?

S：They give out chocolate to their classmates.

T：Who help them give out the chocolate?

S：Their friends.

T：Now, let's go to the next countries. Read it please.

S：... (read)

T：Let's fill in the table.

T：What do children do on their birthdays.

S：They invite friends.

T：What else?

S：They play games.

T：What do their parents do?

S：They decorate the house.

T：What else?

S：They prepare for a special meal.

T：Let's learn the last paragraph.

T：What does a child receive on their birthday in Poland?

S：They receive a especially big present.

T：Read after me "especially".

S：... (read)

T：What does "especially" mean? Does it mean very or even?

S：Very.

T：What the special way do people do on their birthdays in Poland?

S：They put flowers on birthday children's chairs.

T：We have learnt four countries' ways to celebrate the birthday. Which countries'ways do you like best?

S：I like the ways Americans' do.

T：Why ?

S：Because the house is very beautiful.

T：As we all know, different countries have different ways to celebrate the birthdays. We should respect them. For example, if you make a birthday plan for a person from Denmark. Don't forget to put the national flag outside the window, right?

S：Yes.

T：All right. We have learnt a lot about birthdays. I think we can make a birthday plan for a foreign friend. Now, let's have a try.

T: let's see. She is Lily. It is her birthday next Saturday. Let's make a birthday plan for her. We will do the group work. Each group should have a discussion and fill in the table. Firstly, you should decide which country Lily comes from, and make the suitable plan for her. Secondly, you should take a photo for your plan and send it to the iPad.

S: ... (discuss)

T: You can read other groups'plans.

T: Which group's plan do you like best?

S: I think our group's plan is the best.

T: Oh, I am glad to hear that. Please share the plan with us.

S: ... (Read the plan)

T: After learning a lot, I think you can make a birthday plan for your friends. Have a try in your daily life. I believe it will be fun to spend the happy time with your friends on the birthdays.

T: Homework for today.

T: Thank you. Goodbye, everyone.

S: Goodbye, Beata.

数字化环境下的初中英语作文教学课例研究

王　晖

一、核心思想

本课是采取小组合作学习为课堂组织形式，任务教学法为教学方法，使用电子书包作为工具从而实现我校“人人课堂”教学理念。

“人人课堂”是在我校“海纳百川　自我超越”的办学思想下，在学校“包容开放　自信自强”的文化追求下，根据我校学生实际学力，遵循“先学后教，以学定教”等教学理念而构建的。“人人课堂”是一种在课堂上“人人参与、人人合作、人人发展”的教学理念。在“人人课堂”中，我们希望每个学生都能在课堂上感受到老师的关注和鼓励，老师的目光应该像阳光一样洒到每个学生的身上；在课堂结束时每个学生都有所收获、有所成长。“人人课堂”要求老师在走进课堂之前对学生有全方位的了解，做到胸有成竹，在备课时就应该针对班级里各个层次的学生分别制订不同的教学目标，至少分为上三分之一、中三分之一和下三分之一，这样才能在课堂里有的放矢，真正实现每个层次的学生需求都有所满足和发展。“人人课堂”教学是一种理念，是一种方向，是一种愿景，却没有局限我们的思维去限定一种教学模式，老师仍然要在课堂中使用具体的教学手段和教学模式以此为依托才能实现理念，而小组合作学习利用了学生的差别，把落差转化成资源，让学生生生互动，取长补短，为实现“人人课堂”提供可能。

而我校作为闵行区电子书包项目实验学校，为电子书包常态化应用的推进，正在探索实践信息化背景下的统整研究，尝试“统整、融合、变革、创生”，我们每一个实验老师都体会到电子信息技术正在使教育领域酝酿和发生着变革。电子书包的优势显而易见，它可以促进学生自主学习，个性化地获得知识；在课堂中教师可以控制学生终端，进行课堂实时互动；可以随时检索资源，获取各种所需信息；增加互动环节的设计，学生的参与也变得更加广泛。它改变着教育所处的生态环境。当生态环境发生变化，应对问题的思路和方法会发生变化。在新的生态环境下，它会对教育战略目标的落实提出新的挑战和新的思路。电子书包的核心价值在于对现有教学模式的超越与变革，在于要创造新的模式与方法。我们要利用电子书包来破解制约教育发展的难题。

我在这堂课中充分发挥电子书包的优势，使得它成为实现“人人课堂”教学理念的有效依托和工具。

二、基本流程

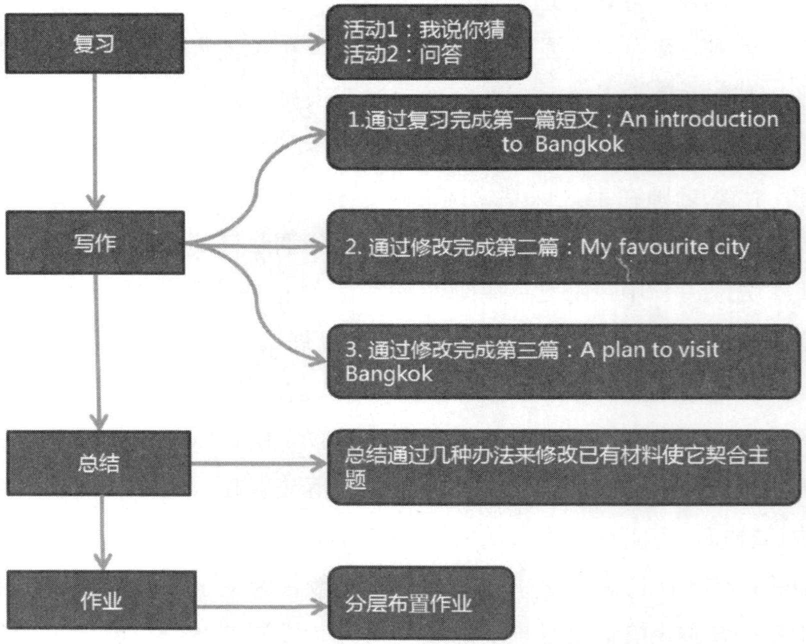

三、主要环节

1. 复习环节

我采用两个活动来复习学生已有的知识。

其一，抢答。根据我的信息提示来猜测我描述的是哪个城市，包括第一单元中三个城市所有的信息：位置、距离、旅行所花时间、能看到的景点、所做的事情以及当地特色的食物。这个环节用来吸引学生的注意力，激发学生猜测的兴趣，营造活泼热烈的学习气氛，为进一步学习做好准备。

第二个活动是问答。先通过头脑风暴的活动让学生对接下来的活动有个整体概念，知道介绍城市可以涉及哪些内容，然后询问学生有关城市 Bangkok 的问题，复习写作要用到的重要句型，为第一篇短文做好铺垫。这个环节我仍设置了大量问题，让每个学生都有回答问题的机会。力求关注到每一个学生，让“人人课堂”的理念通过问题的设置得到体现。同时给每个小组记分，这个记分的评价手段贯穿整节课堂，通过评价机制给予学生鼓励和激励，它可以说是小组合作学习的一个重要组成部分，也是重要保证。

2. 写作环节

在这一环节里，学生将完成 3 篇短文，让围绕“人人课堂”教学理念而展开的小组合作学习、任务教学法、电子书包工具都得以实现。

(1) 完成第一篇短文。这篇短文是在复习的第二个活动上很快达成的。将问题的答案并在一起便成了一篇短文，通过给出 4 个标题让学生选择，选出最佳标题，意在让学生根据内容进行归纳，找到最契合文章内容的标题，即：An introduction to Bangkok。这个活动实际上是从复习课文内容到写作的过渡，这样的过渡既快速又自然，没有大的坡度和跳跃，让学生产生成就感，发现原来写一篇短文是件很容易的事情。

(2) 第二篇短文。回到上一个选择标题的讨论中，重新让学生思考：为什么不选第二个标题 My favourite city? 引导学生意识到只有内容围绕主题来写的文章才是好文章，再次点醒学生要认真审题，要围绕主题来安排文章结构、构思写作内容。然后请学生小组讨论：如果给出这个标题，这篇文章有哪些地方需要修改才能契合主题？引导学生意识到文章显然没有点题，那么需要在开头结尾处点题；还有文章的中间部分写的是游客们在这个城市能干什么，跟“我”没什么关系，因此需改成第一人称，从“我”的角度来写这个城市。接下来将第一篇文章作为基础文本通过电子书包的课堂提问功能发送给学生，让学生在文本上进行修改。大部分学生完成之后，选2～3名不同层次的学生到教室前面来朗读自己修改后的短文，并进行点评。至此，第二篇短文完成。这个环节中有一些有深度的问题是让学生在讨论之后再进行回答，给予学生充分的时间思考、讨论是课堂习得必然的经过。在学生修改的时候是要以组为单位，还是每个人都动手去改？到底是要体现小组合作，还是要强调人人动手操作？最后我还是决定以人人动手操作为主，讨论互助为辅，既让每个人参与其中，又让困难生能及时得到帮助。以这种方式来求得有效地实现人人参与、人人有得的教学理念。

（3）第三篇短文。还是利用前面的选择最佳标题环节，让学生思考第三个标题：A plan to visit Bangkok。小组讨论：同样是第一篇文章，又有哪些需要修改才能契合这个主题？这个活动基本是重复上一个活动，意在巩固学生审题、围绕主题思考写作内容的意识，而在内容上加深难度。上一短文仅需修改人称和在开头结尾点题，而这一次除了这些修改，还需要删掉一些与主题无关的句子，意在使学生进一步思考写作内容的合适性，不写与主题无关的话。这个板块看似重复，其实在内容的深度和难度上都有所加大，但是由于前面的铺垫，从而让学生感受到深入浅出，层层递进，反而会运用前面学到的方法，做出胸有成竹的修改，达到水到渠成的效果，顺利完成第三篇短文。这个环节中的小组讨论活动使得人人能参与能发言，弱一点的同学在听的过程中也能慢慢跟上，在修改作文的过程当中学生仍然能向同桌求助，学生自主、互助的学习氛围充分体现了小组合作学习的优势。

3. 总结

这节课主要通过对第一单元课文内容的复习，拓展了基于同一文本根据不同的标题通过开头结尾点题、改变人称时态、删减无关句子等手段来修改成契合标题的短文。意在教给学生学会如何利用手头已有材料，唤醒学生审题、点题、围绕主题去写话的意识。为今后进一步作文训练打下基础，做好充分铺垫。

4. 作业

将书本上课文中的另一篇短文修改成 A plan to visit Beijing 或者 A visit to Beijing。程度好一点的同学可以写后一篇，弱一点的同学可以写前一篇。这种分层布置作业照顾到了不同程度的学生，也是一种“人人课堂”理念的体现。

四、要素设计

所有的教学手段和工具都是为教学内容和教学目标的实现服务的，而本课的教学内容是利用书上所学旧知来进行修改从而达到符合题意的目的，所以本课选择了电子书包作为平台，为实现本课教学目标搭建了一座桥梁。我充分利用电子书包的课堂提问功能，将所需编辑的内容发送给学生，学生可以即时在短文上修改、编辑，如果提交后发现有问题还可以再次修改、提交。而这时老师可以打开课堂投影的功能，选择各个不同层次的学生的编辑过程投影在屏幕上，这样可以让老师控制学生终端，进行课堂实时互动。关闭投影功能，可以在屏幕上看到全班同学的任务提交情况，控制进程。在学生展示的环节，电子书包增加互动环节，让学生的参与变得更加广泛，实现自我修改、互相修改、老师修改示范，在这个过程中，学生更直观地、更多地看到了问题的共性，更多地参与其中，有了更多可贵的收获。这是我在本课中主要使用到的电子书包的一些功能，但是这其实只是它的冰山一角，电子书包随着技术的随时更新、服务的完善和更广泛的普及和被运用，它的功能也许会强大到无法想象，但是我们还是得在恰当的时候恰当地使用，才能恰当地发挥电子书包辅助教学的作用。

五、应用课例

师：这节课我们将要复习第一单元并且写出3篇短文！不要担心，我会帮助你们的！请告诉我，在第一单元中我们学了哪些城市？

生：北京、东京、曼谷！

师：那我们来玩一个游戏怎么样？我来说一句关于这些城市的话，你们来猜测是哪个城市，知道的同学要尽快站起来，然后说出城市名称，好吗？

老师提示，学生抢答。

师：你们表现很棒，说明你们昨天按要求进行了复习！那么，谈论一个城市我们可以从哪些方面来说？

生：where、how far、how...

师：那我们以曼谷 Bangkok 为例，从这些问题入手谈论一下这个城市吧！曼谷位于哪里？曼谷离上海有多远？乘飞机到曼谷要多久？在曼谷游客能看到什么？能做什么？能吃什么？曼谷的人口有多少？

生：（举手回答）

师：同学们回答得很好！现在我们把这些回答并在一起，看！变成了一篇短文，请大声朗读一遍！

生：（朗读）

师：现在这篇短文还没有标题，我这里有4个标题，你能给它选一个最合适的标题吗？

生：选 An introduction to Bangkok。

师：为什么选这个标题呢？

生：因为这篇短文主要介绍了 Bangkok 的很多信息！

师：非常好！那我们第一篇短文就完成啦，题目就叫：An introduction to Bangkok。

板书：1. An introduction to Bangkok.

师：让我们再回到刚才的选项来看看，为什么其他标题不行？比如：为什么 My favourite city 这个标题不行？大家讨论一下。

生：因为标题是 My favourite city，而短文中并没有提到这座城市是我所喜欢的城市。

师：非常好！说到了关键。但是，请同学们继续思考：我们能不能对这篇文章进行稍许的修改，使得它能契合 My favourite city 这个标题呢？请大家讨论。

生：可以在开头加一句：My favourite city is Bangkok。

生：在结尾处再加上一句：So I like Bangkok best。

生：中间部分的人称要改成“I”，“tourists”喜欢跟“我”是没有关系的。

师：很聪明！在开头结尾点题，那么说明这篇文章与主题相关了。中间部分也应该从“我”的角度来描述这座城市。所以如果运用适当人称、点题的办法我们就能把它修改成契合题意的好短文。现在我把短文发给大家，请每个同学都亲自动手来改一改。（幻灯片上演示提纲）

生：（在 Pad 上修改，可以组内讨论、相互帮助）

师：现在谁能把你修改的短文给大家展示一下？

师：（在电子白板上调出学生上传的短文，请学生大声朗读）

师：你们认为哪些地方改得好？

生：（举手评价）

师：哪些地方还需修改？

师：我提一个建议，中间部分有一个句子是谈论城市的人口有多少，你们认为它跟“我喜欢这座城市”这个主题相关吗？

生：没有关系。

师：所以我们要删掉与主题无关的废话。现在请大家把短文大声朗读一遍！

生：（大声朗读）

师：恭喜大家，现在我们已经完成了第二篇短文！

板书：2. My favourite city.

师：让我们再回到刚才要选择的标题上，看看其他标题。第三个标题是A plan to visit Bangkok。当然目前这个短文是不契合这个主题的，但是我们仍然能稍作修改使它契合主题。从哪些方面来修改？请大家以组讨论。

生：（组内讨论）

生：除了像上一篇短文那样要在开头结尾点题、改变人称，还有时态要变成将来时，因为标题是一次计划。

师：注意到了时态，很好！说明我们平时审题的时候要审时态，要选择合适主题的时态。还有什么要改变的吗？在文章中间部分，有没有跟主题无关的句子需要删减的？

生：我认为前面两句跟主题没有关系，需要删掉。

师：很好！现在我们一起来看看该从哪些方面修改？（幻灯片上演示提纲）

师：现在又是你们的修改作文时间啦！（发送需要修改的文本）

生：（讨论、修改）

师：现在谁能把你修改的短文给大家展示一下？

师：（在电子白板上调出学生上传的短文，请学生大声朗读）

师：你们认为哪些地方改得好？

生：（举手评价）

师：哪些地方还需修改？

师：我看到有些同学把“They enjoy eating spicy food”这个句子删掉了，你们同意吗？为什么？

生：我可以把它改成“I'm going to eat fruit and spicy food”，因为吃什么可以作为我的计划之一。

师：现在请大家把短文大声朗读一遍！

生：（学生朗读）

师：再次恭喜大家，现在我们已经完成了第三篇短文！

板书：3. A plan to visit Bangkok.

师：今天我们学到了什么？我们这节课主要通过对第一单元课文内容的复习，学会了将同一文本根据不同的标题通过开头结尾点题、改变人称时态、删减无关句子等手段来修改成契合标题的短文。今天大家的表现都很棒！谢谢大家！

师：今天的课后作业是将书本上课文中的另一篇短文修改成 A plan to visit Beijing 或者 A visit to Beijing。你们可以选一个难度适合自己的标题来改写。

师：下课！

数字化学习模式在“人人课堂”教学中的应用课例

——世界的地形

罗　珺

一、核心思想

数字化学习模式是在新时代背景下，充分利用现有的数字化工具，以及用数字化手段把知识体系与课堂教学运作联系起来，并围绕数字化工具和网络技术来教学。相比传统教学模式，它更着重强调培养学生获取、分析、加工信息的能力、团队协作精神及应用科技解决问题的能力。“人人课堂”是基于我校的生源和教学现状，根据我校学生实际学力，遵循“先学后教，以学定教”等教学理念而构建的航华二中特色教学。“人人课堂”的理念是从关注人的发展出发，追求“平等、尊重、活力、创造”的课堂价值。本堂课为了更好地体现我校“人人课堂”的理念，遵循闵行区地理学科教学改进“学生为主，以学定教”的思想，利用数字化教学模式，在全单元中以时下热点综艺亲子节目为情境导入，创设诸多任务环节认识地形知识，充分调动每个学生学习的积极性，在体验学习的过程中，掌握学习的基本方法，培养读图析图的综合能力。加强以生为本，师生、生生高效合作，学生主动学习，强调课堂能够“人人参与、人人合作、人人发展”，唤醒和发现学生的认知，关注并促进每一个学生的成长。

二、基本流程

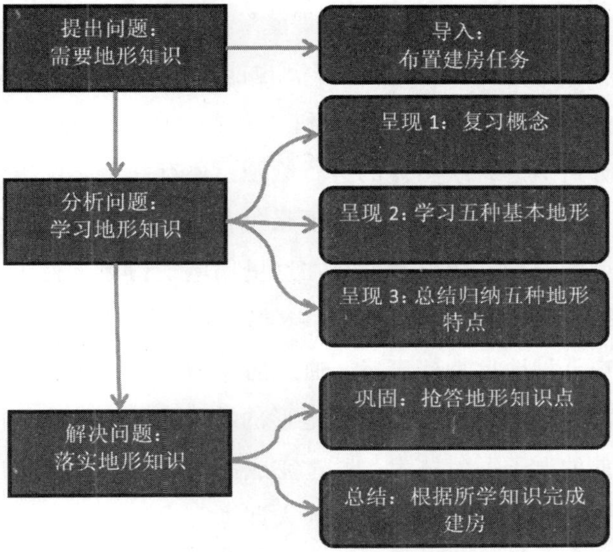

三、主要环节

1. 导入

创设情境，第一个项目就是建房子。这个环节以“学建筑的小明建房”为情境，用数字化教学模式的多媒体技术播放多幅美丽的景观图片，在课堂上有效地激发学习兴趣，也通过选房子引发学生对地形的关注，提高人人参与的热情，为更好地进行“人人课堂”教学打下坚实基础。

2. 呈现

首先，复习六年级第一学期海拔高度和相对高度的知识点。经过一个学期，学生有些许遗忘，出于“以学生为本”的考虑，我没有简单粗暴地给出概念，而是设计了两个问题：①A、B 两点的海拔大约是多少？②A、B 两点之间的相对高度是多少？因为使用了电子书包提问技术的及时反馈，在课堂上，学生比上学期更有效地通过练习实践运用，通过人人思考的方式，潜移默化地强化了对概念的理解。

然后，阅读书本和参考视频，小组学习五种基本地形。在这里，为了更好地利用数字化学习模式达到“人人课堂”人人参与的目的，我思考很久，最终采用三人一组，使学生不但能自学，也能互学掌握五种基本地形的概念。这里，学生通过平时的训练基本能做到“人人合作”，多数组会自觉分配任务，能力强的分析概念，绘图好的进行绘画，还有一个学生以学习为主。当然也是有问题存在的，在小组成品的展示过程中，对于丘陵，大多学生无法描述出相对高度的差异，所以也就只在这里用电子白板进行了讲解，体现出“人人课堂”和地理学科教学改进中“以学定教”的思想。

最后，完成五种地形特征表格。通过前期的小组合作学习，将具化的简图归纳成抽象的文字，归纳五种基本地形的特征，并比较它们的异同。这里还是运用了之前的电子书包技术，通过完成后的展示请学生指出每组回答的问题所在。这也能让教师及时了解“人人课堂”小组活动的进程，发现学生需要老师帮助的地方。比如这里，对六年级学生来说，发现现象的能力还不错，但是归纳总结的能力还是不够的，还需要继续培养锻炼。

3. 巩固

学习了世界上五种基本地形的相关知识，学生发现，原本随意选择建造的房屋因为所处地形不同，是否适宜人类居住的状况也发生了改变，大多数学生想选择在平原上建房屋。于是，就创设选地的抢答环节，把新授的地形知识运用到世界实地中去，提高学习兴趣，将理论知识与实际地形相联系，巩固认识五种地形。这里设计两题：①你能说出下图分别是什么地形吗？②你知道哪些世界地形之最？特别是运用数字化学习模式抢答技术后，学生的抢答热情空前高涨，真是“人人参与”，非常好地达成了巩固目标。

4. 总结

最终，请学生根据本课所学知识，完成选地建房的任务。学生用生活实例总结本节课知识点，感悟地理环境的复杂和多样，建立正确的人地观。在建房时学生充分讨论最想选和最不想选的理由，在讨论中认识到地形影响着人类的生产生活，且有利有弊，要合理开发利用，因地制宜，树立正确的人地观，达到“人人发展”的目的。虽然课上课后也有提出多元化的选房意见，我们要海纳百川，允许各种想法的存在，更希望理智对待科学，但是能引起思考，我觉得这节课还是达到了预期之外更多的效果。

四、要素设计

1. 导入

电子书包呈现丰富的景观图片，用直观的视觉刺激学生对地形学习的兴趣。

2. 呈现

（1）借助电子书包强大的画图功能和便捷的视频观看功能。为了更好地达到“人人课堂”的目的，用形象的方式完成两个问题：①判断图示地形；②尝试用简图描述地形。其实本课重难点就是辨析五大地形。尽管地理书上有文字描述，但比较概念化，学生还是难以区分。得益于先进的电子书包技术，根据“人人课堂”的理念，我在设计时先让学生独立阅读和观看视频，使其对五种地形有初步印象，又抛砖引玉，用盆地简图做了引导，再请学生通过讨论一起画图，在动手动脑中强化理解运用。而学生在操作过程中，确实又将看到的视频和书本中的概念，加深为自己的理解，把它们用简图表示出来。

（2）借助电子白板解决问题。在小组成品的展示过程中，对于丘陵，大多学生无法描述出相对高度的差异，所以在这里利用电子白板进行了讲解，电子白板能够直观快速地为学生答疑解惑，取得了良好的效果。

（3）借助电子书包的展示功能。利用电子书包技术的展示功能，通过展示归纳总结的地形特点请学生指出每组回答的问题所在；也能让教师及时了解“人人课堂”小组活动的进程，发现学生需要老师帮助的地方，及时解决问题。

3. 巩固

借助电子书包的抢答功能，在回答问题时，运用数字化学习模式抢答技术，增加学生的抢答热情，能够达成良好的巩固目标。

五、事实实录

1. 导入

师：建筑系的小明想要造出一座美丽的房子，他做了如下选址，选哪里好呢？（播放景观图片）

生：（大多数学生看到这些美轮美奂的照片非常激动，产生学习兴趣）

师：请思考地形对建筑建造的影响，并分小组讨论如何选址。

生：（分小组热烈地讨论选几号地形区，并在组内产生不同意见。进行了激烈辩论后，每组有了统一观点但也有所质疑，希望老师快点给出答案）

2. 呈现

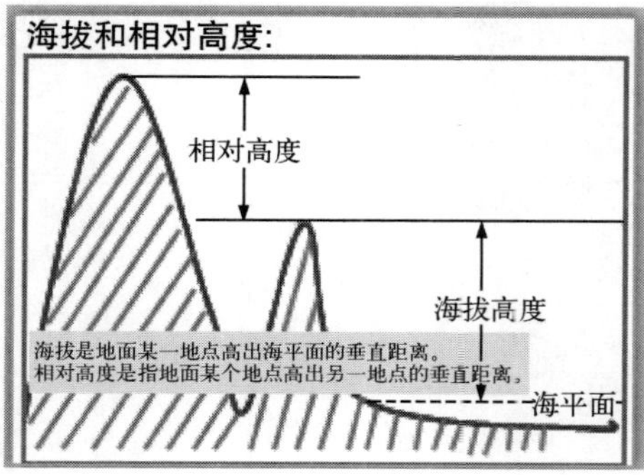

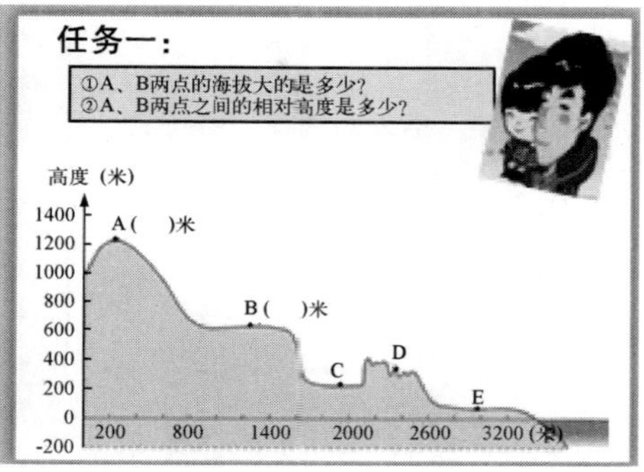

师：我们发现需要用到六年级第一学期的知识点海拔高度和相对高度，大家来一起复习下。

生：（在座位上欢乐地回答）

（经过一个学期，有些许遗忘，约有 1/4 的学生能答出）

师：（给出提示问题）

①A、B 两点的海拔大约是多少？

②A、B 两点之间的相对高度是多少？

生：（独立完成，很快地算出答案，踊跃地通过电子书包上交）

师：我们来看看各组的完成情况。A 点的海拔是 1200 米，B 点的海拔是 600 米，A、B 两点之间的相对高度是 600 米。

师：请同学总结海拔和相对高度的概念。

生：海拔就是某点高出海平面的垂直距离；

相对高度就是用海拔高的减去海拔低的距离。

师：阅读书本和参考视频，小组学习五种基本地形，完成两个问题。①判断图示地形。

生：（独立观看视频，对五种基本地形进行自我分析和理解，判断图示地形）

（虽然是很简单的视频，但学生看时第二次激动起来）

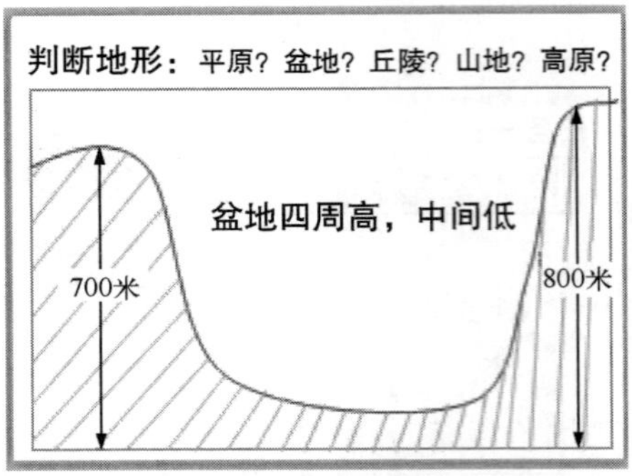

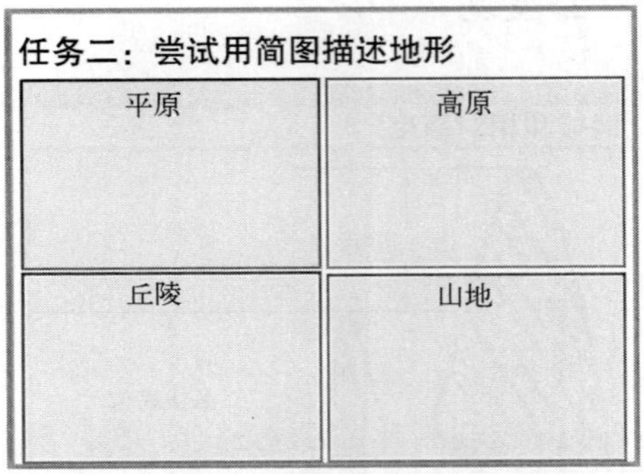

师：②尝试用简图描述地形。

生：（学生以小组的形式，每组上交一张图。这时，学生能在组内有效分配任务，分别分析概念，绘制简图和认真学习，小组呈现异常活跃状态）

师：（先到学生中，给予活动不热烈的小组鼓励和帮助；然后，通过电子书包投影和反馈进程较快组的进展情况）

师：我发现，各组同学完成得都不错，但有个共同的问题，作为地理地形图，你的精准性如何体现？

生：可以加注海拔高度和相对高度。

师：各组再对图进行修改。

师：请学生完成五种地形特征表格。

生：（小组讨论后完成表格。有的组进行很快，也有的小组不知如何表达）

地形类型	主要特征		共同点
	高度特点	地图形状	
平原			
高原			
山地			
丘陵			
盆地			/

师：（快速播放各小组提交的表格）

师：在丘陵的填写上问题较多，它的高度特点不是体现在海拔高度上，而是相对高度在 100 米以内。

3. 巩固

师：（巩固认识五种地形）①你能说出下图分别是什么地形吗？②你知道哪些世界地形之最？

生：（利用电子书包抢答功能，热烈抢答，气氛高涨）

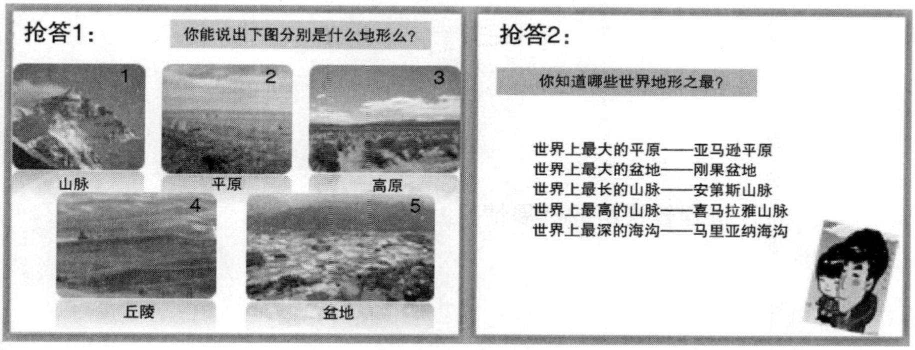

4. 总结

师：（利用建房任务总结基本地形知识）

生：（根据竞赛结果依次评估地形区。对在哪里建房子好产生分歧，热烈讨论地形对生产生活的影响）

师：（总结）我们要因地制宜地选址建房，树立可持续发展的人地观。

Part 06

教学比武展示

航华二中第八届“远航杯”教学比武方案

一、指导思想

为进一步推进课堂教学有效性的研究与探索，促进我校“人人课堂”建设，引导教师积极推进深化基础教育课程改革和研究，优化课堂结构、教学过程和教学方式方法，强化教师教学技能，最大限度地提升教师课程教学的设计水平和驾驭课堂的能力，同时也为教师搭建展示的舞台，总结和推广成功的做法和经验，促进我校教学质量和学生素质的全面提高，组织开展航华二中第八届“远航杯”教学比武活动，本次活动的研究主题为：“人人课堂”理念在课堂教学中的实践研究。

二、时间安排

2015 年 10 月 14、15 日两天下午（第 7 周）。

三、具体安排

1. 参加对象

根据学校规划，本次活动 30 岁以下教师参加：刘志鹏、臧坤、张绪文、刘雪、梁媛、翁宁蓁。

2. 活动要求

（1）参赛教师上课的顺序、课时、班级均由教导处随机安排，每位教师须上一节课，交一份教案、一份教案说明、一份反思；

（2）每位教师的教案和教学说明须在安排的上课时间前两天，上交至教导处，在开课后一天内上交反思与课件；

（3）本次活动的上课教师尽量结合学校“人人课堂”的理念及电子书包项目开展。运用“课堂导学”“智慧教学”等模式，在教学说明中加以阐述；

（4）本次活动将邀请文来初中的老师担任指导教师，每位参赛教师安排一位文来初中的指导老师一对一指导，负责教学设计、上课等研磨，跟踪全过程；

（5）本次活动作为七宝中学教育集团联合活动，将邀请集团联合会学科中心组成员担任评委，参与第7周的集中教学评比，根据评委评分结果评选等第奖；

（6）比赛结束后，召开总结表彰会，邀请区专家、集团联合会兄弟学校老师、我校全体教师参与总结活动。

3. 评委成员

七宝中学教育集团初中教学联合会学科中心组成员

评委名单：

周三：陈德红、李蓉、董良祥、赵英幗

周四：陈德红、杨顺发、王垚

4. 评奖及奖励

一等奖：一名，奖金500元

二等奖：二名，奖金400元

三等奖：三名，奖金300元

5. 文来初中与参赛教师结对情况

序号	参赛教师	学科	任教年级	指导教师
1	刘志鹏	体育	八年级	韩杨杨
2	臧　坤	体育	六年级	韩杨杨
3	张绪文	语文	七年级	缪　娴

续表

序号	参赛教师	学科	任教年级	指导教师
4	刘　雪	数学	七年级	向红艳
5	翁宁蓁	数学	六年级	汤莹琪
6	梁　媛	科学	六年级	屈巧玲

活动协调人：季惠红

6. 上课安排

序号	时间		上课教师	学科	班级	上课地点
1	周三	13:00—13:40	刘志鹏	体育	八（3）班	操场
2		13:55—14:35	刘　雪	数学	七（3）班	三楼七（3）班教室
3		14:45—15:25	张绪文	语文	七（5）班	三楼七（5）班教室
4	周四	13:00—13:40	臧　坤	体育	六（5）班	操场
5		13:55—14:35	梁　媛	科学	六（2）班	三楼物理实验室
6		14:45—15:25	翁宁蓁	数学	六（4）班	二楼六（4）班教室

7. 本校教师听课要求

（1）本组老师开课的，本组全体老师参与听课；其他学科的老师没有课就去听课；

（2）所有老师本次活动至少参与听课3节。

四、其他说明

本次活动作为七宝中学教育集团联合教研活动之一，将邀请集团兄弟学校老师前来观课。要求无课的本校教师参与听课活动。

上海市航华第二中学

2015年8月28日

课题：愚公移山

第八届“远航杯”教学比武大赛
一等奖获得者：张绪文

张绪文老师刚入职一年，在《愚公移山》的公开教学中，教态自然大方，师生互动精彩纷呈。更为难得的是，他对文本的深入解读，有自己的思考，教学设计层层递进，逻辑性强。“学生论辩”这个教学环节的设置亮点频现：观点有理有据；表达规范合理；论辩的思路清晰，观点明确。很好地诠释了“人人课堂”“人人参与、人人合作、人人发展”的教学理念。

教学设计

班级 七（5）班 学科 语文 执教人 张绪文 执教时间 2015年10月14日

课题名称		愚公移山		
教学目标		1. 通过朗读，疏通词句，把握故事情节； 2. 通过品读与论辩，把握愚公形象，理解故事寓意。		
教学重点		品读文句，把握愚公的形象。		
教学难点		理解愚公精神的内涵，进而理解故事寓意。		
措施方法		朗读＋研讨＋论辩＋质疑。		
教学准备	教具准备	PPT。		
	其他准备	课前导学案。		
教学过程				
教学环节	教师活动		学生活动	设计意图
导入	1. 播放歌曲——《愚公移山》； 2. 大家听说过愚公移山的故事吗？听完这首歌你有何感想？ 3. 导入课题。		1. 观看MV； 2. 交流感受。	勾起学生对这个早已听说的故事的回忆，激发学生学习课文的兴趣。

续表

教学环节	教师活动	学生活动	设计意图
呈现	1. 朗读检测，读通课文。 （1）请一位同学朗读课文； （2）全体同学朗读课文。	1. 朗读、交流，读通课文。	1. 通过朗读，疏通词句。
	2. 互动检测，疏通文意。（用原文回答） 提问：（1）本文的主人公是谁？ （2）文章是如何介绍他的？ （3）愚公为什么要移山？ （4）移山的目标是什么？ （5）移山会遇到哪些困难？	2. 根据课文回答问题。	2. 通过使用原文回答问题，把握故事情节。
	3. 品读讨论，把握人物。 提问： （1）智叟是怎样笑话愚公的？ 追问：智叟说得有没有道理？你同意吗？同意的请举手。 （2）面对智叟的质疑，愚公是如何回应的？ 追问：愚公回应得是否有道理？你同意吗？同意的请举手。	3. 品读人物语言。	3. 通过品读人物语言，感知人物形象，从而为“我为智叟/愚公代言”作准备。
	4. 自由论辩：“我为智叟/愚公代言”。	4. “我为智叟/愚公代言”，小组讨论，自由发表观点、论辩。	4. 通过“我为智叟/愚公代言”的方式，小组讨论并进行论辩，促使学生深化对愚公形象的理解。
巩固	1. 质疑探讨，把握寓意。 提问：（1）这个故事不以愚公率领子孙挖掉了大山，而以神助搬走大山结尾，有人觉得这样“让愚公的形象大打折扣”，你同意这种观点吗？ 选择性追问：这样搬走大山有没有愚公的存在？哪里可以体现？ （2）表面上是神之力搬走大山，实际上是愚公移山带给山神的“惧”和天帝的“感”在起重要作用，你觉得山神“惧”的、天帝“感”的是愚公的什么？	1. 思考问题，阅读文章，发表观点。	1. 通过质疑探讨，把握文章寓意。
	2. 朗读全文，加深理解。	2. 朗读课文。	2. 通过分析理解后的再次朗读，加深理解。

续表

教学环节	教师活动	学生活动	设计意图
总结	1. 教师总结。 《愚公移山》，通过愚公这样一个具有坚持不懈、艰苦奋斗、锲而不舍精神的人物，大智若愚的行为，感动天地，也给了一代又一代中国人战胜困难的信心和勇气，启迪着人们奋勇向前。 2. 再放“愚公移山”音乐，结束授课。		
作业	（二选一） （1）以“有志者事竟成——读《愚公移山》有感”为题，写一篇读后感； （2）有人说，愚公精神就是苦干精神，仅有苦干是远远不够的，苦干加巧干才能等于成功，你如何评价这种观点，就此写一段300字的文章阐述你的观点。		

板书框架设计

愚公移山

山高　人少　路远　工具差

坚定信念　　坚持不懈

大智若愚

教学设计说明

教案说明：

《愚公移山》是一篇家喻户晓的名篇寓言故事，选自战国时代的道家《列子·汤问》，它有生动的故事情节，又带有神话色彩，篇幅短小，特别是经毛泽东1945年在中国共产党第七次全国代表大会的闭幕词中引用这个寓言故事后，“愚公移山”的成语更是脍炙人口，为国人所喜用。

《愚公移山》最值得品的是愚公这一艺术形象。太行、王屋既高又大，而愚公仅以全家的力量来移山，这在一般人看来，已经是“愚蠢”的了。运土石，地点是“渤海之尾，隐土之北”，路程如此遥远，而帮助他们来移山的又只有一个七八岁的孩子，往返一次需时一年，这又进一步显示了愚公之“愚”。这是文中另一位主要人物智叟用以笑话愚公的重要依据。但所有这些，仅仅是事物的表象。及至愚公“子子孙孙无穷匮也，而山不加增”的回应和操蛇之神惧其不已、帝感其诚命夸娥氏二子负二山，他的形象霎时变得高大起来——原来他一直放眼未来，用坚持不懈的努力和艰苦奋斗的精神去实现梦想，他是“大智若愚”的！这种随着情节的发展由表及里地塑造人物形象的写法，给读者留下了极为深刻的印象。

新课标指出，阅读要“领悟作品的内涵，从中获得对自然、社会、人生的有益启示”，“对课文和表达有自己的心得，能提出自己的看法和疑问，并运用合作的方式，共同探讨疑难问题”。本文是寓言，它是通过“愚公”移山的成功反映了我国古代劳动人民征服自然、改造自然的伟大气魄和坚强毅力，也说明要克服困难就必须下定决心，坚持不懈地奋斗。教授此文时，更要重视情感、态度、价值观的导向，重点要帮助学生认识愚公的形象，理解故事的寓意，从而得到人生的启示，要树立远大的理想，战胜生活中出现的一切困难。寓言给我们提供了自由驰骋的想象空间，要充分利用好教材，对学生进行想象思维、发散思维训练，培养学生的口语交际能力，“重视对学生多角度、有创意的阅读评价”，这些都是指导本文教学的依据。因而，在教学设计中，我们主要运月以下方式，以期达到品读文句，把握愚公的形象；论辩与质疑中理解愚公精神的内涵，进而理解故事寓意；最终在情感态度上对学生有一定的影响。

故，教学设计中，我们主要选用以下方式：

1. 多样化朗读，在朗读中培养学生文言语感，理解文章内容。

初中七年级学生通过一年的文言文学习，已积累了一定的文言知识和学古文的方法。古文阅读教学，重视语感的培养，这又得借朗读去实现。本文内容大家较熟悉，语感的培养更要借助读去实现，去读出节奏，读出句式，读出感情，读出思想。我们采用听读、齐读、有重点地跳读等方式，这样反复朗读，古文的美感就会凸显，古文知识也会逐步积累，阅读文言文的能力也会逐步提高。

2. 互动检测，品读讨论。

不管是白话文还是文言文的阅读教学，都是学生、教师、文本之间对话的过程。阅读是学生的个性化行为，我们珍视学生独特的感受、体验和理解。文言文阅读教学两方面问题是重点：一是要努力克服文章理解上的语言障碍，因此，我们选择通过互动检测的方式，检查学生自学情况，同时帮助学生疏通文意；二是要运用现代观念审视作品，理解作品的思想内容，从中汲取民族智慧，评价作品的积极意义与历史局限，提高学生的认知能力，这部分我们选择让学生通过仔细的言语品读讨论去完成。

3. 激发学生的挑战欲、征服欲，围绕中心展开论辩，“我为智叟/愚公代言”。

本文故事情节吸引人，最感人的是愚公移山。用今天的眼光看，愚公的行为到底愚不愚蠢，就此引导和鼓励学生基于智叟和愚公的角度出发，进行论辩，自信、负责地表达自己的观点，做到清楚、连贯、有条理，不偏离话题，发表意见有针对性，从而提高学生的口语交际能力和围绕中心说话的能力。

4. 视听调动，启发思考和感悟。

在前面辩论、质疑的基础上，再次视听、朗读，再次感悟。引导学生梳理自己的观点，深入思考和感悟，写出阅读札记或读后感。

课题：分数的除法

第八届“远航杯”教学
比武大赛二等奖获得者：翁宁蓁

翁宁蓁老师《分数的除法》一课利用知识的新旧之间、相仿特点之间的相通，引发学生认知共鸣，激发学生探索新知！整节课结构严谨、环环相扣、过渡自然、密度适中，能引导学生在不断尝试中点燃思维的火花，赋予数学课生命与活力！

上课时间：2014 年 10 月 15 日

地点：航华二中 六（4）班

执教人：翁宁蓁

课时：第二课时

教学目标：

1. 掌握分数除法的法则，能利用分数除法法则进行计算；

2. 进行简单的分数除法应用的探讨；

3. 在除法法则归纳、总结的过程中初步体会数学的转化思想；学会用字母代替数进行法则、规律的总结，初步体会代数的思想。

教学重点：

掌握分数除法的法则，能进行简单的分数除法应用。

教学难点：

正确处理含整数、带分数的分数除法计算。

教学过程：

（一）智慧启航

1. 回顾作业答案

1）$\frac{3}{4}\times 8=$ <u>6</u>

2）$\frac{8}{15}\times\frac{3}{4}=$ <u>$\frac{2}{5}$</u>

3）$2\frac{1}{5}\times\frac{5}{4}=$ <u>$2\frac{3}{4}$</u>

4）$\frac{10}{7}\times\frac{14}{15}=$ <u>$1\frac{1}{3}$</u>

5）$6\times\frac{1}{8}=$ <u>$\frac{3}{4}$</u>

6）$\frac{2}{5}\times\frac{4}{3}=$ <u>$\frac{8}{15}$</u>

7）$2\frac{3}{4}\times\frac{4}{5}=$ <u>$2\frac{1}{5}$</u>

8）$1\frac{1}{3}\times\frac{7}{10}=$ <u>$\frac{14}{15}$</u>

2. 口算 $6\div 8=\frac{3}{4}$，与作业1）中的三个数字是否相同？那么除了计算的方法之外，你能结合作业1）说说为什么 $\frac{3}{4}\times 8=6$ 吗？试着用类似的思想来解决下面的问题。

1）$6\div 8=$ <u>$\frac{3}{4}$</u>

2）$\frac{2}{5}\div\frac{3}{4}=$ <u>$\frac{8}{15}$</u>

3）$2\frac{3}{4}\div\frac{5}{4}=$ <u>$2\frac{1}{5}$</u>

4）$1\frac{1}{3}\div\frac{10}{7}=$ <u>$\frac{14}{15}$</u>

3. 比较上一题与作业5）到8）的答案，你能发现什么规律？

（二）智慧远航

1. 分数除法的运算法则：甲数除以乙数（0 除外），等于甲数乘以乙数的倒数，用字母表示就是：

$$\frac{m}{n} \div \frac{p}{q} = \frac{m}{n} \times \frac{q}{p} \quad (n \neq 0, p \neq 0, q \neq 0)$$

2. 为什么$\frac{2}{5} \div \frac{3}{4} = \frac{2}{5} \times \frac{4}{3}$？

思路一：$5 \times 24 \div 6$

$= 5 \times (24 \div 6)$

$= 5 \times 4$

$= 20$

类似地，我们可以有

$\frac{2}{5} \div \frac{3}{4}$

$= \frac{2}{5} \times 1 \div \frac{3}{4}$

$= \frac{2}{5} \times \left(1 \div \frac{3}{4}\right)$

$= \frac{2}{5} \times \frac{4}{3}$

$= \frac{8}{15}$

思路二：$\frac{2}{5} \div \frac{3}{4} = \frac{2}{5} \times \frac{4}{3} = \underline{\frac{8}{15}}$

设$\frac{2}{5}$除以$\frac{3}{4}$的商为 x，即$\frac{2}{5} \div \frac{3}{4} = x$，那么得方程$\frac{3}{4}x = \frac{2}{5}$

在方程的两边同乘以$\frac{3}{4}$的倒数$\frac{4}{3}$，得

$$\frac{4}{3} \times \frac{3}{4}x = \frac{2}{5} \times \frac{4}{3}$$

所以 $x = \frac{2}{5} \times \frac{4}{3}$，$x = \frac{8}{15}$

而 $x=\frac{2}{5}\div\frac{3}{4}$，所以 $\frac{2}{5}\div\frac{3}{4}=\frac{2}{5}\times\frac{4}{3}$

（三）智慧续航

1. 口答

1）$\frac{8}{9}\div\frac{2}{3}=\frac{8}{9}\times$（　　）　　2）$\frac{11}{12}\div$（　　）$=\frac{11}{12}\times\frac{3}{5}$

3）$\frac{2}{7}\div\frac{2}{5}=$（　　）$\times\frac{5}{2}$　　4）（　　）$\div\frac{13}{10}=\frac{3}{2}\times\frac{10}{13}$

完成导学案第四题

下列选项中正确的是（　　）

（A）$\frac{1}{6}\div\frac{3}{2}=6\times\frac{3}{2}=9$　　（B）$\frac{4}{15}\div 6=\frac{4}{15}\times\frac{6}{1}=\frac{8}{5}=1\frac{3}{5}$

（C）$\frac{2}{3}\div\frac{3}{2}=\frac{3}{2}\times\frac{2}{3}=1$　　（D）$1\div\frac{3}{2}=1\times\frac{2}{3}=\frac{2}{3}$

2. 例题1　计算 $\frac{15}{28}\div\frac{5}{7}$

完成导学案中第五题计算的第一组

1）$\frac{5}{14}\div\frac{10}{7}$　　2）$\frac{5}{6}\div\frac{6}{5}$

3. 例题2　计算 $\frac{5}{14}\div 10$，例题3　计算 $2\frac{1}{3}\div\frac{14}{15}$

完成导学案中第五题计算的第二、三组

3）$\frac{4}{9}\div 9$　　4）$8\div\frac{4}{5}$　　5）$4\frac{1}{5}\div\frac{3}{5}$　　6）$9\div 5\frac{1}{4}$

完成导学案中第六题

1）小红的家与学校相距4千米，她每天用 $\frac{4}{11}$ 小时骑自行车到学校。小红的平均速度是每小时多少千米？

2）一个数的 $\frac{11}{12}$ 是 $\frac{1}{3}$，求这个数。

4. 书本 p. 56 圈画概念。

（四）智慧航标

在分数的除法运算中应注意：

1. 化“除”为“乘”的同时，对除数求倒数；

2. 遇到整数要化为“分数形式”，带分数要化为假分数；

3. 将除法转化为乘法之后，仍然要先约分后计算。

（五）智慧航路

练习册 2.6

教学设计说明

教材分析

本节课内容是分数除法，是分数运算的主要部分之一。在此之前，教材已介绍了分数乘法法则及倒数的意义，为学生理解分数除法的法则奠定了基础。通过对除法法则的理解与熟练运用，完善学生分数运算的基本知识，扎实掌握分数运算的基本技能，为接下来分数的四则混合运算学习做好铺垫。教材采用字母代替数来总结法则、规律，在例题的编制中体现方程思想解决简单的实际应用题，初步引导学生体会代数思想方法。数学思维方式逐步由数向式过渡，将在进一步的学习中发挥重要的作用。

学情分析

学生已基本掌握分数的乘法运算律，会求一个非零数的倒数。在分数乘法法则的学习中，已接触到用字母代替数来总结法则。对除法法则的学习有了一定的基础。大多数学生数学学习的基础比较薄弱，学习成绩集中在中等或中等偏下，优秀学生很少，因此在上课过程当中对于基础知识需要更多的时间和经历来熟悉和巩固。对于学习困难的同学需要教师在上课时进行特别关注；对于优秀学生可以充分利用其模范带头和“小老师”的作用，帮助其他学生进行学习。

教学说明

基于以上教材分析和学情分析，我采用如下的教学方法：

1. 回顾作业，问题引入

“人人课堂”倡导人人参与，对于基础较差的学生来说，在课堂上一般接受的启发性、引导性的问题总是不能够回答，而一般由中等或学业成绩较好的学生回答。而在本节课中，虽然用作业引入的方式可能相比于情境引入缺少趣味性，但是因为都是学生已经完成的题目，对于学生来说能够更加快速地接受，这样使得包括基础较差学生在内的所有学生都能够得到人人参与的机会，实现机会上的平等。有研究指出，在每节课的最开始 10 到 15 分钟是学生注意力最集中的时段，因此，用作业回顾的方式快速引入，能够为接下来提出的问题留出更多的思考和讨论的时间，尽力使每个学生都能够有效率地进行思考。

在作业的设置上，分成了两组共八道分数的乘法的计算题。其中作业 1）到 4）与第二题填空呼应，让学生先依照乘法和除法互为逆运算的思路，填出相应分数的除法运算的答案。之后通过和作业 5）到 8）的比较，引导学生能够自己发现分数的除法的运算规律：甲数除以乙数（0 除外），等于甲数乘以乙数的倒数。

初步巩固之后，通过涉及真分数、整数和带分数的三个不同类型的例题，使学生体会在具体的分数除法运算过程中，遇到不同情况的处理方法。其中每个类型的例题配以两道练习题，讲完即练，讲练结合，进一步巩固学生对于分数除法法则的掌握。在例题之后的练习，以小组长批改的方式进行。在实际的教学过程中，选出每个小组第一个全对的学生进行批改后，再对他们强调批改时的要点，请他们对组员进行批改。在这样的小组互动当中，也是“人人课堂”倡导的“人人合作”的体现。例如必要的约分步骤等。这是对作为组长的“好”学生之后，通过书上的两道应用题，引导学生运用算式和方程两种方法解决问题，同时使学生理解两种方法之间的联系。

2. 辨练结合，巩固法则

在学生理解了分数的除法的运算法则之后，先通过一组填空和选择，让学生初步体会分数的除法的运算法则，并且充分暴露错误和学会自己发现错误，及时纠正对于分数的除法的运算法则的错误理解，并且在纠错的过程中加深对运算法则的理解。

3. 自我总结，小结关键

最后总结阶段，采取学生自我总结，教师之后小结关键。利用学生在黑板上留下的错误资源，引导学生自己发现在分数的除法运算中应该注意哪些问题，例如化“除”为“乘”的同时，是对除数求倒数，而非被除数；遇到带分数要化为假分数再计算，等等。在学生自我总结过程中，可以对照黑板上和自己导学案当中之前错误的地方，有针对性地提出分数除法运算中的注意点，加深学生的印象。

人人课堂，人人乐动
——变向换手运球

第八届“远航杯”教学
比武大赛二等奖获得者：刘志鹏

刘志鹏老师的公开课《变向换手运球》课堂结构完整、内容科学、步骤清晰，对学生在身体发展、知识技能、心理发展和社会适应能力上进行了全方位的关注。学习目标适切，重难点把握到位，并通过分层教学满足不同层次学生的需求。教学基本功良好，口令准确而响亮，动作示范精彩恰当，课堂语言比较准确，师生、生生互动良好，学生在完成知识技能目标的同时，还获得了愉悦的运动体验。

一、指导思想

本课以“健康快乐”为指导思想，凸显“以学生为主体，以教师为主导”的教学理念。面向全体学生，尊重学生差异，鼓励进步和超越，把学校“海纳百川　自我超越”的海洋文化，融会到体育课堂教学中，通过变向换手运球学习，发展学生力量、速度、灵敏等身体素质，提升篮球技术水平，提高篮球实战能力。

二、教材分析

变向换手运球是《体育与健身》八年级教材基本内容Ⅰ的教学内容，是篮球运动中常用的技术技能，对提高学生运球突破的能力、控制球的能力和手脚协调配合的能力具有较高的实用价值。变向换手运球是运球时突然改变方向，使球从身体的一侧变为另一侧，同时后脚快速向斜前方跨出，转体插肩，以臂和腿保护球，换异侧手运球并加速前进。作为第1、2课次，主要让学生学会这个动作，学会这个动作的要点一是在运球变向时准确找到按拍球的位置，做到准确地改变球的落点；二是在球变向后，后脚能够迅速蹬地，向斜前方跨步到位，并配合转体插肩，做到用臂和腿保护球的动作。

三、学情分析

本班学生共24人，男生18人，女生6人。大部分的学生都喜爱篮球运动，在六、七年级学习过行进间运球和原地高低运球，有一定的运球基础，同时对电视上变向突破动作充满好奇，有强烈的学习欲望，这些为本次课的学习打下了良好的基础，但是篮球基础的差异、体能基础的差异、男女生差异等给本次课的教学带来一定的困难，尤其是女生对球的感觉略逊于男生。但是本班有两位同学是本校篮球队队员，篮球基础水平在其他同学之上，为了便于分层教学，可以安排当小教练，指导部分女生进行练习。

四、学习目标

（1）掌握变向换手运球的动作方法，80%的学生学会按压拍球位置以及运球变向后的蹬跨转体动作；

（2）提高身体的协调、灵敏等素质；

（3）在练习中能够互助、合作和交流，提高团体学习能力；

重点：拍球的部位以及蹬跨转体；难点：变向运球的手与脚协调配合。

五、教学流程

（1）导入准备：通过行进间高低运球，以及球操的练习，帮助学生熟悉球性，恢复以及熟悉对球的感觉，在热身的同时为主教材教学做好铺垫。

（2）学习变向换手运球：①通过教师与学生的斗牛比赛，激发学生学习兴趣，为接下来的主教材学习打下良好的基础；②从游戏的体验导入，让学生体验变向换手运球的技术动作，同时教师采取从简到难，从分解动作到完整动作的教学，层层递进，让学生一步一个台阶，掌握好原地变向换手运球；③根据学生技术掌握水平，将学生分组，设立小组长，给予不同的训练菜单，让每一个学生都能取得不同程度的进步，学生在学中思、思中练、练中议的同时提高自主学习能力；④行进间绕人接力比赛，让学生将所学的技能运用于比赛中，在竞争的环境中激发学生的学练兴趣，同时找出自己的不足，在今后的课堂中进行改正。

（3）调节身心：学生在轻松愉快的氛围中，由体育小干部带领做韧带拉伸练习。身心得到调整放松，师生进行评价，回顾动作要点。

上海市航华二中《体育与健身》课时计划

<table>
<tr><td>年级</td><td>八</td><td>人数</td><td>24</td><td>日期</td><td>2015 年 10 月 14 日</td><td>执教</td><td>刘志鹏</td></tr>
<tr><td>班级</td><td>3</td><td>组班形式</td><td>男女混班</td><td>周次</td><td>7</td><td>课次</td><td>2</td></tr>
<tr><td rowspan="2">内容主题</td><td colspan="5" rowspan="2">篮球：变向换手运球 4 －（1、2）</td><td colspan="2">重点：拍球的部位以及蹬跨转体</td></tr>
<tr><td colspan="2">难点：变向运球的手与脚协调配合</td></tr>
<tr><td>学习目标</td><td colspan="7">1. 掌握变向换手运球的动作方法，80% 的学生学会按压拍球位置以及运球变向后的蹬跨转体动作；
2. 提高身体的协调、灵敏等素质；
3. 在练习中能够互助、合作和交流，提高团体学习能力。</td></tr>
</table>

<table>
<tr><td rowspan="2">课序</td><td rowspan="2">时间</td><td rowspan="2">教学内容</td><td colspan="3">运动负荷</td><td rowspan="2">教与学的活动
◎教师；◇学生；
☆要求</td><td rowspan="2">组织
与队形</td></tr>
<tr><td>次数</td><td>时间</td><td>强度</td></tr>
<tr><td>一</td><td>1 分钟</td><td>1. 课的常规。
（1）体育委员整队，汇报出席人数；
（2）师生问好；
（3）宣布课的内容和要求；
（4）布置见习生。</td><td></td><td>1 分钟</td><td>小</td><td>◎：
1. 向学生问好。
2. 宣布上课内容与目标。
◇：
1. 向老师问好。
2. 明确学习内容和目标。</td><td>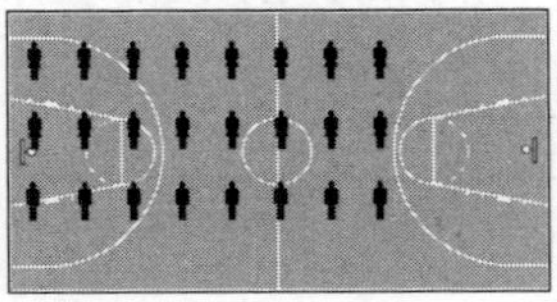</td></tr>
</table>

续表

课序	时间	教学内容	运动负荷			教与学的活动 ◎教师；◇学生； ☆要求	组织 与队形
			次数	时间	强度		
		2. 准备活动，行进间高低运球。	3圈	3分钟	中	◎： 1. 讲解路线。 2. 组织、引导学生参与练习。 ◇： 1. 明确动作方法并知道路线图。 2. 练习。 ☆： 运球动作柔和，间距适当。	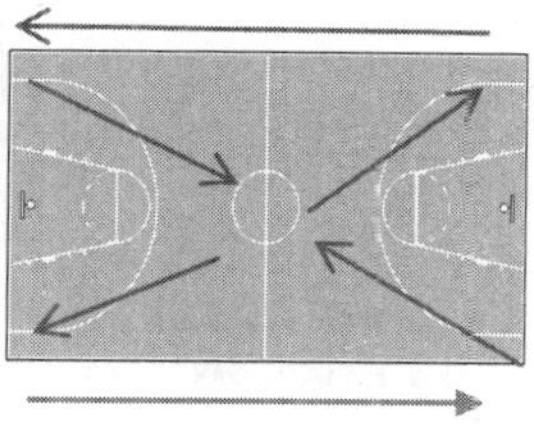
一	9分钟	篮球操。 a. 头部运动； b. 体侧运动； c. 体转运动； d. 手指运动； e. 弓步压腿； f. 抛球击掌。		2分钟	中	◎： 1. 讲解示范； 2. 带领学生一起做操。 ◇： 1. 观察、听讲； 2. 模仿练习。 ☆： 认真参与、动作到位。	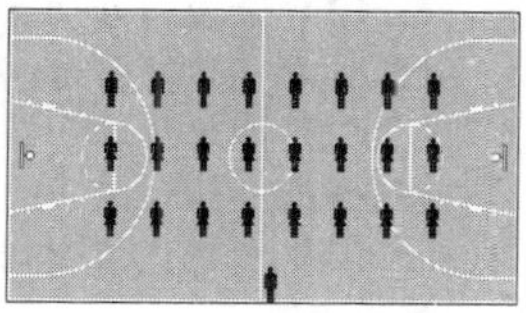
		学习变向换手运球。 情景导入：1on1 比赛		4分钟	中	◎： 1. 组织与学生 1on1 比赛； 2. 教师提问："在比赛过程中，要使用什么方法才能摆脱和突破对手的防守呢?" ◇： 1. 两名学生参与 1on1 比赛； 2. 观察比赛并思考回答教师问题。 ☆： 认真观察，积极思考。	组织：分两组 

续表

课序	时间	教学内容	运动负荷			教与学的活动 ◎教师；◇学生； ☆要求	组织 与队形
			次数	时间	强度		
二	28分钟	原地变向换手练习。 1. 体验游戏（换手运球）； 2. 学习原地换手运球； （1）原地运球三次接变向换手运球； （2）原地运球两次接变向换手运球； （3）原地运球一次接变向换手运球； （4）尝试连续变向换手运球。		8分钟	小	◎： 1. 教师讲解示范体验游戏； 2. 教师提问：“体验游戏过程中，变向换手运球所按拍球的位置在哪儿？” 3. 教师示范讲解原地变向换手运球的方法与要求； 4. 组织学生练习，巡视指导； 5. 适时分析纠错。 ◇： 1. 观察教师示范； 2. 两人一组进行体验游戏并思考回答教师提问； 3. 了解原地换手运球的方法与要求； 4. 集体进行原地换手运球练习； 5. 知道练习内容，两人一组。 ☆： 拍球的部位正确，膝盖弯曲。	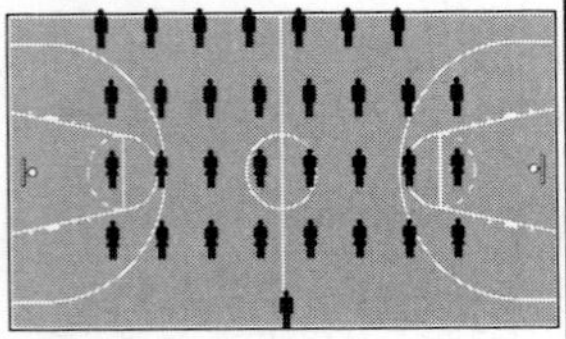 组织：两人一组，一人练习，一人观察纠错。
		蹬跨身体变向换手运球。 1. 原地徒手蹬跨变向转体练习； 2. 原地变向换手放球后的蹬跨衔接动作。 （1）原地运球两次变向换手运球后蹬跨转体练习； （2）原地运球一次变向换手运球后蹬跨转体练习；		8分钟	小	◎： 1. 教师提问：“以右手运球为例，运球变向后，哪只脚向哪个方向蹬跨？以哪条腿为轴？” 2. 示范讲解步伐的动作要领； 3. 组织练习，语言引导学生进行练习； 4. 巡视指导，纠错改正。	 组织：两人一组，一人练习，一人观察纠错。

续表

课序	时间	教学内容	运动负荷 次数	运动负荷 时间	运动负荷 强度	教与学的活动 ◎教师；◇学生； ☆要求	组织 与队形
二	28分钟	3. 尝试行进间变向换手运球。 分层技术练习。 A层： 1. 原地运球一次接变向换手运球； 2. 原地运球一次变向换手运球后蹬跨转体练习； 3. 连续变向换手运球。 B层： 1. 连续变向换手运球； 2. 行进间变向换手运球（慢速的）。 C层： 1. 行进间变向换手运球； 2. 一对一练习（消极防守）。		8分钟	小	◇： 1. 思考老师问题，观看教师示范，明确动作要领； 2. 分组练习，在小组长的指导下按要求完成练习； 3. 及时纠正错误动作。 ☆： 蹬跨的动作正确，球不离手。 ◎： 1. 分层组织练习； 2. 集体纠错，个别指导。 ◇： 1. 分组练习； 2. 在小组长的指导下进行练习。	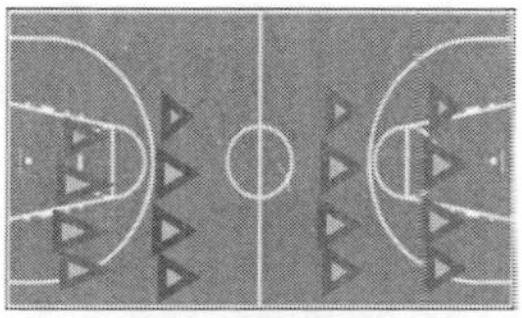 
		行进间绕人接力比赛。		4分钟	中	◎： 1. 教师讲解动作方法并做示范； 2. 组织练习，为学生做裁判； 3. 集中纠错。 ◇： 1. 明确动作方法并注意观察； 2. 注意要领，体会动作方法； 3. 分组练习，互帮互助。 ☆： 积极参与比赛，动作规范。	比赛队形 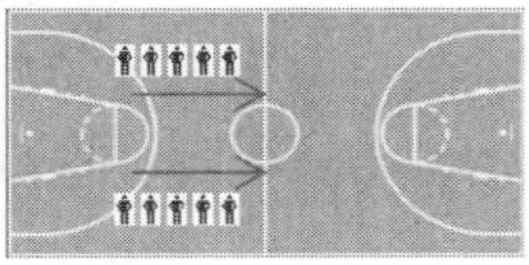

续表

<table>
<tr><td rowspan="2">课序</td><td rowspan="2">时间</td><td rowspan="2">教学内容</td><td colspan="3">运动负荷</td><td rowspan="2">教与学的活动
◎教师；◇学生；
☆要求</td><td rowspan="2" colspan="2">组织
与队形</td></tr>
<tr><td>次数</td><td>时间</td><td>强度</td></tr>
<tr><td>三</td><td>2分钟</td><td>1. 放松练习；
2. 指导学生自评、互评教师小结、讲评。</td><td></td><td>各1分钟</td><td>小</td><td>◎：
1. 引导学生形体放松操练习；
2. 组织学生自评、互评课中表现；
3. 安排学生回收器材。
◇：
1. 集体练习；
2. 自评、互评；
3. 回收器材大胆发言，共同参与总结。
☆：
动作自然、舒展，身心投入，充分放松。</td><td colspan="2">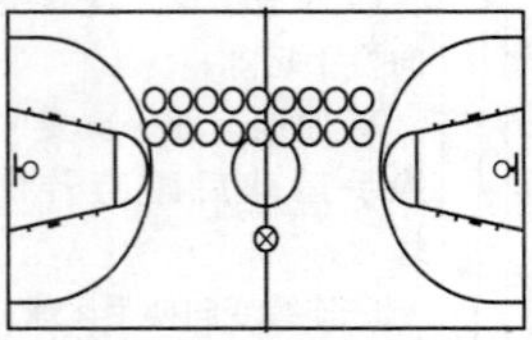</td></tr>
<tr><td rowspan="4">场地器材</td><td colspan="2" rowspan="4">两个篮球场
篮球25个
标志物N个</td><td colspan="3">安全保障</td><td colspan="3">准备活动要充分，练习间距安全，适时提示。</td></tr>
<tr><td colspan="3" rowspan="3">预计</td><td colspan="2">练习密度</td><td>强度</td></tr>
<tr><td>全课</td><td>内容主题</td><td rowspan="2">中</td></tr>
<tr><td>44.7%</td><td>27.5%</td></tr>
</table>

学生学练单（A）

学练内容：（1）原地运球一次接变向换手运球；

（2）原地运球一次变向换手运球后蹬跨转体练习；

（3）连续变向换手运球。

易犯错误：1. 按压球的位置错误，按压球的正上方；
2. 球的落点错误，在两腿直接变换。

改正方法：1. 按压球的右后方（右手为例）或左后方（左手为例）；
2. 球的落点应该在右（左）脚的外侧，变向换手后，还是在脚的外侧。

学生学练单（B）

学练内容：（1）连续变向换手运球；
（2）行进间变向换手运球（慢速的）。

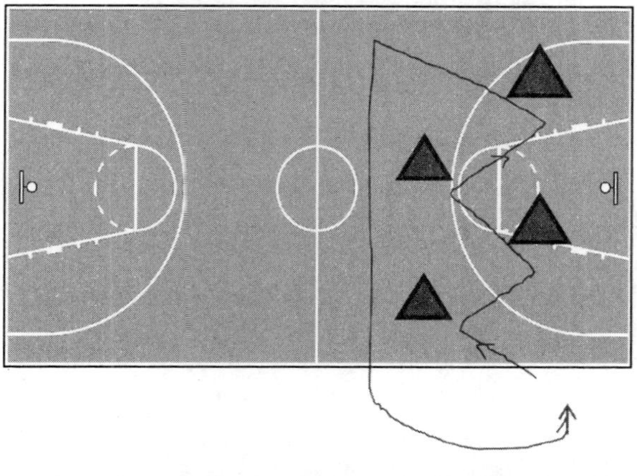

易犯错误：1. 行进间运球过于急躁，不停留障碍物运球再进行变向换手运球；
2. 变向运球后的蹬跨转体动作不明显，没有护球意识。

改正方法：1. 行进间运球速度慢，碰到障碍物后，停下来运球两次再进行变向换手运球，不急不躁，规范动作；
2. 变向换手运球后接蹬跨转体，交叉步过渡，探肩，护球。

学生学练单（C）

学练内容：（1）行进间变向换手运球；

（2）一对一练习（消极防守）。

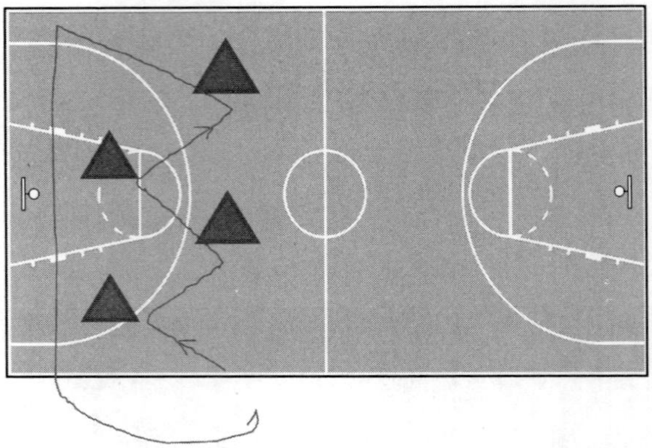

易犯错误：1. 变向换手运球，不降重心；

2. 急求速度，运球不稳，变向幅度小。

改正方法：行进间变向换手运球是由高运球向低运球的转变，降低重心有利于加速，因此应该膝盖弯曲，重心向前下方倾斜。

课题：因式分解

——提取公因式法

第八届“远航杯”教学
比武大赛三等奖获得者：刘雪

时间：2015 年 10 月 14 日

地点：航华二中　七（3）班

执教人：刘雪

课时：第一课时

教学目标

1. 理解因式分解的意义，知道因式分解与整式乘法的互逆关系；
2. 理解多项式的公因式的概念，掌握用提取公因式法分解因式。

教学重点

1. 理解多项式因式分解的概念；
2. 掌握用提取公因式法分解因式。

教学难点

掌握提取公因式的方法。

教学过程

（一）智慧起航

巧算：$3\times\frac{99}{4}+3\times\frac{1}{4}$。

比较表格中每行左右两个等式。

$m(a+b)=ma+mb$	$ma+mb=m(a+b)$
$(a+b)(a-b)=a^2-b^2$	$a^2-b^2=(a+b)(a-b)$
$(a-b)^2=a^2-2ab+b^2$	$a^2-2ab+b^2=(a-b)^2$

（二）智慧续航

1. 因式分解（分解因式）

【智慧航标】把一个多项式化为几个整式的积的形式，叫做把这个多项式因式分解，也叫做把这个多项式分解因式。

（口答）下列等式中，哪些从左到右的变形是因式分解？为什么？

(1) $1+2x+3x^2=1+x(2+3x)$；

(2) $3x(x+y)=3x^2+3xy$；

(3) $6a^2b+3ab^2-ab=ab(6a+3b-1)$；

(4) $-3ax+6ab-12ay=-3a(x-2b+4y)$。

总结：因式分解与整式乘法的关系。

$$ma+mb \underset{\text{整式乘法}}{\overset{\text{因式分解}}{\rightleftarrows}} m(a+b)$$

2. 多项式的公因式

【智慧航标】一个多项式中每一项都含有的因式叫做这个多项式的公因式。

思考：如何把多项式 $6xy^2+9xy$ 分解因式？

3. 提取公因式法

【智慧航标】如果一个多项式的各项含有公因式，那么可以把该公因式提取出来作为多项式的一个因式，提出公因式后的式子放在括号里，作为另一个因式；这种分解因式的方法叫做提取公因式法。

例题 1　分解因式：(1) $10a^3bc^2+15a^2b^2c$；

(2) $15a^2b+3ab$；

(3) $-15a^2b+3ab$。

4. 提取公因式的方法：

【智慧航标】先提各项系数的最大公因数，再提各项都含有的相同字母的最低次幂。

（三）智慧远航

1. 说出下列多项式各项的公因式

(1) $6a^2-8a^3$；(2) $2ax+4ay$；(3) $4x^2y-12xy$；(4) $-5a^2x+15ax^2$。

2. 分解因式

(1) $2a^2x^2+6a^2x^3$；　(2) $-4x^2y+6xy^2-2xy$；

(3) $-3ab+6abc-9ac$；　(4) $27a^2bc-9ab^2c+3abc^2$。

3. 课堂小结

（四）智慧航路

练习册 p. 26　1，2，3，4。

教学设计说明

教学目标

1. 理解因式分解的意义，知道因式分解与整式乘法的互逆关系；
2. 理解多项式的公因式的概念，掌握用提取公因式法分解因式。

教学重点

根据教学内容——因式分解的第一课时内容，因此对因式分解的概念的学习要作为教学重点，并且掌握提取公因式法分解因式也是本节课的教学重点。

教学难点

提取公因式的方法是提公因式法因式分解的重点，也是学生学习的难点，所以设定的教学难点为：掌握提取公因式的方法。

教学设计

1. 智慧起航环节

通过简单的巧算的复习，激发学生的学习兴趣，从而引出乘法分配律的逆向使用公式，再对表格中的等式的形式进行比较、归纳，获得因式分解的概念。通过对因式分解概念的辨析，不仅强化因式分解的概念的学习，而且也让学生对整式乘法和因式分解的关系有了更深刻的认识。

情景引入的题目比较简单，鼓励每一个学生都能举手发言，人人都能参与课堂学习。本班的学生基础比较薄弱，所以在情景引入环节，通过先对数的分配律的逆向使用进行复习，再上升到对式的因式分解的概念的学习，从具体到抽象，更易于学生理解和接受。在辨析因式分解的题目中，主要是通过试错法，强化因式分解的概念。

2. 智慧续航环节

通过观察 $ma+mb=m(a+b)$ 中，m 与多项式 $ma+mb$ 的关系，获得公因式的概念。

公因式对分解因式有什么帮助呢？让学生思考 $6xy^2+9xy$ 的因式分解。

思考题的设计，目的在于：1. 引出因式分解的一种方法——提取公因式法；2. 让学生比较 $6xy^2+9xy=xy(6y+9)$，$6xy^2+9xy=3xy(2y+3)$ 中，更喜欢哪个因式分解的结果，为什么？从而让学生有初步的印象；提取公因式时，要把各项的公因式提取干净。

例题1的处理，是让学生意识到，提取公因式法分解因式中，提取的公因式非常重要。以小组为单位讨论，人人参与其中，合作总结概括提取公因式的方法。当小组概括不周全时，由其他小组补充完善，实现组与组间的合作交流，最后得到提取公因式的方法。例题1的（1）设计，是引导学生提取各项公因式要提取干净；（2）某一项被提取干净后，系数不要遗漏；（3）第一项为负数时，要告诉学生我们通常先提取负号，注意提取后其他项负号的改变。

例题1的题目全部板书，目的是在最后课堂小结的时候，帮助学生去回忆因式分解的注意事项。

例题由学生到黑板前板书，其他同学一起批改，在批改的过程中再次强化提供公因式的方法，实现“人人参与、人人合作、人人发展”的愿景。

3. 智慧远航环节

（1）提取公因数对分解因式很重要，因此要强化练习，口答即可；

（2）几道题目的设计，一是为了巩固运用提取公因式法分解因式；二是由学生讲解，其他学生找错的方式，强化提取公因式法分解因式的方法以及因式分解的注意事项；

（3）课堂小结：一是因式分解的概念的复习；二是提取公因式法的巩固；三是分解因式的注意事项。

鼓励人人发言，希望人人都能有收获，人人得到发展。

4. 智慧航路环节

布置作业。

课题：观察和记录

第八届“远航杯”教学
比武大赛三等奖获得者：梁媛

梁媛老师的《观察和记录》一课，教学流程主线流畅、脉络清晰、语言亲和自然。课堂引入生动有趣，问题设置层层递进，知识应用贯穿始终，有效调动了学生探究的兴趣、学习的热情，培养了学生认真观察现象、实事求是记录的科学素养，学生学到了解决实际问题的活知识、真本领。

教学设计

班级 六（2）班 学科 科学 执教人 梁媛 执教时间 2015 年 10 月 15 日

课题名称		观察和记录
教学目标		1. 能够与他人合作或独立地从事简单的科学探究活动，增加科学探究的体验； 2. 在探究活动中，培养学生认真观察实验现象、实事求是记录的科学探究精神和态度，全面提高学生的科学素养； 3. 通过学习磁铁的相关知识，应用科学探究的基本要素和方法，进一步提高学生的探究能力，激发探究的欲望； 4. 通过引入“指南针”“磁悬浮列车”等，激发学生的爱国主义情感，培养学生热爱生活的积极性。
教学重点		学生通过体验学习过程，提高观察和记录的能力。
教学难点		初步养成仔细观察和如实记录的习惯，提高学生的科学素养。
措施方法		小组合作、实验探究。
教学准备	教具准备	条形磁铁、指南针、磁环组、小铁钉、1 元硬币、1 角硬币、5 角硬币、纸片、木条、铜丝、铁丝、铁屑、铝箔纸、塑料吸管、回形针、玻璃板、棉线等。
	其他准备	PPT、视频。

教学过程			
教学环节	教师活动	学生活动	设计意图
导入	利用课前 1 分钟播放视频“磁铁及应用”。	观看。	通过情景创设，吸引学生的注意力，引发学生的思考，引出课题——观察和记录。
	通过一起回顾找物理实验室的过程，引出观察和记录。	思考、回答。	
呈现：学生体验学习过程	探究一：哪些物质能被磁铁吸引？ 小组竞赛完成探究； 组织交流探究结果。	学生进行探究； 学生交流、表达。	通过探究一：培养学生科学的态度：认真观察、仔细记录。 通过小组竞赛，提高学生学习的积极性。
	探究二：磁铁哪个部位吸引力最强？ 回忆科学探究的六大基本要素： （1）提出问题； （2）形成假设； （3）设计实验； （4）进行实验； （5）观察和记录； （6）得出结论。	回忆科学探究的步骤。	通过探究二：增强学生探究的体验，感悟科学探究不仅需要科学的态度，还需要遵循基本过程。
	引导组织学生探究。 学生上台展示，交流探究过程。 介绍磁极。 引入指南针。	思考、回答。 学生进行探究。 学生交流探究过程。 阅读回答。 倾听。	应用科学探究的基本要素和方法，进一步提高学生科学探究能力。 体现学生的主体性，锻炼学生的表达交流的能力，培养学生的自信心。
	探究三：相同或不同磁极相遇会有什么现象？ 组织学生探究； 组织交流探究结果； 交流磁铁在日常生活中的应用； 引入磁悬浮列车； 磁环悬浮实验。	学生进行探究； 学生交流探究结果； 学生交流磁铁的用处； 倾听、交流； 学生模拟演示。	对学生进行爱国主义教育。 将磁铁与实际生活相联系，贴近学生的生活，充分体现科学与技术和社会的密切关系。
巩固	课堂练习。		
总结	小结观察和记录的方法。		
作业	观察我们的身边还有哪些地方用到磁铁？		

板书框架设计
观察和记录 观察：感官 + 工具 记录：文字、表格、图形、符号……

教学设计说明

教案说明：

《观察与记录》是初中科学（牛津上海版）六年级第一章《科学入门》中的最后部分。本节课需要培养的核心探究能力是观察和记录，是将学生引入一般科学研究方法最重要的基础；而从第一章整体内容来看，主要是了解科学探究的基本要素。因此，通过综合分析，本节课的总体设计思路是以“科学探究”为主线，以“认识磁现象”为载体，以“观察和记录的方法”为教学内容，在探究活动中，增强探究体验，锻炼观察和记录的能力，培养学生科学的态度及严谨的思路。整个探究活动，为了让每个学生都能够参与到课堂中，并进行表达交流，充分体现我们学校提出的“人人课堂”教学理念，形成“人人参与、人人合作、人人发展”的课堂生态，我从以下几个方面对“人人课堂”进行实践。

1. **人人参与**

利用课前 1 分钟的时间，我们播放了视频“磁铁及应用”，在引入的时候从学生的身边找例子，创设找物理实验室的情境，目的是吸引学生的眼球，引发学生的思考，自然而然地过渡到今天的课题——“观察和记录”。课堂中精心安排设计了三个探究活动，每个探究活动都以两人为单位，保证每一位学生自始至终都全身心亲自参与到科学探究的过程中。

2. **人人合作**

探究活动，我们采取两人一组的方式进行，这样有利于小组内进行有效的分工合作，同时，采取小组竞赛的方式并进行奖励以及安排学生上台表达交流展示探究过程，既提高学生的学习积极性，锻炼学生的表达能力，又培养学生敢于将自己的想法说出来，提高学生的自信心。在学生上台交流的过程中，也培养了其他学生倾听的意识。

3. **人人发展**

本节课我们安排了三个探究活动，第一个探究活动“哪些物质能被磁铁吸引”，目的是培养学生的科学态度：认真观察、仔细记录；第二个探究活动“磁铁的哪个部位吸引力最强”，目的是让学生明白科学探究不仅需要科学的态度，还需要有严谨的思路，也就是遵循科学探究的基本过程，我们采用的方法是通过老师引导探究到学生独立探究，使逐步学生感悟科学探究的过程，同时，在探究过程中感悟科学方法的重要性，从而提高学生的探究能力；第三个探究活动“相同或不同磁极相遇会有什么现象”，学生不仅通过探究知道了“同名磁极相互排斥，异名磁极相互吸引”的原理，而且通过交流磁铁在生活中的应用，使学生能够懂得科学知识的重要性，知识是为我们服务的。另外，从古代的“指南针”的发明到现代的“磁悬浮列车的建设”，不仅使学生体会到科学与技术和社会的密切关系，同时也对学生进行了爱国主义教育。

《体育与健身》六年级快速跑课程设计

第八届“远航杯”教学
比武大赛三等奖获得者：臧坤

臧坤老师《站立式起跑》一课教案书写详细认真，教学目标合理，教学过程清晰，能运用示范、语言讲述、图片展示、分层教学、游戏串等丰富的教学手段，课堂教学效果良好。整节课巧妙地利用了一根短绳把所有的教学环节贯穿起来，可谓设计巧妙、独具匠心。

一、指导思想

本课依据新课程的理念“以学生发展为本”，坚持“健康第一”的指导思想，结合我校教育理念，结合教学内容利用短绳作为教学辅助器材，设置多种练习手段、辅助措施，强调同伴之间的合作与竞争。激发学生的学习兴趣和运动情感，帮助学生加快对所学内容的理解，促进正确动作的形成，从而循序渐进地实现学习目标，提高课堂教学的实效性。

二、教材分析

快速跑是六年级基础内容Ⅰ跑中的教学内容，它是由起跑、起跑后加速跑、途中跑和冲刺跑四个环节构成的。其中，起跑技术对于快速跑成绩有着直接的影响。而影响起跑技术的主要因素有：起跑姿势、快速反应。

本节课是本单元第1、2课次，强调正确的站立式起跑姿势，两脚前后开立，重心下降身体前倾，异侧臂在前；起跑时蹬地有力快速摆臂，后腿积极前摆与上肢配合协调用力，为进入起跑后的加速跑提供有利条件。本课技术动作比较单一，因此在教学过程中尽量采用丰富的教学手段调动学生的积极性，使学生积极参与，更好地完成教学目标。

三、学情分析

本次课授课对象是六（5）班学生，其中男生16人，女生17人，共33人。班集体是初步形成的，学生组织纪律性欠缺，与他人合作方面有一定的困难，学生体质普遍较弱、运动技术较差，但求知欲强，学习积极性高，上进心强，平时活泼、好动，心理素质较好，好胜心强，敢于表现，本次课能够让学生感受到体育给他们带来的乐趣。

四、学习目标

（1）全部学生能够说出站立式起跑的动作要领，75%的学生掌握重心前倾、快速蹬摆加速的技术动作；

（2）提高学生身体力量、柔韧、灵敏等素质，提高身体的协调与控制能力；

（3）养成学生互相帮助的良好品质和勇于挑战自我的勇气。

五、教学重难点

重点：重心前倾、快速蹬摆。

难点：控制重心、动作协调。

六、主要教学环节

1. 教学内容

本课教学内容“站立式起跑”，课的开始部分通过“抓尾巴”的游戏和绳操的练习充分调动学生的积极性，使学生很快地进入上课状态。

基本部分：一、通过不同的起跑反应练习的尝试，让学生了解到快速反应和积极蹬摆的重要性，引导学生进入站立式起跑的学习；二、通过绳子体会重心前移及起跑的积极蹬地，通过不同的层层递进的方式，让学生更好地掌握站立式起跑正确的身体姿势；三、体能练习让学生在轻松愉悦的氛围中提高身体的力量、灵敏度、协调性，为快速跑的学习打下基础。

整个教学流程充分利用绳子这一辅助性工具让学生逐步进入主教材，通过自主体验、分组学练等形式让每个学生都能积极地参与进来，把枯燥的起跑内容变得生动有趣，从而使学生更好地掌握这个内容的学习，并在过程中养成学生互相帮助的良好品质和勇于挑战自我的勇气。

2. 放松与小结

以各种方式的肌肉拉伸动作，缓解肌肉的疲劳。

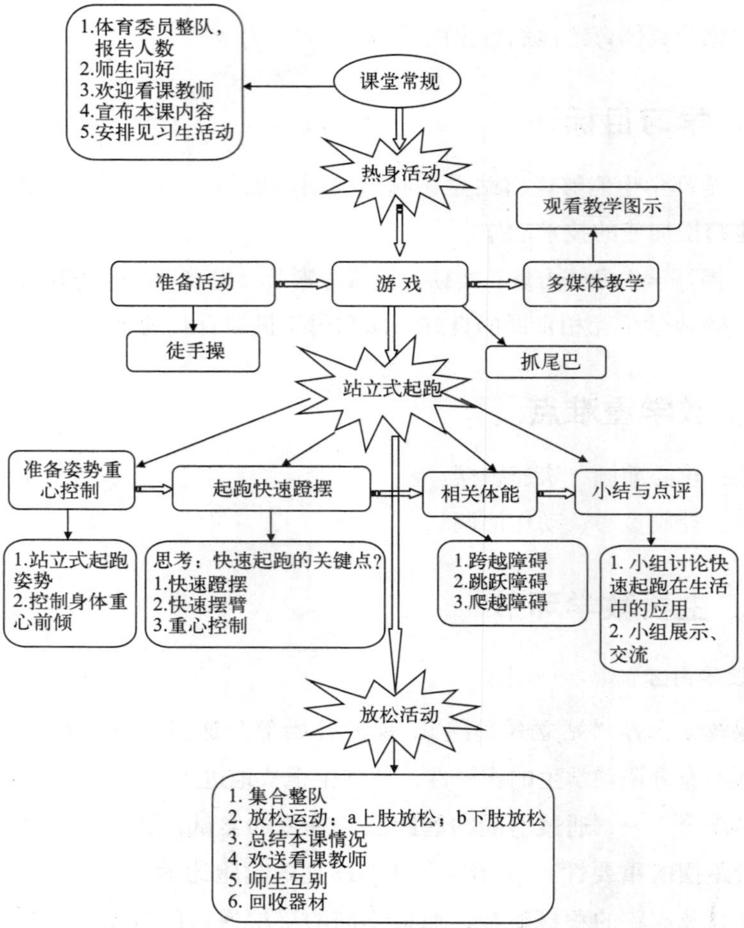

站立式起跑6—（1、2）教学流程图

上海市航华第二中学《体育与健身》课时计划

年级	六年级	人数	33	日期	2015 年 10 月 14 日	执教	臧坤
班级	5	组班形式	自然班	周次	7	课次	3
内容主题	快速跑：6—（1、2）站立式起跑			重点	重心前倾、快速蹬摆		
				难点	控制重心、动作协调		
学习目标	1. 全部学生能够说出站立式起跑的动作要领，75% 的学生掌握重心前倾、快速蹬摆加速的技术动作； 2. 发展学生力量、柔韧、灵敏等身体素质，提高身体的协调与控制能力； 3. 养成学生互相帮助的良好品质和勇于挑战自我的勇气。						

课序	时间	教学内容	运动负荷			教与学的活动 ◎教师；◇学生； ☆要求；※问题	组织与队形
			次数	时间	强度		
一	2分钟	课堂常规： 1. 体育委员整队，报告人数； 2. 师生问好； 3. 宣布课的内容； 4. 安排见习生。		2分钟	小	◎：1. 向学生问好； 2. 介绍本课内容与目标。 ◇：1. 向教师致礼； 2. 明确课的内容与目标。 ☆：精神饱满、明确要求。	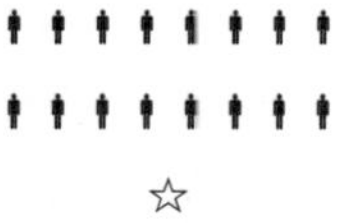 两列横队
二	7分钟	一、导入 1. 游戏：抓尾巴。	1	1分钟	中	◎：1. 讲解游戏方法、规则； 2. 组织实施。 ◇：1. 理解并明确游戏方法； 2. 集体练习。 ☆：注意力集中，反应快，避免冲撞。	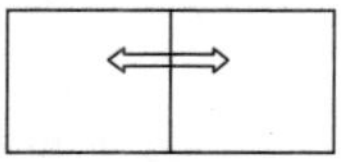 两列横队 区域内跑动
		2. 徒手操： 上肢运动； 体侧运动； 弓步压腿； 手腕、脚踝运动。	各4×8	5分钟	小	◎：1. 提出要求； 2. 口令提示，领做。 ◇：1. 集体模仿练习； 2. 听从口令提示。 ☆：充分活动，拉伸身体各个关节、肌肉群。	 四列横队
三	30分钟	二、站立式起跑 1. 各种姿势的起跑： a. 躺着起跑； b. 趴着起跑； c. 坐着起跑； d. 跪着起跑； e. 蹲着起跑； f. 站立起跑。	2	2分钟	大	◎：1. 讲解各种姿势起跑动作方法，下发学练菜单； 2. 组织学生分组练习； 3. 要求学生体验不同起跑姿势动作要领的不同。 ◇：1. 了解各种姿势起跑的动作方法，根据学练菜单进行练习； 2. 分成四组进行菜单内容练习； 3. 思考各种姿势起跑的动作方法的不同。 ☆：注意左右间距，保证安全。	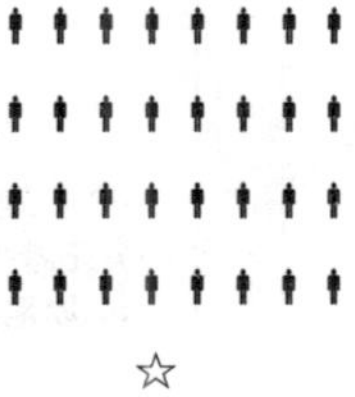 四个小组 分场地练习

续表

课序	时间	教学内容	运动负荷			教与学的活动 ◎教师；◇学生； ☆要求；※问题	组织与队形
			次数	时间	强度		
三	30分钟	2. 观看图示。	1	40秒	小	◎：1. 组织学生观看图示学习； 2. 讲解、示范站立式起跑姿势动作要领； 3. 讲解起跑口令："各就位、跑"； 4. 站立式起跑姿势的重心位置？（提问） ◇：1. 集体观看教学图例； 2. 聆听、观察教师的讲解与示范； 3. 思考教师的提问并回答问题。 ☆：明确前后脚、异侧手的位置，重心前移肩过线。	 四个小组 分场地练习
		3. 站立式起跑准备姿势的练习（口令："各就位"）；起跑姿势身体重心前倾练习。	2	10秒	小	◎：1. 讲解口令和准备姿势； 2. 讲解绳子的使用和练习方法； 3. 组织学生利用绳子控制身体重心前倾练习； 4. 组织学生两人一组相互帮助体会重心前倾练习； 5. 巡视纠错。 ◇：1. 聆听、观看教师讲解示范，清楚练习的方法，积极参与练习； 2. 集体模仿练习； 3. 观察同伴重心位置，提示动作要领。 ☆：明确前后脚、异侧手的位置，控制身体重心下降，充分体会重心前移。	 四列横队
		4. "跑"的练习（快速蹬摆）： a. 原地蹬摆练习。	2~3	10秒	小	◎：1. 讲解、示范1步快速蹬摆的方法； 2. 讲解绳子使用方法； 3. 组织学生练习； 4. 引导学生观察同伴动作，纠正错误。 ◇：1. 聆听、观察教师的讲解与示范； 2. 集体模仿练习。 ☆：稳定支撑，后腿快速蹬摆，前腿快速有力蹬地，手臂快速摆动。	 四列横队

续表

课序	时间	教学内容	运动负荷			教与学的活动 ◎教师；◇学生； ☆要求；※问题	组织与队形
			次数	时间	强度		
		b. 两人一组蹬摆练习（快速蹬地）。	4 ~ 6	10秒	中	◎：1. 讲解、快速蹬摆绳子的使用方法； 2. 讲解、示范两人配合方法，组织学生分组练习； 3. 引导学生相互观察、提示动作。 ◇：1. 聆听、观察教师的讲解与示范； 2. 理解动作要求、分组练习； 3. 观察同伴动作，提示动作要领。 ☆：控制身体重心、后腿快速蹬摆。	 四列横队 （两人一组）
三	30分钟	c. 三人一组蹬摆练习（快速摆臂）。	6 × 8	各5秒	小	◎：1. 讲解三人配合、绳子使用方法； 2. 组织学生分组练习； 3. 引导学生相互观察、提示动作。 ◇：1. 聆听、观察教师的讲解与示范； 2. 分组练习； 3. 观察同伴动作，提示动作要领。 ☆：控制身体重心、手臂快速摆动。	三人一组
		d. 双人配合抵肩蹬摆练习。	3 × 4	各10秒	中	◎：1. 讲解、示范动作要领； 2. 组织学生分组练习。 ◇：1. 学会聆听、观察教师的讲解与示范； 2. 学生分组练习。 ☆：体会重心前移、快速蹬摆的技术动作。	  四列横队 （两人一组）

续表

<table>
<tr><th rowspan="2">课序</th><th rowspan="2">时间</th><th rowspan="2">教学
内容</th><th colspan="3">运动负荷</th><th rowspan="2">教与学的活动
◎教师；◇学生；
☆要求；※问题</th><th rowspan="2">组织与队形</th></tr>
<tr><th>次数</th><th>时间</th><th>强度</th></tr>
<tr><td rowspan="2">三</td><td rowspan="2">30分钟</td><td>5. 站立式起跑（完整动作）。</td><td>4×6</td><td>各10秒</td><td>大</td><td>◎：1. 讲解练习方法；
2. 组织学生练习。
◇：1. 明确练习的方法与要求；
2. 模仿练习。
☆：体会重心前移、快速蹬摆的技术动作。</td><td>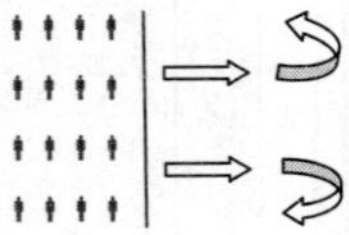</td></tr>
<tr><td>三、相关体能
1. 跨越障碍；
2. 跳跃障碍；
3. 爬越障碍。</td><td>1~4</td><td>各5秒</td><td>大</td><td>◎：1. 讲解练习方法；
2. 组织学生练习。
◇：1. 明确练习的方法与要求；
2. 集体练习。
☆：动作正确、到位；勇于挑战。</td><td>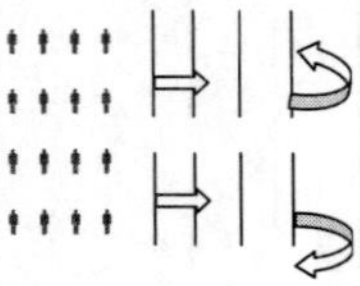</td></tr>
<tr><td>四</td><td>1分钟</td><td>1. 放松练习；
2. 讲评小结；
3. 归还器材。</td><td>1</td><td>1分钟</td><td>小</td><td>◎：1. 引导学生放松练习；
2. 组织学生自评、互评课中表现；
3. 安排学生回收器材。
◇：1. 在教师的引导下一起进行放松；
2. 自评、互评；
3. 回收器材。
☆：动作自然、舒展，身心投入，充分放松。</td><td>
四列横队</td></tr>
<tr><td rowspan="4" colspan="2">场地器材</td><td rowspan="4">操场
短绳 33 根
小音响 1 个</td><td>安全保障</td><td colspan="4">1. 课前与同学一起检查场地、器材，留出必需的活动空间，合理加以布置；
2. 清楚所学内容，揭示动作关键，强化安全意识，提高预设能力；
3. 充分而有效地准备活动，告知合理的练习间隔。</td></tr>
<tr><td rowspan="3">预计</td><td colspan="3">练习密度</td><td>强度</td></tr>
<tr><td colspan="2">全课</td><td>内容主题</td><td rowspan="2">大</td></tr>
<tr><td colspan="2">25%</td><td>20%</td></tr>
<tr><td colspan="2">课后小结</td><td colspan="6">站立式起跑技术动作比较单一，若单纯一味地练习不但收不到好的效果，而且，学生容易产生练习疲劳。本课导入部分从游戏开始，激发学生学习兴趣，调动学生积极性，基本上完成了教学目标。但是在整堂课过程中学生的练习密度和强度掌握不够准确，今后需要在这方面多学习、积累经验。</td></tr>
</table>

第八届“远航杯”教学比武活动体会

张绪文

尊敬的学校领导、各位老师：

大家好！

我非常荣幸代表参加本次“远航杯”青年教学比武活动的青年教师发言。

首先，我想说声感谢，感谢为我们配备了豪华导师团的文来中学，感谢在整个活动中不辞辛劳、倾囊相授的文来导师团，感谢学校各级领导的关怀与鼓励，感谢学校教研组各位前辈的悉心指导与帮助。

回想这备战“远航杯”的半个月的时光，在探寻教学推进之路上，满满的都是感动，感动于师父和前辈们不辞辛劳的帮助和不厌其烦的谆谆教诲。逐字逐句的文本解构，一次又一次的教案修改，接二连三的试教、磨课，师父和前辈们从未因我的失误而气恼、因我的愚笨而放弃。他们教给我的不仅是上课的技巧，更多的是对语文教学的理解、对待教育的态度。仍记得缪老师在国庆当天给我打来电话，简单的三个问题，就将我教学设计中不符合学生学习习惯的问题暴露无遗；仍记得跟王红老师聊天，抱怨工作繁杂时，她总是在听完我的“吐槽”之后，帮我指点迷津；仍记得每次试教结束后，黄莺老师总在第一时间帮我评课，看出我内心的纠结时总是教育我：只有内心坚定，准备充分的老师才能指导学生……

其次，我想谈谈收获。半个月的时光，在感动之余，我的收获也可谓满满。从接到参加“远航杯”的通知，到正式上课，每一天，脑海里无时无刻不在惦记着这件事儿，第一次发现，原来自己没有想象的那样自信，因为我深知自己的不足；每一次，捧起“愚公移山”，我总是忍不住地问自己：这老头儿真笨吗？原来，我也学会了与文本较真儿；每一课，当我走入不同的班级时，我发现原来我还不够了解学生，他们很多想法真的很可爱……正是在前辈们的帮助下，在“远航杯”这个平台上，我收获了不足的自己，我学会了充分地备课本、备学生，也对“人人课堂”的内涵有了更深刻的认识。

1. 创设契合学生特点的课堂情境，才能极大地激发学生自主解读的热情，学生才会全身心地投入，才能实现对文本核心主人公的形象的准确把握，这也是“人人课堂”——人人参与理念最好践行之一；

2. 在语文课堂教学中，教师应当给予自己与学生、与文本充足的时间相互思维激荡，让思维在碰撞中相互触发，这其实就是“人人课堂”——人人合作理念最佳展示之一；

3. 语文教学不仅仅是课堂上的40分钟，课后的文本解读延伸活动同样很重要，让学生的阅读视野更广阔、阅读感觉更敏锐、阅读深度更大，收获属于自己的感觉与体验，建构属于自己的知识体系，实现对文本的拓展和超越，这就是“人人课堂”——人人发展理念的最终体现之一。

如果有人问我青年教师快速成长的捷径是什么，我会真诚地告诉他，去文来拜师父，来航华二中参加“远航杯”吧！因为文来的师父，会让你感受到他们对于教学的认真严谨的态度，会让你很快意识到充分备课、备学生会使你在课堂上收获很多意想不到的小惊喜；因为航华二中的“远航杯”，是一个表现自我、完善自我、发展自我的舞台，会让你收获一个连自己都惊艳的自己。

帷幕徐启，灯火璀璨，感谢为我们引路领航的师父和前辈们，感谢为我们保驾护航的学校，我们一定带着你们的希冀与教诲，起驾“远航”，为我们热爱的教育事业贡献自己的力量。

谢谢大家！

第八届“远航杯”教学比武活动体会

刘志鹏

尊敬的各位领导、敬爱的各位老师：

你们好！

首先很感谢我们航华二中的领导和老师们提供本次教学比赛的机会，让我在这次教学比赛中对学校“人人课堂”的教学理念有了更深层次的理解。特别要感谢本次活动的带教老师韩杨杨老师以及我们体育组的全体成员，因为有了你们的帮助和指导，我才能认识到自己的不足并加以改善，这些对于我们的教学生涯来说，是一笔宝贵的财富。

虽然本次教学活动的准备时间不长，呈现出来的效果有限，但在此期间，我的带教老师韩杨杨老师不仅在国庆节期间帮我检查教案，提出了有建设性的建议，而且在她自己教学任务非常繁忙的情况下，多次来到我们学校为我指导，与我共同探讨“人人课堂”基本理念以及如何让其融入教学课堂。让我知道一名优秀的体育教师应有的教学态度以及对教材的剖析理解能力，也让我知道上好体育课应该走的方向。

通过本次教学，我个人认为我在以下几点都有了新的认识：

第一，人人参与，分层教学，教学过程应该循序渐进，每堂课的教学目标要明确，教学方法要清晰。我以前在教学上虽然会构思很多种方法，但是却经常忽略学生在学习过程中对教材的理解。在之前的课堂中，我总期望一两次课就能将一个主教材教会学生，让每个学生尽快掌握动作要领，而剩余的时间让学生能有更多的机会进行其他的运动，可是我发现效果并不理想。心急吃不了热豆腐，这样便出现了部分学生掌握动作技术不够熟练、不够规范的后果。韩老师告诉我要从学生的角度出发，遵循循序渐进的教学规律，应该从简单到困难，一步一个脚印，一节课的内容过多，学生很难完全掌握，即使掌握了，也必定是短期的掌握，这对他们终身体育意识的培养是没有帮助的。这让我对教学目标的重要性又加深了一个层次的认识。

第二，课堂的每一个环节应该紧紧相扣，是流畅的，学生学习的过程应该是连贯的，让每一个学生都体验到课堂的乐趣。我虽然知道这些理论知识，但我却没有在实际的教学过程中将其实践出来。之前我在教学过程中，并没有深入考虑到各个环节，比如热身活动，其实主教材的教学内容是可以和热身活动紧密联系在一起的，这为课堂正式开始主要教学内容之前，创造出学习情境有非常大的帮助。

第三，“人人课堂”，重视学情分析，让每一个学生都能体验课堂带来的快乐，因此教案应该详细，每一份教案都要仔细琢磨。在撰写教案的过程中，我发现认真详细的教案在撰写的过程中会发现很多问题，这些问题都是在课堂上不可避免的。我们只有在制订教案时认真地推敲和思考，上课时才能游刃有余，使一堂课上得更有目的性，效率更高。

总的来说，我能把这堂“变向换手运球课”顺利地上完离不开韩老师给我的细心指导以及我们体育组全体成员的帮助与支持。虽然在这个过程中，课堂上暴露出很多的问题，但是我却感觉非常值得，因为我从中寻找到前进的方向，也找到了“人人课堂”的真谛。一堂优秀的课是能够让教师与学生都有满足感的，我想这堂课在我的工作生涯中将是里程碑式的，我将会在今后的教学生涯中不断地完善自我，吸取经验，不断探索和创新。再次感谢各位领导和带教老师韩杨杨老师以及航华二中全体体育组成员，谢谢你们！

第八届“远航杯”教学比武活动总结

郁鸿荣

尊敬的柏校长、徐校长、彭老师、敖校长、远道而来的校长培训班的校长们及各位同仁，大家下午好！

我受“远航杯”组委会委托对我校第八届“远航杯”教学比武大赛做一总结。首先请允许我代表第八届“远航杯”组委会对大力支持和指导参与我校本次活动整体设计和落实的文来初中的柏校长、徐校长，带教指导老师缪娴老师、汤莹琪老师、向红艳老师、屈巧玲老师、韩杨杨老师以及七宝中学初中教学联合体部分中心组成员和文来初中部分学科专家评委表示衷心的感谢，同时也对我校六位青年教师及相关教研组的支持和努力表示深深的谢意！

一年一度的“远航杯”教学实践课展示活动是我校为中青年教师提供的课堂教学展示、研讨、比赛的交流平台，每年学校利用“远航杯”平台确定不同的教师群体，确定不同的研讨目标推进课堂教学有效性的研究与探索，优化课堂结构、教学过程和教学方式，强化教师教学技能，最大限度地提升教师课程教学的设计水平和驾驭课堂的能力。今年我们确定的研讨教师为30岁以下的六位青年教师，安排在10月14、15日两个下午各上三节展示评比课。参赛教师上课的顺序、课时、班级均由教导处随机安排，每位教师须上一节课，交一份教案、一份教案说明、一份反思。本次活动邀请了文来初中资深老师担任指导教师，每位参赛教师安排一位文来初中的指导老师一对一指导，对教学设计、上课等精细化研磨，全程跟踪。本次活动作为七宝中学教育集团的联合活动，特别邀请了集团联合会学科中心组成员担任评委，参与集中听课和评比，最终根据七位评委评定的平均分作为依据评选出了等第奖。

本届比赛的指导思想非常明确，即构建“人人课堂”，促进教师教学方式和学生学习方式的转变。课堂要求遵循“先学后教，以学定教”等教学理念，课堂教学应以生为本，倡导师生、生生高效合作，倡导学生自主、探究地学习，强调教师在课堂教学中适度地引导，促使课堂“人人参与、人人合作、人人发展”，唤醒和发现学生的认知，关注并促进每一个学生的成长。

下面我想从以下几个方面谈谈这次活动带给我们的收获及启发。

收获一：参与面广，积极性高。

本次活动学校30岁以下的六位青年教师全员参与，参赛教师所在教研组全员参与磨课，全校教师全员参与听评课，听课教师近100人次。比赛虽安排了两个下午，但学校研讨的氛围前后延续了近三周，极大地营造了学校课堂教学研讨的氛围。

收获二：青年教师的职业精神得到了提升。

由于学校邀请了文来初中资深的专家担任指导老师，中心组专家担任评委，参赛教师在紧张之余积极性也被全部激发了出来，全身心地投入到了备课—试讲—修改—再试讲—再修改—再试讲之中，每位参赛教师均试讲了2～3次，同时带教导师和蔼、谦虚、认真的品德，精准全面的专业水准，全身心投入的精神深深地感染和打动了参赛教师，参赛的青年教师经过这次比赛感觉浑身像蜕了一层皮，有了一种脱胎换骨的感觉，自身在教学能力和职业精神上都有了极大的提高。

收获三：海洋文化精神得到了有机的渗透。

在海洋文化特色创建的校园文化背景下，“人人课堂”被赋予了更多的人文内涵。海洋人文精神包括：宽广、博大、包容气度的开放性；协作、奉献、互助风范的合作性；探索、挑战、创新精神的开拓性；自信、乐观、进取品质的自主性。而我们的教师以创生的态度在课堂中渗透海洋精神，六节展示课的课堂生态是开放和包容的，学生的学习方式是自主合作的，问题发现和问题解决是质疑和探究式的，同时注重挖掘知识的情感价值，赋予课堂以灵性，使学生更多地去关注人文、关注实践、关注社会，培养了学生正确的世界观、人生观和价值观。

收获四：遵循了“先学后教，以学定教”的教学理念。

学习的本质是“做”，没有学生亲身体验和经历学习的全过程，学习常常是无意义的，教育的特殊性在于其过程的特殊性，在许多教育活动中，“过程即目的，过程即结果”。六堂课的教学过程中，学生的“参与”和“活动”构成了过程要素，学生的学习都在“活动”中进行，在活动中学习，在活动中成长，在活动中发展。同时在教学设计中让学生通过预习或学习单，提前了解学生学习状态，课内教学有的放矢，针对性强；或根据学生年龄特点和学习能力，创造性地使用教材，设计实验或习题，以利于学生接受新知；“先学后教，以学定教”的课堂理念随处可见。

收获五：课堂教学中，师生互动、生生互动成为课堂活动的主旋律。

教学的本质是“交往与互动”，单方面地发送信息和单方面地接收信息都不是真正意义上的教学，或者可以说：“没有师生交流的教学等于没有发生教学”。“交流与互动”是“人人课堂”要求的课堂教学的基本形式和“精神内涵”。而交流互动需要平台、需要内容、需要介质，我们的六堂展示课处处体现了教师的智慧。梁媛老师让学生尽情“玩”磁铁，臧坤老师让学生尽情“玩”绳子，刘志鹏老师让学生尽情“玩”皮球，翁宁蓁老师则通过变式训练、张绪文老师通过论辩和质疑、刘雪老师通过类比与观察等手段营造课堂交流和互动的生态，践行“人人课堂”所倡导的“人人参与、人人合作、人人发展”。

收获六：学科和个人特点鲜明，教学手段多样。

在本次“远航杯”青年教师比赛中，各位教师在指导老师带领下各尽所能、各展所长，充分体现了自己的学科特点，展示自己的个人魅力，呈现了多样化的教学手段，给听课老师留下了深刻印象。例如：臧坤老师的图片展示，游戏串的设计，绳子的玩转；刘志鹏老师精准的示范，利用学习单设立不同目标的分层教学；梁媛老师实验项目的设计、观察、探究、交流、总结的探究形式；翁宁蓁老师的类比、转化等数学思想方法渗透的学科意识；张绪文老师的课堂问题串及讨论点切入口的设计；刘雪老师的概念教学、解题方法的最优化探究等。

收获七：项目式帮扶为名校引领提供了良好的范例。

我校与文来初中的帮扶结对进入第二年，在总结和反思上一年九年级结对、教研组结对、部门结对、青年教师结对的情况和实效后，我们感觉有进一步调整的必要，使结对项目更有效、更务实。因此在敖校长与柏校长充分沟通和协调下，确定了以项目式帮扶作为本学年帮扶项目的重点。应该说，正是有了这一策略上的调整，才有了本次“远航杯”整体活动设计的出台与实施。在整个实施过程中，柏校长的全力支持运筹帷幄，徐校长的亲力亲为狠抓落实，指导老师的不辞辛劳倾力相帮，评委老师的认真和专业都无疑为本次活动的成功举办奠定了扎实的基础，本次项目运作的方式也为校际帮扶提供了一个很好的成功案例。在活动后的一项统计中我们发现了一组让人激动的数据，五位文来初中指导老师在布置任务到正式开课的短短两周内（这两周还包括国庆休假周）分别与上课教师进行了少则 7 天次多则 10 天次的沟通，在国庆假期中通过微信、电话、QQ 等进行前期备课准备，节后马上到我校进行实地听课指导，一次不行再听一次，其中两位导师听试讲听了两次，三位导师听试讲和正式课共计 4 次，教案的修改有的多达 6 遍，正是有了文来初中领导层的支持、关心与妥善安排，导师们不遗余力、倾尽全力的指导才让我们看到了年轻教师们的进步和成长。在这里，让我们用最热烈的掌声对文来初中的领导和老师们表示最深的敬意和最真挚的感谢。

然而，课堂教学永远是一门遗憾的艺术，我们还要善于发现问题，正视问题，反思改进的方法。在六节展示课中我们也发现了如语速过快、赶进度、重视预设目标忽视学生实际，课堂把控学生行为的能力和方法不够、课堂中分层辅导意识不强、课堂评价单一等问题，这些问题的反思和改进将为我们青年教师提供进一步提升的空间。我们也将把教研组长和评委老师的意见转发给各位青年教师，请大家认真学习与反思。

各位领导、各位同仁，我们的课堂追求“平等、尊重、活力、创造”的价值观，追求“人人参与、人人合作、人人发展”的课堂学习生态，我们将坚持海洋人文教育，创建具有开放性、合作性、开拓性、自主性的“四性”课堂。本次活动虽已圆满结束，但我们对课堂教学有效性的研究将不断深入，

“教学有法，但无定法，贵在得法”。“没有最好，只有更好”，只要我们不断努力，我们有理由相信，我们这个教师团队一定会成为更优秀的团队，我们的课堂教学一定会呈现多姿多彩、生机勃勃的景象，我们的“人人课堂”一定会取得成功。

谢谢大家的聆听。

后 记

从发展看，课堂教学改进应是恒常而常新的。学校在开展“人人课堂”建设中，尊重、民主，合作、探究的课堂氛围正在悄然兴起，课堂师生互动多了起来，学生的参与面更广了，教师对学生个体的关注度提高了……同时，课堂教学设计与教学案例撰写的水平明显提升。但显然，相对于今天教育转型所要求的课程与教学的深刻变革来说，这只是一个开端。优秀的课堂文化、绿色的教学生态，其形成取决于一线教师课堂价值观念的全面更新与日常教学行为的真实转变。学校将继续依托“三课两评一研”教学管理机制，促进教师的专业素养与技能的整体提升，创建“人人课堂”。而“人人课堂”的建设也将会持续推进、创新发展，“人人课堂”探索将是学校追求教育真谛的长远之路。

此次，我们将“人人课堂”实践研究过程性材料及案例编辑成册，不是“结题”，也不是“结果”，可以算作是“人人课堂”创建的阶段性标志。尽管我们教学改进经验、水平还很有限，学校仍期待以阶段性工作的集中展现，来梳理、提炼经验智慧，从而更好地构建“人人课堂”，更有效地推进课堂教学改革，让学校的文化追求融入课堂教学，让教学充满教育的智慧，让课堂回归教育的本源，让学科教学价值在课堂生发，使之能更好地将核心素养的培育根植于素质教育的主阵地——课堂，孕育心智，化育人格。

本着包容、开放、自信、超越的心态，相信，我们会走得更远！

最后，感谢我校全体教师的参与，感谢教师们付出辛勤汗水和智慧，感谢教研员及同行们对我校“人人课堂”的悉心指导！感谢教育主管部门对学校教学改进的支持与鼓励！

编者

2016 年 10 月